D1728376

Wenn Wagner
ein Tagebuch geführt hätte...

László Eősze

WENN WAGNER
EIN TAGEBUCH
GEFÜHRT HÄTTE...

Corvina Kiadó

Auswahl der Dokumente, Zusammenstellung
und verbindender Text von
LÁSZLÓ EŐSZE

Aus dem Ungarischen übertragen von
ERIKA SZÉLL

3., erweiterte und verbesserte Auflage

Entschuldigung
und Erklärung

„Wenn Wagner ein Tagebuch geführt hätte..." ist der Titel des Buches.

„Er führte ja eines, wie wir wissen", mag der Leser entgegnen.

Ja, er schrieb nicht nur ein Tagebuch, sondern Autobiographien, Bekenntnisse, Memoiren und unzählige Briefe.

„Warum also bringt man anstelle des Original-Tagebuches ein fiktives?" Hier die Antwort auf die berechtigte Frage: Nietzsche, der Jahre hindurch zu Wagner die freundschaftlichsten Beziehungen pflegte — er korrigierte auch die drei Bände seiner „Mein Leben" betitelten Autobiographie —, charakterisierte den Meister mit folgenden Worten: „...er blieb... auch im Biographischen sich treu, er blieb Schauspieler."

Schriften, deren Zweck es ist, ihren Verfasser zu deuten und zu rechtfertigen, sind tatsächlich oft eher hinderlich als fördernd zu seinem besseren Verständnis. Das Wort kann den Gedanken, die Tat, die künstlerische Schöpfung nicht nur offenbaren, sondern auch verschleiern.

Dennoch zitieren wir häufig aus Wagners Schriften und Briefen, wobei wir bestrebt sind, das Wahre *und* das Bezeichnende auszuwählen. Das eine ist mit dem andern nicht immer identisch und — aufrichtig gestanden — ist gerade die Divergenz am bezeichnendsten.

Das Porträt also, das sich aus Wagners Schriften ergibt, ist weder authentisch noch vollständig und erstaunlicherweise — nicht im geringsten schmeichelhaft. Aus ihnen allein können wir Wagner, den Menschen und Künstler nicht beurteilen. Kann man denn aus den Rollen eines Schauspielers auf dessen Gefühls- und Gedankenwelt schließen?

Deshalb gehen wir einen Schritt weiter und zitieren auch seine Zeitgenossen. Diese waren dann erst recht fast ausnahmslos voreingenommen: entweder für oder gegen Wagner. So wird das Bild einmal heller, ein andermal dunkler.

Die Übertreibungen schaffen selbst das Gleichgewicht, die Entstellungen vermögen einander meist aufzuheben. Nur wo das nicht der Fall ist, fügen wir eigene Bemerkungen hinzu.

Aus diesen dreierlei Schichten ergibt sich vielleicht schon ein verhältnismäßig authentisches Bild. Und was daraus noch fehlen mag, die Tiefe, versuchen wir beizusteuern, indem wir die Aussage der einzelnen Schöpfungen näher ausführen und ihre Kennzeichen analysieren. Wir sind überzeugt, daß man das meiste von Wagners Individualität als Mensch und Künstler aus seiner Musik erfährt. Sie schwebt den Höhen zu, zaudert unschlüssig, gibt sich Erinnerungen hin, verfällt in Träumereien — wie er selbst. Sie gesteht alles und vermag nichts abzuleugnen: Sie zeigt sich wie sie ist — so wie der Mensch nur in seltenen Stunden der Einsamkeit sein Innerstes preisgibt.

Unser Ziel ist zu zeigen, wie Wagner sich selbst und die Welt sah, wie die Mitwelt ihn sah und wie wir ihn nun sehen. Vielleicht entsteht aus den einzelnen Details dann das einheitliche Ganze, aus den Kleinlichkeiten des Alltags die feiertägliche Größe.

Jeder Generation steht das Recht und die Pflicht zu, ihr eigenes Wagner-Porträt zu zeichnen. Ewig gültige Künstlerbildnisse gibt es nicht. Gerade die Vielseitigkeit und der Reichtum der großen Persönlichkeiten gibt am ehesten Anlaß zum Versuch, ihre Werte neu zu werten. Ihre Unvergänglichkeit manifestiert sich eben in ihrer Gestaltbarkeit, in ihrer steten Erneuerungsfähigkeit.

Das trifft vor allem auf Wagner zu, den „ewig Flüchtenden", der sein eigenes Zeitalter, dessen Anerkennung er nicht entbehren konnte, geringschätzte und mit seinen Themen weit in die Vergangenheit zurückgriff, in der Gestaltung seiner Werke aber in die ferne Zukunft vorauseilte. — Seine Theorie über „Das Kunstwerk der Zukunft" — sein Künstlertraum —, kann sie anders verstanden werden?

Entfernung und Streben nach strengster Objektivität erlauben uns zu hoffen, daß es uns gelang, Richard Wagner mit Hilfe verschiedenster Komponenten schließlich doch authentisch darzustellen, diese trotz ihres Schwankens so feste, trotz ihrer Widersprüche so bestimmte Persönlichkeit, eine der hervorragendsten Gestalten in der Geschichte der Oper — ja der Musik überhaupt.

Ein solches Tagebuch aber schrieb er nicht, hätte er auch nicht schreiben können. Das diene zur Entschuldigung und Erklärung, weshalb dieses fiktive Tagebuch entstand.

Wagners eigene Worte sind im Text durch *Kursivschrift* hervorgehoben.

Die neue, erweiterte Ausflage beruht auf den neuesten Ergebnissen der Wagner-Forschung.

Lehrjahre
(1813-1831)

1813

Dieses Jahr bedeutet in der Geschichte Europas einen Wendepunkt. Es beginnt im Zeichen Napoleons, doch noch ehe es zur Neige geht, ist das durch die blutigen Schlachten zusammengeschweißte Reich zerfallen, und die unterjochten Nationen vereinigen sich, um einen neuen Bund zu schließen. Von den Kriegshandlungen bleibt kein einziges Volk verschont, besonders tragisch aber ist das Schicksal der Sachsen. Das Land wird zum Kriegsschauplatz, da Kurfürst Friedrich August, der dank Napoleon seit 1806 den Titel eines Königs von Sachsen trägt, im Kampfe gegen die Preußen die verläßlichste Stütze des französischen Kaisers ist.

In diesen unheilvollen Zeiten lebt in einem der ältesten Häuser Leipzigs die kinderreiche Familie Wagner. Der Vater, Friedrich Wilhelm (1770 – 1813), ist hoher Polizeibeamter. Die Mutter, Johanne Rosine Pätz (1774 – 1848), hat sieben Kinder aufzuziehen – einen Sohn mußte sie schon begraben. Das älteste der Geschwister ist vierzehn, das jüngste zwei Jahre alt. Häufiger Gast der Familie ist der als Maler, Dichter und Schauspieler gleicherweise bedeutende Ludwig Geyer (1779 – 1821). Die Freundschaft zwischen dem patriotisch gesinnten, napoleonfeindlichen Künstler und dem von Amts wegen kaisertreuen Polizeibeamten vermittelt einen richtigen Eindruck von der in Leipzig herrschenden zwiespältigen Stimmung.

Am 22. Mai wird das neunte Kind der Familie Wagner geboren. Ein Junge, der den Namen Richard erhält.

Das Schicksal der Familie ist mit dem Gang der geschichtlichen Ereignisse eng verflochten. Noch am Vortage hatte Napoleon auf sächsischem Gebiet — bei Bautzen — eine Schlacht gegen das preußisch-russische Heer gewonnen, seine Armee besitzt aber die alte Kraft nicht mehr und

zwischen dem 16. — 19. Oktober erleidet er in der Völkerschlacht bei Leipzig eine entscheidende Niederlage. Sachsen wird durch den Sieg der Verbündeten auf das empfindlichste getroffen, es muß seine nördlichen Gebiete an Preußen abtreten, und die Typhusepidemie, die als Kriegsfolge auftritt, dezimiert Leipzigs Einwohnerschaft. Der Seuche fällt

am 23. November auch der dreiundvierzigjährige Friedrich Wilhelm Wagner zum Opfer. Die Sorgen um die Erziehung ihrer acht Kinder hat seine Witwe nun allein zu tragen.

1814—1820

1814 zieht die Familie Wagner nach Dresden. Die fünfjährige Therese stirbt.

Am 28. August geht Ludwig Geyer, der am Dresdner Hoftheater wirkt, mit Johanne Wagner die Ehe ein. Zu jener Zeit machte sich der beliebte Charakterdarsteller auch schon als Bühnenautor bekannt.

1815 kommt die Halbschwester der Wagnerkinder, Cäcilie Geyer, zur Welt.

Auf dem Wiener Kongreß bemühen sich die Lenker der Heiligen Allianz um eine Neuordnung Europas. Der von der Insel Elba zurückgekehrte Napoleon wird bei Waterloo endgültig geschlagen und auf die Insel St. Helena verbannt. Unter der Führung Österreichs kommt der aus fünfunddreißig selbständigen Fürstentümern und vier Reichsstädten bestehende Deutsche Bund zustande.

1817 beginnt Carl Maria von Weber, der Vorkämpfer der deutschen Oper, seine epochemachende Tätigkeit als Dirigent in Dresden. Er ist ein guter Bekannter Geyers, den er auch öfters in dessen Familienkreise aufsucht. Daß in einer solchen Atmosphäre sich die Kinder — zuerst Albert, der älteste Sohn, später Rosalie, Louise und schließlich Klara — das Theater zum Lebensziel wählen, ist verständlich. Auch Richard, noch kaum fünfjährig, tritt in einem lebenden Bild auf.

1818 hat Richard ein paar Sätze in einem Theaterstück zu sprechen. — Liebevoll verfolgt Geyer die Zeichen von Verstand und Begabung des „kleinen Kosaken", wie er das eigensinnige Bürschchen zu nennen pflegt. Er läßt dem Kind, noch bevor es lesen und schreiben lernt, Zeichen- und Malunterricht erteilen, muß den Versuch aber bald wieder aufgeben, da es weder Lust noch Geduld dazu zeigt.

1820 vertraut Geyer den kleinen Richard der Obhut des Pastors Wetzel in Possendorf an, der den Jungen in die Geheimnisse des Lesens und Schreibens einführt. Als Fibel dient ihm eine Mozartbiographie und eine Zeitung mit Berichten über den griechischen Freiheitskrieg.

Am 30. September stirbt Ludwig Geyer, der fürsorgliche Pflegevater, im Alter von einundvierzig Jahren.

Mitte Oktober nimmt sein jüngerer Bruder, Goldschmied in Eisleben, Richard zu sich, um die Witwe zu entlasten. Der Junge lernt nun in einer Privatschule weiter.

1822

Im Frühjahr spielt das Blasorchester des in Eisleben liegenden Husarenregiments häufig einige Partien aus Webers neuer Oper „Der Freischütz". Der schlichte, unbeschwert dahinströmende Klang der Musik und ihre zauberhafte Art, die Stimmung deutscher Wälder und Wiesen heraufzubeschwören, zieht die Bewohner des Städtchens ganz in ihren Bann. Auch für Richard wird das zum ersten bleibenden Musikerlebnis. Er bekommt Lust, Klavier zu spielen, das regelmäßige Üben aber behagt ihm nicht.

Im Sommer heiratet der Goldschmied und kann den Jungen nicht weiter bei sich behalten. Da auch Richards Onkel in Leipzig, der Literarhistoriker Adolf Wagner (1774—1835), den Jungen nicht zu sich nehmen mag, kehrt er wieder nach Dresden zur Mutter zurück.

Im Herbst meldet ihn die Mutter in die bekannte Kreuzschule an.

Im Dezember wird er unter dem Namen Wilhelm Richard Geyer in die Schulmatrikel eingetragen.

Der zehnjährige Richard Geyer-Wagner fühlt sich vor allem von der griechisch-lateinischen Mythologie und der Geschichte des Alterturms angezogen. In diesen Fächern fällt er auch bald auf. Aus eigenem Antrieb übersetzt er einige Gesänge der Odyssee ins Deutsche. Zu Hause und im Theater aber ist sein ganzes Wesen von Weber erfüllt. Gierig nimmt er die Worte des scheu verehrten Meisters in sich auf, als der mit einem italienischen Sänger über Charakter und Unterschiede der deutschen und italienischen Musik diskutiert. Richard weiß kein herrlicheres Spiel, als mit seinen Kameraden den „Freischütz" aufzuführen — aus dem Gedächtnis, so wie sie ihn auf der Bühne sahen. Richard inszeniert, spielt und singt, die Klavierbegleitung muß ein anderer bestreiten, Richards Musikstudien machen nämlich überhaupt keine Fortschritte. Sein Interesse gilt jetzt der Dichtkunst.

1824 erscheint ein preisgekröntes Gedicht des Elfjährigen über den Tod eines Schulkameraden. Nun folgen dramatische Versuche. Mit dem ersten erleidet Richard

1826 einen schmählichen Mißerfolg. Er schreibt eine Tragödie, über die seine Schwestern, als er sie ihnen zu Hause vorliest, in Lachen ausbrechen. Daraufhin wirft der tief verletzte Autor das Ganze ins Feuer und wendet sich, diesmal mit größerem Ernst, der Musik zu. Er übt fleißiger Klavier — kurze Zeit unter Anleitung eines Lehrers — und beginnt Noten zu kopieren. All das nur darum, weil in ihm der Wunsch erwacht ist, die Musikliteratur kennenzulernen. An höhere Ziele denkt er vorläufig nicht.

Am 5. Juni stribt Carl Maria von Weber im vierzigsten Lebensjahr in London.

Im Dezember wird Rosalie Wagner an das Prager Theater engagiert. Mutter und Geschwister ziehen mit nach Prag. Nur Richard bleibt bei der Familie Böhme zurück, um weiter die Schule zu besuchen.

1827

Im Frühjahr besucht Richard seine Familie in Prag. Hier lernt er die Schriften E. T. A. Hoffmanns kennen. Durch die wildromantischen, phantastischen Geschichten des vor fünf Jahren verstorbenen Dichters und Musikers wird die Phantasie des sensiblen Jungen entzündet. Außer seinen bevorzugten Shakespeare-Stücken wie „Macbeth" „Hamlet" und König Lear ist es auch diesen Erzählungen zuzuschreiben, daß Richards neues Drama, dessen Plan er damals entwarf, zu einer bluttriefenden Tragödie wird. ... *zweiundzwanzig Menschen*, schreibt er später, *starben im Verlaufe des Stückes, und ich sah mich bei der Ausführung genötigt, die meisten als Geister wiederkommen zu lassen, weil mir sonst in den letzten Akten die Personen ausgegangen wären.*

Das Werk „Leubald und Adelaide", eine Schaudergeschichte von blutiger Familienrache, wird anfangs viel belacht, in der Familie Wagner erweist es sich als großes Ärgernis. Zwei Jahre hindurch beschäftigt sich nämlich Richard sozusagen mit nichts anderem und vernachlässigt seine Schularbeiten.

Im Dezember kehrt die Mutter mit drei Töchtern aus Prag

zurück und läßt sich endgültig in Leipzig nieder. Auch Richard zieht zur Familie und besucht das Nikolai-Gimnasium in Leipzig.

1828

Der neue Schüler, hier bereits unter dem Namen Richard Wagner, weist keine großen Erfolge auf. Er wird um ein Jahr zurückversetzt, was er als Kränkung empfindet. Der Lehrstoff vermag ihn nicht im geringsten zu fesseln, eher ziehen ihn die tiefschürfenden literarischen Abhandlungen seines Onkels Adolf Wagner an, aber am allermeisten die berühmten Gewandhauskonzerte. Hier empfängt er den neuen, sein ganzes Leben bestimmenden Eindruck — er lernt die Kunst des vor einem Jahr verstorbenen Beethoven kennen. Durch die IX. dann die V. und VII. Symphonie verfällt der junge Wagner endgültig der Musik. Bei einer Egmont-Aufführung wird ihm klar, daß auch sein eigenes Leubald-Drama ohne Musik nicht bestehen kann, und er beschließt, sich die Grundbegriffe der Kompoitionslehre endlich ernstlich anzueignen. Er verschafft sich ein gutes Lehrbuch aus einer Leihbibliothek — für acht Tage. Diese Zeit reicht natürlich nicht aus, um das Werk durchzuarbeiten, und als er es endlich zurückbringt, beträgt die Leihgebühr fast mehr als der Kaufpreis des Buches. Das sind seine ersten Schulden.

Wagner lernt bei einem Künstler des Gewandhausorchesters Violine spielen, hört aber nach ein paar Monaten
wieder damit auf. Mit größerer Ausdauer studiert er Har-
monielehre. In der Person des Geigers und Komponisten
Gottlieb Müller, findet er einen geduldigen und gewissenhaf-
ten Lehrer. Nun entstehen die ersten Kompositionen. Das
größte Ereignis des Jahres aber ist die Leipziger Premiere
von Beethovens „Fidelio" mit der ausgezeichneten dramatischen Sängerin Wilhelmine Schröder-Devrient in der Titelrolle. Nach der Aufführung schreibt Wagner der Künstlerin
einen begeisterten Brief. *Ich erklärte,* zitiert er später, *daß*
von heute ab mein Leben seine Bedeutung erhalten habe, und wenn
sie je dereinst in der Kunstwelt meinen Namen rühmlich genannt
hören sollte, sie sich erinnern möge, daß sie an diesem Abend mich zu
dem gemacht habe, was ich hiermit schwöre werden zu wollen.

Im Frühjahr kehrt der junge Wagner der Nikolaischule
den Rücken und unterbricht auf ein halbes Jahr seine Studien. Mit Müller jedoch arbeitet er weiter und macht außerdem Korrekturarbeiten für den Verleger Friedrich
Brockhaus, den Mann seiner älteren Schwester Luise — er
hat die Satzfehler für zwei Bände einer großen Weltgeschichte zu verbessern. Das ist sein erster Verdienst und gleichzeitig seine erste Lektüre politischen Charakters. Der eine
Band behandelt das Mittelalter, der andere beschäftigt sich

mit der Französischen Revolution von 1789. Gerade zur richtigen Zeit.

Im Juli bricht in Paris die Revolution aus. Der Bourbonenkönig Karl X. wird verjagt und durch den „Bürgerkönig" Louis-Philippe ersetzt. Es ist die Bourgeoisie, die den Sieg erringt, die Forderungen der Massen bleiben unberücksichtigt, so daß man auch dem neuen Regime keine lange Dauer voraussagt.

Inzwischen nimmt Wagner die unterbrochenen Gymnasialstudien wieder auf, nun aber als Schüler der ausgezeichneten Thomasschule. Außerdem fertigt er vom ersten Satz der IX. Symphonie Beethovens einen Klavierauszug an.

Oktober. Als Nachwirkung des Pariser Aufstandes kommt es in Leipzig zu Demonstrationen. Der Polizei gelingt es jedoch, die anfangs einheitliche Menge zu trennen, und die Studentenschaft als Hüterin des Rechts — soll heißen des Privateigentums — gegen die Arbeiterschaft auszuspielen, die durch Maschinenstürmerei für ein besseres Einkommen zu demonstrieren versucht. Auch Wagner, Sohn eines Polizeibeamten, demonstriert zusammen mit den Massen gegen die verhaßten Herren von der Polizei für die Freilassung der festgenommenen Studentenführer, wechselt aber dann, als man die Studenten, geschickt taktierend, unerwartet entläßt, ins andere Lager über und verteidigt gemeinsam mit den Kameraden und der neugebildeten Kommunalgarde den Besitz der Großbürger — darunter auch die Maschinen seines Schwagers, des Verlegers Brockhaus.

6. Oktober. Der junge Wagner bietet den Klavierauszug zur Veröffentlichung der Firma Schott in Mainz an. Unter

Müllers Anleitung beginnt er ein musikalisches Hirtenspiel zu schreiben. Text und Musik entstehen gleichzeitig, noch dazu ohne einen im voraus festgelegten Plan. Der Jüngling muß einsehen, daß man so nicht komponieren kann und legt die Arbeit auch bald wieder beiseite. Hingegen beendigt er die Ouvertüre in B-Dur, die ihm gut gelungen erscheint. Besonders originell findet er, daß zwischen die viertaktigen vorschriftsmäßigen Halbperioden wiederholt durch das ganze Werk als Zäsur ein fünfter Takt mit einem einzigen mächtigen Paukenschlag eingeschaltet ist. Zum Glück (oder Unglück?) ist das Wagners erstes Werk, das dank einem jungen Dirigenten vor die Öffentlichkeit gelangt.

Weihnachten. In einem Theaterkonzert wird Wagners B-Dur-Ouvertüre aufgeführt. Der Komponist sitzt mit seiner älteren Schwester Ottilie beklommen im Zuschauerraum. Seine eigenen Paukenschläge bleiben ihm lange unvergeßlich:

Die längere Zeit andauernde, regelmäßige Wiederkehr dieses Effektes erregte bald die Aufmerksamkeit und endlich die Heiterkeit des Publikums. Meine Nachbarn hörte ich diese Wiederkehr im voraus berechnen und ankündigen: was ich, der ich die Richtigkeit ihrer Berechnung kannte, hierunter litt, ist nicht zu schildern.

1831

23. Februar. Nach der mit Müh und Not absolvierten Mittelschule läßt sich Wagner an der Universität immatrikulieren. In der Hauptsache ist er studiosus musicae, Student der Musik. Regelmäßigen Musikunterricht aber erhält er privat, nun nicht mehr von Müller, sondern von Theodor Weinlig, dem hochgelehrten Kantor und Dirigenten der Thomaskirche und -schule. Der Meister läßt seinen Schüler die Gesetze des Kontrapunkts und die musikalischen Formen üben. Auf der Universität hört er nicht mehr als einige philosophische und ästhetische Vorlesungen, um so eifriger macht er beim Studentenkorps mit und tritt der Verbindung „Saxonia" bei. Achtzehn Jahre alt, ist er der Ansicht, daß das Kriterium voller Reife und wahrer Männlichkeit darin besteht, die Nächte beim Kartenspiel zu durchzechen, im Krakeelen und mutigen Fordern zum Duell, auch wenn die Ehrensachen stets mit erfolgreichen Aussöhnungsversuchen enden. Dementsprechend richtet er sich sein Leben ein. Die Romantik des scheinbaren Außenseitertums übt auf ihn einen starken Reiz aus, und auch an schlechten Beispielen fehlt es nicht. Monatelang wird drauflosgekneipt. Der Jüngling versumpft immer mehr, kommt erst morgens nach Hause — durchs Fenster —, macht Spielschulden, um sie zu bezahlen, leiht er sich Geld, das er dann nicht mehr zurückzahlen kann...

6. August. Der junge Wagner wendet sich an den Verlag Schott und verlangt eine hübsche runde Summe für den inzwischen fertiggestellten Klavierauszug der IX. Symphonie. (Der Betrag entsprach der Bezahlung von neun Monaten seiner späteren ersten Anstellung.) Schott würdigt ihn nicht einmal einer Antwort. Nun entschließt sich der Jüngling zu einem Schritt, der ihm leicht hätte verhängnisvoll werden können: Er entwendet seiner Mutter die eben für mehrere Monate erhaltene Rente und verspielt sie noch in der gleichen Nacht. Ein einziger Taler bleibt ihm.

Mit diesem letzten Taler spielte ich mein Leben aus: denn an eine Heimkehr zu meiner Familie war nicht zu denken; ich sah mich bereits beim Morgengrauen über die Felder und durch die Wälder als verlorenen Sohn in das Ziellose dahinfliehen... Fortwährend gewann ich nun. Ich ward so zuversichtlich, daß ich das kühnste Spiel wagte: denn plötzlich leuchtete es in mir hell auf, daß ich heute zum letztenmal spielte...

Tatsächlich gewinnt er das ganze Geld zurück, gibt der Mutter die Rente wieder, bezahlt seine Schulden und rührt tatsächlich keine Karte mehr an. Er erweist sich stark genug, um aus dem Sumpf herauszugelangen.

September. Wagner arbeitet wieder fleißig. Er komponiert mehrere Klavierstücke und beendet eine Ouvertüre in d-Moll für Orchester. Die meisten der Kompositionen wirken zwar noch wie Stilübungen, doch taucht bereits hier und da eine Stelle auf, die von freier Inspiration und Originalität zeugt. Weinlig, der noch vor kurzem seinen nichtsnutzigen Schüler hinauswerfen wollte, darf nun endlich mit Wagner zufrieden sein.

8. September. Mit dem Fall von Warschau ist das Schicksal des polnischen Freiheitskampfes besiegelt. Die Ereignisse der Bewegung, welche die polnischen Helden um die Wiederherstellung der Selbständigkeit ihres seit 1772 aufgeteilten Vaterlandes führten, wurde von den Sachsen mit voller Sympathie verfolgt. Die Freiheitskämpfer errangen zeitweilig Erfolge, mußten jedoch schließlich, von den Armeen des preußischen Königs, des russischen Zaren und des österreichischen Kaisers umklammert, verbluten. Ein Teil der geschlagenen Truppen zieht auf dem Weg nach Frankreich durch Leipzig. Die deutsche Bürgerschaft begrüßt die Flüchtenden und veranstaltet Solidaritätsbankette. Auch Wagner hat Gelegenheit, mit den polnischen Anführern, mit Tyszkiewicz und General Bem, zusammenzukommen, da sein Schwager Brockhaus Präsident des Leipziger polnischen Freundschaftskomitees ist.

Am 5. Dezember tritt Wagner von neuem vor die Öffentlichkeit: Das Gewandhausorchester führt seine d-Moll-Ouvertüre auf. Das nach dem Muster von Beethovens Coriolan komponierte Werk erregt zwar kein besonderes Aufsehen, aber auch keinen Skandal.

8. Dezember. Nach viermonatiger Verspätung kommt Antwort von Schott: Statt Geld schickt er das Manuskript zurück. Die Abweisung vermag Wagner nicht mehr zu kränken. Er denkt an die Worte Weinligs, der ihm mitteilte, daß er ihm in Zukunft nur mehr als Freund und Berater zur Seite stehen werde, da seine Ausbildung beendet sei: „...wahrscheinlich werden Sie nie Fugen und Kanons schreiben; was Sie jedoch sich angeeignet haben, ist Selbständigkeit. Sie stehen jetzt auf Ihren eigenen Füßen und haben das Bewußtsein, das Künstlichste zu können, wenn Sie es nötig haben.“

Wanderjahre
(1832-1841)

Am 3. März berichtet Wagner seiner derzeit in Kopenhagen lebenden Schwester Ottilie von der großen Schicksalswendung:

Ich wurde durch meinen neuen Lehrer so in meiner Besserung befestigt, daß ich jetzt auf dem Punkte stehe, von dem aus ich meinen höheren Lebensplan schon für fest betreten halten kann.

Seine Worte werden durch die Tat bestätigt. Sogar der Brief bleibt unbeendigt, so sehr drängt es ihn, die C-Dur-Ouvertüre niederzuschreiben.

April. Das Werk wird bei seiner Erstaufführung von dem Leipziger Publikum freundlich aufgenommen. Zur selben Zeit arbeitet Wagner schon an seiner viersätzigen Symphonie in C-Dur und beendet, fieberhaft arbeitend, die umfangreiche Komposition innerhalb kurzer Frist. Die Leipziger Firma Breitkopf gibt Wagners Sonate in B-Dur für Klavier heraus. Das erste Werk, das in Druck erscheint.

Im Sommer. Wagner ist durch und durch von Schaffensdrang erfüllt. Ihm wird Leipzig, das der vor kurzem verstorbene Goethe das kleine Paris der Deutschen nannte, zu eng. Im Ranzen große Werke, im Kopf noch größere Pläne, so zieht er in die weite Welt. Sein erster Weg führt ihn nach

22

Wien. Nicht die Kaiserstadt — die Stadt Beethovens interessiert ihn. Darum fühlt er sich auch von Wien so bitter enttäuscht:

Wohin ich kam, hörte ich Zampa und Straussche Potpourris über Zampa...

Anstelle der Beethovenschen Heroen findet er also Hérolds „Zampa". Kein Wunder, daß er nach sechswöchigem Aufenthalt — mit leeren Händen — Wien wieder verläßt.

Im Herbst. In Prag ist er von guten Freunden umgeben. Zuerst weilt er im nahen Pravonin zu Gast bei der Familie Pachta. Hier skizziert er den Plan einer Oper mit dem Titel „Die Hochzeit". Dann darf er, dank dem alten Dionys Weber, Kapellmeister und Direktor, im Vortrag des Konservatorium-Orchesters seine eigene C-Dur-Symphonie hören. Für den jungen Komponisten ist die Anerkennung des hochgelehrten, aber konservativen Weber (der bei den Prager Aufführungen des „Figaro" und des „Don Giovanni" Mozart noch sah und hörte!) sehr wertvoll, verhilft ihm aber auch gleichzeitig zu der Erkenntnis, daß sein Werk nicht mehr als eine geschickt gelöste Beethoven-Studie ist, bar jedes originellen und persönlichen Charakters.

November. Wagner kehrt nach Leipzig zurück und beginnt die Musik für „Die Hochzeit" zu komponieren. Obwohl er auf das niederschmetternde Urteil seiner Schwester Rosalie hin das Textbuch zerreißt, beendet er die vollständige Partitur der Einführungsszene. Dann aber legt er die Arbeit beiseite. Ist es dem Einfluß Rosaliens zuzuschreiben? Oder ist er von selbst von diesem, die Leubald-Stimmung heraufbeschwörenden, finstern Schauderdrama abgekommen, in dem die Braut unabsichtlich zur Mörderin ihres Bräutigams

23

wird und an Gewissensbissen stirbt? Oder kam vielleicht die Verlockung vom Plan einer neuen Kościuszko-Oper? Die Anregung zu der Oper geht von seinem neuen Freund, dem um sechs Jahre älteren Heinrich Laube, aus, mit dem Wagner von einem „Jungen Deutschland" träumt und für die polnischen Freiheitshelden schwärmt. Nein, weder das eine noch das andere trifft zu, Wagner selbst stößt auf ein Thema, das ihn sämtliche früheren Pläne vergessen macht. Unter den phantastischen Erzählungen Carlo Gozzis erregt das Märchen von der „Schlangenfrau" seine Einbildungskraft.

Im Dezember skizziert Wagner frei nach Gozzi das Textbuch für „Die Feen" und macht sich an die Ausarbeitung. Das Märchen handelt von der Fee Ada, die Menschengestalt erhalten könnte, wenn der ihr insgeheim angetraute Gatte, Prinz Arindal, die schier unmöglichen Proben des unbedingten Vertrauens bestünde. Obwohl der Prinz die Probe nicht besteht — weshalb Ada vorübergehend in einen Stein verwandelt wird —, findet das junge Paar durch Hilfe eines Zauberers nach vielerlei Schwierigkeiten schließlich doch zueinander. — Das Thema einer richtigen deutschen romantischen Oper. Ein Thema, wie es auch E. T. A. Hoffmann, Weber oder Marschner gewählt hätten, ja, auch wählten — haben doch alle drei solche ähnlichen Feenopern geschrieben! Wagner schöpft also aus einem dem 18. Jahrhundert entstammenden italienischen Märchen und wird gerade, indem er dieses verarbeitet, zu einem deutschen Komponisten von echtem Schrot und Korn des 19. Jahrhunderts.

Im Januar wird der vollständige Text zu den „Feen" fertiggestellt. Wagner wartet die Leipziger Erstaufführung seiner C-Dur-Symphonie ab — sie wird von Laube in dessen Blatt, der ZEITUNG FÜR DIE ELEGANTE WELT gewürdigt — und reist dann zu seinem Bruder Albert nach Würzburg, um dort über die Aufführung seiner Werke zu verhandeln. Aus dem geplanten kurzen Besuch wird ein einjähriger Aufenthalt. Dem Theater fehlt nämlich ein Chordirektor, und Wagner erklärt sich bereit, gegen bescheidene Entlohnung diesen Wirkungskreis zu übernehmen.

Im Frühjahr. Endlich hat Wagner eine gewisse finanzielle Unabhängigkeit errungen und kann seiner Familie beweisen, daß er imstande ist, sich auch im praktischen Leben zu bewähren. Zuerst hat er eine Oper von Paër, dann Meyerbeers „Robert der Teufel" und Marschners „Der Vampyr" einzustudieren. Begeistert leitet er die Proben. Vor allem mit letzterem Werk beschäftigt er sich gerne. Er tut das auch seinem Bruder zuliebe, der darin die Tenor-Hauptrolle singt, und hat auch sein eigenes Geltungsbedürfnis vor Augen, als er für die Oper eine Einlagearie komponiert. Der Erfolg der Arie und die Anerkennung für Wagners hingebungsvolle Tätigkeit sind die Gründe, weshalb man seine Ouvertüre und seine Symphonie, beide in C-Dur, auf den Spielplan setzt.

Im Sommer, während das Theater geschlossen ist, bleibt Wagner wieder ohne Verdienst, verläßt aber Würzburg trotzdem nicht: Die Komposition seiner „Feen" macht gute Fortschritte, und er möchte sie dort beenden.

Im Herbst bringt das Theater die neue Oper Marschners, „Hans Heiling", deren Thema und Gedankenwelt dem noch unvollendeten Werk Wagners ziemlich nahestehen. Vielleicht ist das die Ursache, warum der junge Komponist über seinen berühmten Kollegen ein etwas strenges Urteil fällt:

Ein so gänzlicher Mangel an Total-Effekt ist mir noch in keiner Marschnerschen Oper vorgekommen... Was sind das für Aktschlüsse! In den Chören welche Melodienlosigkeit!

11. Dezember. Die Composition meiner Oper ist fertig, und ich habe nur noch den letzten Akt zu instrumentiren!

12. Dezember. Einige Partien der Oper werden auf einem Konzert erstaufgeführt. Damit hat Würzburg seine Aufgabe, die es in Wagners Leben spielte, erfüllt: Es bot ihm während der Arbeit an seiner ersten vollendeten Oper Brot und Unterkunft und verhalf ihm zur Aneignung der nötigen Theaterroutine. Mehr zu erwarten wäre vergeblich, da eine Aufführung des fast vierstündigen Werks die Möglichkeiten des Ensembles übersteigt. Das ist eine Aufgabe, deren Bewältigung Wagner von dem weit größeren Leipziger Theater erhofft.

Zu Weihnachten eilt der junge Tondichter, der seinen Chordirektorposten aufgegeben hat, mit der fast vollendeten Partitur der „Feen" zurück zu seiner Familie.

1834

Am 6. Januar beendet er die Instrumentierung der „Feen" und reicht sie beim Theater ein. Dort aber stößt er auf unvorhergesehenen Widerstand, da sich weder Regisseur

26

noch Kapellmeister bereit zeigen, das Werk aufzuführen. In dem ungleichen Kampf muß Wagner bald unterliegen.

März. Der abgewiesene Autor hält es für nötig, dem Regisseur Franz Hauser seine Ansichten darzulegen. Er beruft sich auf seine Studien, seine eigenen Theatererfahrungen und schließlich stellt er resigniert fest:

Ihnen gefällt meine Oper nicht, noch mehr, Ihnen gefällt meine ganze Richtung nicht, indem Sie dieselbe Ihrer eigenen Kunstansicht für zuwider erklären. In diesem Zweiten liegt natürlicherweise das Erstere nothwendig begründet...

Im Frühjahr. Die Verbitterung über seine Niederlage wird durch Frau Schröder-Devrient gemildert, die diesmal in Bellinis „Romeo und Julia" auftritt. Die große Künstlerin reißt Wagner von neuem zur Begeisterung hin und macht ihn auch für die Qualitäten des Werkes empfänglicher.

Die beiden Erlebnisse — das eigene Fiasko und die Erfolge Bellinis — finden ihren Niederschlag in einem theoretischen Artikel, den Wagner in der Zeitschrift Laubes unter der Überschrift „Die deutsche Oper" anonym veröffentlicht. Darin stellt er das natürlich strömende Melos der Italiener der von ihm scharf getadelten deutschen „Gelehrtheit" gegenüber:

Oh, diese unselige Gelehrtheit, — diese Quelle aller deutschen Übel!... Nur wenn wir die Sache freier und leichter ergreifen, dürfen wir hoffen, eine langjährige Schmach abzuschütteln, die unsere Musik und zumal unsere Opernmusik gefangenhält. Denn warum ist jetzt so lange kein deutscher Opernkomponist durchgedrungen! Weil sich keiner die Stimme des Volkes zu verschaffen wußte, — das heißt, weil keiner das wahre, warme Leben packte, wie es ist...

Die Unzufriedenheit erstreckt sich auch auf die falsche Moral der Zeit. Sein neuer Opernentwurf soll zugleich ein Protest gegen die bürgerliche Scheinheiligkeit und den philisterhaften Puritanismus sein. Der Entwurf zum „Liebesverbot", einer zweiaktigen komischen Oper, entstand unter ziemlich freier Verwendung von Shakespeares Komödie „Maß für Maß". Die sizilianische Begebenheit handelt von einem deutschen Landvogt, der die außereheliche Liebe mit dem Tod bestrafen will, sich jedoch bereit zeigt, den ersten zum Tode verurteilten jungen Edelmann zu begnadigen, falls dessen Schwester insgeheim die Seine wird. Der Tyrann wird entlarvt und der Liebe wieder zu ihrem Recht verholfen. Das Werk — im Geiste des „Jungen Deutschland", einer fortschrittlich bürgerlich-demokratischen Bewegung in der Literatur — verkündigt programmatisch den Triumph der natürlichen Instinkte über die verzopften Tugendbolde.

Mai-Juni. Wagner streift mit seinem Freund Theodor Apel durch den Böhmerwald. In Teplitz beendigt er das Libretto der neuen Oper.

Am 3. Juli schreibt er aus Prag an Rosalie:

Sollten die glücklichen Tage, die ich jetzt genieße, sich vielleicht bald an mir rächen! . . . Gewiß gehe ich einem Gewirr von Mißhelligkeiten entgegen, zu denen ich mich gewaltig rüsten muß, um sie standhaft und glücklich zu besiegen.

Um den 20. Juli. Bei seiner Rückkehr erwartet ihn eine Einladung der Bethmannschen Schauspielertruppe nach Magdeburg, die ihm den Posten eines Musikdirektors anträgt.

Am 31. Juli reist Wagner zwecks Besprechung der Angelegenheit in das nahe Lauchstädt, einem kleinen Badeort, in dem das Ensemble im Sommer zu spielen pflegt. Der Direktor ist trunksüchtig, meist zahlungsunfähig, die Truppe in Auflösung begriffen. Wagner beschließt, wieder abzureisen.

1. August. Er lernt die erste Schauspielerin der Truppe kennen, und im Augenblick steht sein neuer Entschluß fest. Er unterschreibt den Vertrag und mietet ein Zimmer in dem Haus, wo die gewinnend aussehende Künstlerin wohnt. Sie ist eine erfolgreiche Diva, eine umworbene Schönheit, ein feinfühliges, zurückhaltendes Geschöpf, die von ihrem Erwerb ihre in ärmlichen Verhältnissen lebenden Eltern unterstützt und ein achtjähriges Schwesterchen aufzieht. Sie heißt Minna Planer. Das ist alles, was Wagner über sie erfährt. Es genügt, um ihn sogleich für sie zu entflammen und sie mit Liebesgedichten zu überschütten. Allerdings weiß er nicht — und wüßte er es, würde er sich kaum darum kümmern —, daß sie vier Jahre älter ist als er und die mit ihr lebende 8jährige Natalie nicht ihre Schwester, sondern ihre Tochter ist, Kind eines sächsischen Gardekapitäns.

Nach der Sommersaison in Lauchstädt spielt das Ensemble sechs Wochen in Rudolstadt und kehrt dann nach Magdeburg zurück. Sein Hauptrepertoire bilden Marschners und Webers Werke. Neben der mühseligen Arbeit des Einstudierens komponiert Wagner und wälzt merkwürdige Pläne im Kopf.

Am 27. Oktober schreibt er an Theodor Apel:

...mit dieser Oper muß ich dann durchschlagen, und Ruf und Geld gewinnen; ist mir es geglückt, beides zu erlangen, so ziehe

*ich mit beidem und mit Dir nach Italien, und zwar dies im Frühjahr
1836. In Italien componire ich dann eine italienische Oper, und wie
es sich macht, auch mehr; und sind wir dann braun und kräftig,
so wenden wir uns nach Frankreich, in Paris componire ich dann eine
französische Oper, und Gott weiß, wo ich dann bin! Wer ich dann
bin, das weiß ich; — kein deutscher Philister mehr.*

All diese fernen, großen Pläne sollen dazu verhelfen, einen
einzigen, ganz nahen kleinen Erfolg zu begünstigen: Wagner
würde sie Minna Planer zu Füßen legen, um mit ihrer Hilfe
die Zurückhaltung der unbeugsamen Frau zu brechen.
Das Schicksal aber birgt noch unerwartete Wendungen.

Im November wird Wagner krank. Eine Gesichtsrose pei-
nigt ihn und entstellt seine Züge. Minna pflegt ihn, er aber
martert sie nur anstelle des Dankes mit der Behauptung,
daß sie sich ihm nur aus Mitleid zuwendet, sich jedoch in
Wirklichkeit vor ihm ekelt. Zur Widerlegung — küßt sie
ihn.

1835

Januar. Wagner und Minna betrachten sich nun als Verlobte. Ihr Beschluß ist vielleicht auch durch einen Zufall
beschleunigt worden. Eines Abends nämlich trank Wagner
so viel, daß er nicht imstande war, nach Hause zu gehen
und die Nacht bei Minna verbrachte. Am nächsten Morgen,
bei nüchterner Erwägung aller Umstände, fanden sie, daß
es am besten sei, zu heiraten. Mit der Hochzeit aber wollen
sie bis zur Besserung ihrer finanziellen Lage warten. Vorläufig ist es Minna, die mehr verdient, doch hat sie ihre

Famillie zu unterstützen. Wagner, obwohl alleinstehend, gibt mehr Geld aus, als er einnimmt. Trotzdem läßt er sich nicht entmutigen und macht sich mit erneuten Kräften an die Arbeit. Er komponiert eine Ouvertüre zu „Christoph Columbus", dem Drama seines Freundes Theodor Apel.

Im Februar wird das Werk — auf Kosten des Autors — uraufgeführt. Obwohl die Ouvertüre gefällt, erleidet das Stück ein jämmerliches Fiasko.

April—Mai. Die Columbus-Ouvertüre wird auch in zwei Konzerten in Leipzig gespielt.

Am 5. Mai kehrt Wagner, nachdem er seine Arbeit in Magdeburg beendigt hat, zu seiner Familie zurück. Er lernt Felix Mendelssohn kennen, der vor kurzem die Führung des Gewandhausorchesters übernommen hat. Als er ihm hoffnungsvoll seine C-Dur-Simphonie zukommen läßt, erhält er nicht einmal eine Antwort.

Am 21. Mai reist auch Minna von Magdeburg ab. Auf Drängen ihres Verlobten unterbricht sie in Leipzig die Fahrt zu ihrer Familie. Wagner macht sie mit seinen Verwandten bekannt.

Juli—August. Wagner unternimmt im Auftrag Direktor Bethmanns eine Rundfahrt, um für die Truppe neue Mitglieder anzuwerben. Die lange Reise von Karlsbad bis Frankfurt am Main bringt zwar dem Theater keinen ernstlichen Nutzen, erweist sich aber für den Komponisten selbst als fruchtbar. Zweien seiner Reisestationen — Bayreuth und Nürnberg — sollte in seinem Leben noch eine wichtige Rolle zufallen. Nürnberg bleibt ihm besonders lebhaft in Erinnerung, da er dort in ein großes nächtliches Handgemenge geriet, das eines Amateursängers wegen ausgebrochen war. Auf dem Rückweg erholt er sich mit Minna und deren Schwester kurze Zeit in der Sächsischen Schweiz von den Reisestrapazen. Einige glückliche Tage entschädigen die Liebenden für die lange Trennung. Inzwischen sind Minna von größeren Theatern Engagements angeboten worden. Trotzdem beschließen die beiden, nach Magdeburg zurückzukehren, um beisammenbleiben zu können.

September — Oktober. Die neue Spielzeit beginnt mit neuen Leiden. Wagner vollbringt mit der Aufführung von Spohrs Oper „Jessonda" eine große künstlerische Leistung. Auch das Gastspiel der Schröder-Devrient ist ihm zu verdanken. Doch ist alles umsonst: Selbst der Ruf der ausgezeichneten Künstlerin vermag das Publikum nicht ins Theater zu locken. Auch Wagners Benefizkonzert erleidet ein Fiasko. Dem Direktor ist das Geld ausgegangen, an seine Versprechungen glaubt niemand mehr; die Künstler „bezahlt" er meist mit Freikarten. Mit dem Anwachsen seiner Schulden komponiert Wagner in immer fieberhafterem Tempo, um seine neue Oper, „Das Liebesverbot", so schnell wie möglich zur Aufführung zu bringen. Es ist ein verzweifelter Wettlauf einerseits mit den immer dringenderen Forderungen der Gläubiger, andererseits mit den stets besorgniserregenderen Zerfallserscheinungen des Ensembles.

4. November. In dieser gespannten Atmosphäre trifft ihn die Nachricht wie ein Donnerschlag: Minna ist nach Berlin geflohen! Sie verließ die Truppe, weil ihre besten Rollen anderen gegeben wurden, und ihren Bräutigam, noch dazu ohne ihn davon zu verständigen, vielleicht weil sie davor zurückschreckte, ihr Los mit dem eines Genies zu verbinden, oder weil sie sich einfach vor den Entbehrungen fürchtete. —

32

Wagner ist außer sich. Täglich schreibt er ihr einmal flehende, ein andermal wütende Briefe:

Minna, mein Zustand ist nicht zu beschreiben. Du bist fort und mir ist das Herz gebrochen; Ich hänge an Dir mit hunderttausend Ketten, und so ist es mir, als ob Du mir diese um den Hals würfest und mich damit erwürgtest... Ich werfe Dir alle Verhältnisse meines Lebens als Opfer hin und Du kannst mir nicht zwei Rollen opfern!

Am 5. November.

O Minna, — Mädchen, — mit aller Inbrunst, deren die auf den höchsten Punkt gesteigerte Liebe fähig ist, sieh mich Deine Knie umfassen, und wie ein Verzweifelnder von Todesangst, Dich anflehen: ,,Kehr zu mir zurück, komm wieder! So lacht uns bald eine glückliche schöne Zukunft, — kommst Du nicht, so ist mein Verderben gewiß! O komm, komm! Höre diesmal nicht auf die Stimmen der Eitelkeit... höre die Stimme der Liebe!..."

Am 6. November: Ich kann nicht mehr ohne Dich leben!... Du bist meine Braut und ich habe ein Recht an Dir; schon zu Ostern heiraten wir uns; was sollst Du da in Berlin!

Minna: ,,Ich kann nicht wieder nach Magdeburg: mündlich will ich Dir sagen, warum..."

7. November.

...Bei Gott, ich komme nach Berlin und reiße Dich mit Gewalt fort; und sollte sie Dich schmerzen, so sage, daß Du mich nicht mehr liebst, um mir selbst den Todesstoß zu geben! Mädchen, Mädchen, so ward noch keine geliebt, wie Du!

8. November.

Du wirst mich nicht untergehen lassen — Du wirst zu mir zurückkehren, wir werden uns wieder besitzen, um nie uns mehr zu trennen! Es kann, es wird nicht mehr anders sein! Nur im Gefühl dieser Hoffnung lebe ich noch!...

9. November.

Minna, Minna, was ist das? Dies ist mein sechster Brief, und vergebens habe [*ich*] *noch auf einen zweiten von Dir gewartet.*

10. November.

Bist Du wahnsinnig, daß Du mich in diesem Zustande so lange ohne Brief lassest?... Ich bin rasend! Ihr Weiber seid doch unempfindlicher als Stein!...

Minna: „Ich kehre zu Dir zurück..."

11. November:

Jetzt ist alles, alles gut und gewonnen...

Minna kehrt nach Magdeburg zurück, während die meisten Mitglieder der Bethmannschen Schauspieltruppe bestrebt sind, woanders ihr Glück zu versuchen. Sie verlassen das sinkende Schiff...

1836

Im März wird „Das Liebesverbot" vollendet. Der Unternehmer ist bankrott. Wagner aber, in der höchsten Verzweiflung, vollbringt ein wahres Wunder. Er behext sozusagen seine Kollegen, die — innerhalb von zehn Tagen — seine Oper ohne Bezahlung einstudieren.

Am 29. März ist Premiere. Das nach gehetzten Proben zur Aufführung gebrachte Stück fällt durch:

...Das Ganze blieb... ein musikalisches Schattenspiel auf der Scene, zu welchem das Orchester mit oft übertriebenem Geräusch seine unerklärlichen Ergüsse zum Besten gab... kein Mensch konnte einen Begriff von der Sache bekommen...

31. März. Die zweite Aufführung, die Wagners Benefiz

hätte sein sollen, kann überhaupt nicht mehr abgehalten werden. Die Truppe löst sich auf. Damit ist die Laufbahn der Oper zu Ende — und auch Wagners erster Dirigentenposten verloren. Er und Minna stehen brotlos da.

Im April kehrt Wagner zu seiner Familie nach Leipzig zurück. Er sucht Schumann auf. Einige Wochen später schickt er an dessen Blatt, die NEUE ZEITSCHRIFT FÜR MUSIK einen Musikbericht, noch dazu aus — Magdeburg. Er ist nämlich zu Minna zurückgeeilt, die wieder nach Berlin fahren will. Dann flüchtet er vor seinen Gläubigern von neuem nach Leipzig.

Am 17. Mai reist Minna von Berlin nach Königsberg, wohin sie ihr neuer Vertrag verpflichtet.

Am 18. Mai kommt Wagner nach Berlin, er sucht einen Posten. Operndirektor Cerf vertröstet ihn. Aus den Versprechungen wird nichts. Mißerfolg und Einsamkeit bedrücken Wagner immer schwerer.

Am 21. Mai schreibt er an Minna:

...die Thränen überströmen mein Auge, vor Wehmut ist meine ganze Mannheit gebrochen! So weit, so weit, so weit bist Du, unter fremden rauhen Menschen, und das alles ist ein Opfer für mich...

Die Hoffnung auf einen Vertrag für Wagner am gleichen Theater hatte die Künstlerin zur Annahme der angebotenen Stelle veranlaßt. Der Kapellmeister jedoch, mit dessen Abgang sie gerechnet hatten, bleibt auf seinem Posten. Das gleiche ist in Berlin der Fall. Wagners Lage wird immer unhaltbarer. Kein Einkommen und keine Aussichten. Sechs Wochen lang schreibt er täglich an Minna — anfangs klagende, dann verbitterte Briefe. Manchmal sendet er mehrere auf einmal in ein und demselben Briefumschlag ab — ohne ihn zu frankieren. Das einzige Erlebnis der traurigen Berliner Tage ist Spontinis „Fernand Cortez", unter der Leitung des Verfassers. Das populäre Werk des hochangesehenen Meisters lenkt Wagners Interesse auf die brillante, italienisch beeinflußte französische große Oper.

Am 30. Mai an Minna:

O laß die Zukunft meine Sache sein, denn mit Dir verbunden traue ich mir höchste Kraft zu: — aber jetzt, jetzt handle Du noch. Kümmere Dich um meine kurze Aussicht für hier nicht, rufe mich schnell zu Dir!

Am 1. Juni:

Minna — was hält mich? Ich komme zu Dir, — mag werden, was da will — vielleicht ist es gut, wenn ich zugegen bin, — alles geht vielleicht schneller, nimmt eine andere Richtung. O Gott im Himmel, fühlst Du denn so heiß wie ich! Sag mir, soll ich, soll ich?... Schnell, schnell, antworte...

12. Juni.

...Drohe nur Deinem Direktor, daß Du, falls es sich nicht machen würde, im Herbst abgehen würdest; denn das ist doch klar, — kann ich nicht nach Königsberg kommen, so müssen wir woanders hin, denn länger können wir uns nicht trennen...

16. Juni.

Minna ich bin außer mir, ich habe noch keinen Brief von Dir! Mir vergehen ganz und gar die Sinne, ich bin ganz bewußtlos.

20. Juni.

Also ist es wahr, Du verläßt mich. Auch Du, Minna! Auch Du! O das ist hart, das ist sehr hart... Ich bin wohl die Schuld an allem, ich liebe Dich zu sehr, ich muß auch diesen Schmerz noch erfahren um einzusehen, wie lächerlich alles war, was ich bis jetzt gelitten habe. ...hättest Du mich in diesen Tagen gesehen, Du würdest mich nicht verlassen haben. Du hättest dasselbe Mitleid gegen mich gefühlt, was doch wohl immer nur der Hauptgrund Deiner Liebe zu mir war, denn Du hast ein gutes Herz, aber die bösen, bösen 100 Meilen, die machen das Mitleid schon kälter, nicht wahr, nicht wahr?

21. Juni.

Jetzt bekomme ich eben einen Brief von Dir... Die süße Hoffnung, die mich gestern einmal ganz verlassen hatte, war wieder in meine Brust zurückgekehrt... O mein Weib, mit welchem Worte wäre es möglich Dir ausdrücken zu können, wie ich Dich verehre, wie ich Dich anbete. Es ist mir eine religiöse, eine heilige Empfindung, Deiner zu gedenken.

26. Juni.

Minna, laß auch Du von mir, denn ich bin ein Unglücklicher. Ich stehe im Begriff, in 8 Tagen von hier abzureisen, denn ich habe später hier weiter nichts mehr zu suchen. Cerf ist ein unbedachter, leichtsinniger Mensch... die Oper muß, was er früher nicht vermuthete, ganz und gar geschlossen werden... Was aber nun zunächst beginnen?... ich ...habe gefunden, daß mir nur zwei Wege offen stehen. Ich gehe enntweder nach — Leipzig, — oder ich gehe nach — Königsberg. Erschrick nicht, Minna, aber so steht es. Mein Entschluß ist der: — nach Leipzig —gehe ich nicht... Ich komme von hier nach Königsberg, alles wird sich schneller entscheiden, wenn ich selbst da bin... und ich erwarte umgehend von Dir eine Nachricht, ob Du mit mir übereinstimmst, und ich hoffe, Du wirst es!... Mein Entschluß steht fest, und Du wirst mich durch nichts davon abbringen können, außer, wenn Du mir schriebst, oder zu verstehen gäbest, meine Gegenwart würde Dir jetzt unangenehm oder lästig sein.

Am 7. Juli fährt Wagner — für die Reisespesen kommen

seine Freunde auf — nach Königsberg. Arbeit erwartet ihn auch dort nicht, nur geringe Aussichten.

Von September an wirkt Wagner als ärmlich bezahlter „Assistent" an der Seite des Kapellmeisters Louis Schuberth, der im Frühjahr nach Riga fahren will. Er hat kaum Arbeit, auch mit dem Komponieren geht es nicht vorwärts. Im ganzen vollendet er nur die „Rule Britannia"-Ouvertüre; der Plan zu einer Opera buffa aus den Märchen von Tausendundeiner Nacht wird rasch verworfen. Die Skizze zu einer großen Oper sendet er zwecks Ausarbeitung an Eugène Scribe nach Paris, erhält aber nicht einmal eine Antwort. Untätigkeit und Unsicherheit sind der Grund für Wagners Streitsucht, die oft zu Zwistigkeiten mit Minna führt.

23. November. Die Gabe des Theaters für die Verlobten: Als Benefizvorstellung wird Aubers „Die Stumme von Portici" gespielt. Wagner dirigiert, Minna spielt die pantomimische Titelrolle.

Am 24. November schließen Wagner und Minna in Königsberg die Ehe. In klaren Augenblicken haben beide das Gefühl, daß sie widersinnig handeln, lassen sich aber von ihren Gefühlen mitreißen.

Dezember. Die Ehefrau führt mit Hilfe von Natalie den Haushalt, schneidert eigenhändig ihre Kostüme; vormittag probt sie und spielt abends in dem ungeheizten Theater. Wagner quält sie mit seiner Eifersucht. Er hat die verschiedensten Zukunftspläne. Obwohl er kaum etwas verdient und ihm die Magdeburger Gläubiger von neuem auf den Fersen sind, richtet er die gemeinsame Wohnung recht verschwenderisch ein.

Im Interesse einer Aufführung seiner Oper „Das Liebesverbot" wendet er sich am *3. Dezember* an Schumann:

Ich halte die Oper nicht für schlecht... Das Ding paßt aber nicht auf deutschen Boden, sowohl Sujet wie Musik, und wenn ich sie selbst für Deutschland lokalisieren wollte, — welche Riesenschwierigkeiten hat nicht ein unbekannter deutscher Komponist in Deutschland in Aufnahme zu kommen!... Ich will einen kühnen Sprung machen und mich nach Paris wenden. An die „Opéra comique" paßt das Ding... können Sie mir nicht einen Weg empfehlen, durch den ich noch besser zu meinem Ziele kommen kann?

1837

April. Der langerwartete Tag ist angebrochen: Kapellmeister Schuberth verläßt das Ensemble, und Wagner kann endlich seinen Posten übernehmen.

Im Mai ist das Königsberger Theater bankrott. Wagner, kaum daß er zu arbeiten begonnen hat, bleibt wieder ohne Verdienst.

31. Mai. Minna, die von der Eifersucht ihres Mannes schon mehr als genug hat, brennt mit einem wohlsituierten Verehrer durch. Wagner, von Selbstanklagen gequält, reist ihnen sofort nach. Wegen Geldmangels muß er jedoch bereits auf der ersten Station wieder kehrtmachen. Durch Verkauf der Hochzeitsgeschenke und Aufnahme neuer Schulden gelingt es ihm in zwei Tagen, die Reisekosten aufzutreiben.

Am 3. Juni reist er von Königsberg über Berlin nach

Leipzig zu seiner Familie. Er erfährt, daß sich Minna in Dresden bei ihren Eltern aufhält.

7. Juni: Brief an den Berliner Freund Schindelmeisser:

Ich gebe jetzt Alles auf das Engagement nach Riga... noch einmal bitte ich Dich recht dringend, Alles aufzubieten, um mir sobald wie möglich den Contract mit Holtei zustellen zu können; es ist für mich von der größten Wichtigkeit. Noch einmal: — auf meine Frau braucht dabei gar keine Rücksicht genommen zu werden, — 1000 Rubel Slbr: Contract auf 2—3 Jahre...

Um den 10. Juni. Wagner versucht in Dresden Minna zu versöhnen. Sie zeigt sich jedoch nicht zur Rückkehr bereit.

Am 12. Juni an Schindelmeisser:

Mit diesem Brief geht an die Königsberger Gerichte meine Klage auf Ehescheidung von meiner Frau ab. Ich bin jetzt brodlos. Ich muß Riga erhalten. Augenblicklich kann ich hier nicht abkommen, ich wohne bei meinem Schwager Hermann Brockhaus, Ottiliens Mann... Ich habe augenblicklich kein Geld...

Um den 20. Juni läßt Holtei, der Rigaer Direktor, Wagner zur Unterschrift des Vertrags nach Berlin kommen. Sofort gibt Wagner den Gedanken an eine Scheidung auf und bedrängt Minna von neuem:

Du wirfst mir nun ein hartes und grausames Betragen gegen Dich vor, und hast leider dazu das Recht... Gott weiß, ob ich nicht die herzlichste Reue darüber empfinde. Du hast mich aber grausam dafür bestraft, und bedenke, ob Du nun nicht durch Dein Benehmen eigentlich zum größten Teil meine Schuld getilgt hast. Halte jetzt ein mein liebes Weib, und sieh es nun nicht länger mehr auf die Vertilgung meiner Liebe ab; bedenke, wie groß dieselbe sein muß, daß es Dir trotz Deiner Bemühungen noch nicht gelungen ist, sie zu ersticken... Du willst Dich von mir auf eine Zeitlang trennen; welch ein unglückseliger Gedanke! Wie wenig kennst Du die Beschaffenheit einer ehrlichen Liebe, wenn Du glaubst, sie könne durch eine Trennung gedeihen. Wir können uns gar nicht, oder ganz trennen. Endlich also komme ich in die Lage, Dir ein müheloses angenehmes Leben bieten zu können... Willst Du mich verwerfen?... wirf Deine üblen Meinungen alle von Dir, sei wieder ganz mein! Aber auch nicht halb...

Ende Juni. Weder der Brief noch das darauffolgende mehrtägige Beisammensein bringen die erhoffte Lösung. Minna ist auch weiter nicht gewillt, zu ihrem Mann zurückzukehren, ja, sie verschwindet von neuem. — In dieser Stimmung kommt Wagner bei seinem Schwager Brockhaus der Roman „Cola di Rienzi" von Bulwer-Lytton in die Hände. Das Buch regt ihn zum Entwurf einer neuen großen Oper an, vom Sieg und tragischen Ende des Volkstribuns, der 1347 in Rom den plebejisch-bürgerlichen Aufstand anführte.

Juli — August. In Berlin entwirft Wagner das Libretto der Oper. Zwischendurch trauert er dort zusammen mit seiner Schwägerin, der Sängerin Amalie Planer, über den Verlust von Minna. Die taucht nun mit ihrem Kavalier in Hamburg auf. Die Scheidung scheint nunmehr unvermeidlich zu sein.

Ende August tritt Wagner seinen Posten an dem Theater in Riga an, der von Letten und Deutschen bewohnten Stadt im westlichen Zipfel des russischen Zarenreiches.

Im September trifft ein Entschuldigungsbrief von Minna ein, in dem sie sich reuevoll rechtfertigt. Wagner zeigt sich großmütig:

...Ich kenne keine Vergangenheit, keine Gegenwart, — nichts, nichts mehr, nur ein glühender Wunsch, eine Sehnsucht lebt noch

41

in mir, und diese zählt jede Minute, bis ich Dich in meine Arme
werde schließen können. Meine Minna, welche Erfahrungen haben
wir gemacht, welche Prüfungen waren unsrer Liebe vorbehalten!...
und sieh, jetzt lebt unsre Liebe wieder so neu und jugendlich auf!...
Du nimmst meine Verzeihung in Anspruch und mein ewiges Ver-
gessen... O wie ehrt mich dieses Vertrauen, wie danke ich Dir
dafür! Ich kann Dir nur danken für Deine Liebe, Dein Vertrauen,
laß uns Verzeihung wechseln, wir verdienen sie beide... Dir kann
ich nicht untreu werden!... Halte mir die Amalie gut, sie ist
unser Engel gewesen. Wenn wir wieder glücklich sind, haben wir
es nur ihr zu verdanken...

Am 19. Oktober kehrt Minna zu Wagner zurück. Auf
Wunsch ihres Gatten entsagt sie der Bühne, so schwer es
ihr auch fällt. Ihren Platz nimmt nun ihre jüngere Schwester
Amalie ein, die mit ihr zusammen nach Riga gekommen ist.
Der Hausfriede ist wiederhergestellt, und das Leben ver-
läuft nun auf einer geordneten Bahn. Richard leitet Proben,
dirigiert die Vorstellungen und komponiert Einlagearien zu
den auf dem Programm stehenden beliebten Singspielen.
In seiner freien Zeit aber arbeitet er an seiner neuen Oper
,,Rienzi'', von der er selber am besten weiß, daß er sie mit
den unzulänglichen Sängern und kleinem Orchester niemals in Riga auf die Bühne bringen kann. Im Geiste aber
schwebt ihm Paris vor, die Stadt, die ihm, von je weiter
er dahinblickt, um so verheißungsvoller erscheint. Nach
Schumann wendet er sich nun an Meyerbeer. Vorderhand
möchte er ,,Das Liebesverbot'' in Paris zur Aufführung
bringen und bittet den populären und angesehenen Komponisten um seine Unterstützung. — Die Nachricht vom
Tod Rosaliens trifft Wagner schwer. Er beklagt aufrichtig

den Verlust der Schwester, die ihm stets am nächsten gestanden hat.

1838

Der Rigaer Aufenthalt gestaltet sich für Wagner immer mehr zu einer freiwilligen Verbannung.

Von nirgends her trat mir eine auch nur im mindesten anregende Persönlichkeit entgegen. Gänzlich auf mich allein angewiesen, blieb ich allen fremd.

19. März. Er gibt ein Konzert. Auf dem Programm stehen die Ouvertüre zu „Christoph Columbus" und „Rule Britannia", Transkriptionen sowie Werke von Spohr und Weber. Als Solistinnen wirken auch Minna und seine jüngere Schwester mit.

Im Sommer, während das Theater in Mitau gastiert, beendet Wagner das Textbuch von „Rienzi". Nach Riga zurückgekehrt, beginnt er mit der Vertonung. Die Arbeit macht nur langsame Fortschritte.

11. September. Zu Beginn seiner zweiten Rigaer Spielzeit faßt Wagner einen neuen Plan: Er schlägt vor, ein Abonnement auf sechs Orchesterkonzerte anzukündigen. Sämtliche an der Sache Interessierten — insgesamt vierundzwanzig Musiker — sind mit der Idee um so eher einverstanden, als den Bedingungen zufolge die Konzerte *eigens als Unternehmung des Orchesters angesehen werden und zu dessen Vortheil bestehen sollen.* Wagner selbst verzichtet vorderhand auf materiellen Nutzen. Nicht so auf den ideellen: Das Programm des ersten Konzertes soll aus seinen eigenen Ouver-

43

türen bestehen. Von diesem Abend erwartet er einen Wendepunkt seiner Rigaer Laufbahn. Vielleicht wurde er auch einer — nur eben in entgegengesetztem Sinne als erhofft. Statt Anerkennung gibt es nur Tadel. Wagners Auftreten als Komponist wirbelt das stille musikalische Fahrwasser der Stadt auf. Es bilden sich zwei Kreise: Ein engerer der fachkundigen Freunde, die ihn auch in seinem Heim aufsuchen, um Teile aus dem im Entstehen begriffenen „Rienzi" zu hören — und ein ausgedehnterer der Gegner, in deren Händen die Macht liegt. Direktor Holtei, der als Anhänger der leichten Muse Wagners Tätigkeit am Theater schon immer scheel angesehen hat, wirft ihm jetzt Maximalismus vor. Dirigent Dorn, der vermeintliche gute Freund, tadelt plötzlich Wagners unausgeglichenen Stil. Es ist leichter, einen bescheidenen Anfänger zu loben als einen begabten Konkurrenten objektiv zu beurteilen.

Am 6. Dezember wird der erste Akt von „Rienzi" fertig.

1839

Anfang des Jahres tritt im Theater eine unerwartete Wendung ein: Direktor Holtei verläßt seinen Posten, an seine Stelle tritt der Sänger Hoffmann.

Ende März kündigt der neue Direktor Wagner (angeblich noch auf Anraten Holteis, vielleicht aber von Dorn inspiriert), sein Nachfolger ist Heinrich Dorn...

April. Das Ehepaar plant einen würdigen Abschied: Richard stellt den zweiten Akt des „Rienzi" fertig, dann macht er sich eiligst daran, Französisch zu lernen. Minna hingegen tritt viermal im Theater auf (unter anderem in „Preciosa", einem musikalischen Schauspiel von Weber-Wolff und in Schillers „Maria Stuart"), in beiden Stücken spielt sie die Titelrolle, dann verkauft sie ihre selbstgeschneiderte Garderobe. Mit diesem Gastspiel nimmt sie nicht nur von Riga, sondern für immer von der Bühne Abschied. Während sie also von der Vergangenheit träumt, blickt Richard bereits in die Zukunft. Vorläufig ist ersteres nützlicher, weil es Geld einträgt. Wenigstens die Reisespesen wollen sie zusammenbringen, wenn schon an die Befriedigung der alten und neuen Gläubiger nicht gedacht werden kann. Ihrer Abreise stellt sich ein unvorhergesehenes Hindernis in den Weg: Den zaristischen Gesetzen zufolge werden Paßgesuche in der Lokalzeitung bekanntgemacht. Geschieht das aber, kann es leicht passieren, daß Wagner statt in der Pariser Postkutsche im Gefängnis von Riga seine Zukunftspläne weiterschmieden muß. Wie aber können sie sich aus den Klauen der Gläubiger retten? Möller, der Königsberger Freund, weiß eine Lösung.

Ende Juni dirigiert Wagner in Mitau zum letzten Mal sein Orchester.

Zwischen dem 9. und 10. Juli flüchtet Wagner samt Frau und Hund — einem Neufundländer — zu Fuß über die Grenze nach Ostpreußen. Möller erwartet sie und hilft ihnen weiter. Minna wird durch die ausgestandenen Aufregungen bettlägerig.

19. Juli. Nach einem neuen, durch einen Kutschenunfall verursachten Zwangsaufenthalt kommt das Ehepaar endlich im Pillauer Hafen an. Hier werden sie von einem kleinen, nach London auslaufenden Handelsschiff, dem Segler

Thetis, an Bord genommen — natürlich im geheimen, da sie ja keinen Reisepaß besitzen. Kapitän Wulff und seine sechsköpfige Bemannung versprechen eine siebentägige, angenehme Schiffahrt; die Thetis kommt jedoch der Flaute wegen nach einer Woche erst in Kopenhagen an. Im Kattegat mußten sie gegen einen Gegenwind ankämpfen.

28. Juli. Im Skagerrak überfällt sie ein fürchterlicher Sturm. Das Schiff wird beschädigt.

Am 29. Juli läuft die Thetis mit ihren seekranken Passagieren an Bord in einen norwegischen Fjord ein. Im Fischerdorf Sandwiken wird tagelang an der Ausbesserung des Schadens gearbeitet. Da durchlebt Wagner eine der Episoden aus dem „Fliegenden Holländer", der vor kurzem gelesenen Erzählung von Heine:

Ein unsägliches Wohlgefühl erfaßte mich, als das Echo der ungeheuren Granitwände den Schiffsruf der Mannschaft zurückgab, unter welchem diese den Anker warf und die Segel aufhißte. Der kurze Rhythmus dieses Rufes haftete in mir wie eine kräftig tröstende Vorbedeutung und gestaltete sich bald zu dem Thema des Matrosenliedes in meinem „Fliegenden Holländer", dessen Idee ich schon mit mir herumtrug und die nun unter den soeben gewonnenen Eindrücken eine bestimmte poetisch-musikalische Farbe gewann.

1. August. Nach Ausbesserung eines neuerlittenen, geringfügigeren Schadens kann die Thetis zum letzten Abschnitt der Reise in See stechen.

7. August. Noch heftigeres Unwetter bricht über den Segler herein. Er kommt vom Kurs ab und schlingert verloren auf den turmhohen Wellen. Richard und Minna, mit einem Tuch aneinandergebunden, erwarten in ihrer engen Kajüte den sicheren Tod.

Am 12. *August* läuft die Thetis — nach dreieinhalb schwer durchkämpften Wochen — in die Themse-Mündung ein. Trotz der durchlebten Schrecken und Gefahren ist das Ehepaar Wagner vom Getriebe Londons überwältigt und bleibt acht Tage.

20. August. Die Überquerung des Kanals erfolgt nun schon auf einem Dampfschiff. In Boulogne-sur-Mer verbringen Richard und Minna einige Wochen. Wagner instrumentiert den zweiten Akt des „Rienzi" und sucht Meyerbeer auf, der sich gleichfalls dort befindet:

Er gestattete mir, ihm den Text meines „Rienzi" vorzulesen, und hörte auch wirklich bis zum Schluß des dritten Aktes zu, nahm die fertigen zwei Akte der Komposition zur Durchsicht an und bezeugte mir bei einem späteren Besuche seine rückhaltslose Teilnahme für meine Arbeit, wobei es mich jedoch einigermaßen störte, daß er wiederholt auf das bewundernde Lob meiner zierlichen Handschrift zurückkam . . .

Jedenfalls stellt er Wagner einigen bedeutenden Persönlichkeiten der Musikwelt vor, die gleichfalls in Boulogne zur Sommerfrische weilen, und schreibt in seinem Interesse einen Brief an den Direktor und den Dirigenten der Großen Oper.

Am 17. September trifft das Ehepaar mit dem Eilwagen in Paris ein und bezieht ein bescheiden möbliertes Zimmer. Das erste Gefühl, das die beiden erfüllt, ist das der Freude: endlich befinden sie sich in dieser herrlichen Millionenstadt, dem Zentrum der Musikwelt. Gleich meldet sich aber auch die erste Besorgnis: ob sie wohl zu erobern ist? Will doch jeder hier sein Glück machen . . . Wagners Selbstvertrauen verscheucht alle Zweifel:

Hier werde ich erfahren, ob man mich betrogen hat, als man mir
Talent zusprach, oder ob ich wirklich welches besitze...

Oktober—November. Die ersten Erfahrungen sind recht
ernüchternd. Wagner bekommt am eigenen Leib zu spüren,
wie das im Vollbesitz seiner Macht befindliche Bürgertum
die Ideale seiner Heldenzeit mit Füßen tritt. Die von der
Revolution genau fünf Jahrzehnte früher verkündigte De-
vise — Freiheit, Gleichheit, Brüderlichkeit — zeigt sich nun
von ihrer Kehrseite. Die Brüderlichkeit wird als leerer
Wahn betrachtet; die Freiheit aber — oder wie man sie
unter dem ,,Bürgerkönig'' Louis-Philippe auslegt: der freie
Wettbewerb — hat die Gleichheit verschlungen. Der Operndirektor empfängt Wagner zwar, zeigt sich aber von Meyerbeers Schreiben nicht im geringsten beeindruckt und läßt
nichts mehr von sich hören. Der ausgezeichnete Dirigent
Habeneck ist wenigstens zu einem Versuch bereit und
erbietet sich, eines der Werke Wagners bei einer Probe
des Conservatoire-Orchesters spielen zu lassen. Wagner gibt
ihm die Columbus-Ouvertüre, versperrt aber mit diesem
Jugendwerk den Weg für seine reiferen Schöpfungen: Der
betagte Meister wünscht keine weiteren Werke Wagners
kennenzulernen. Und doch ist er es, der Wagner zumindest
für seine in Paris erlittenen Enttäuschungen entschädigt:
Er gestattet ihm, an den Proben zu Beethovens IX. Symphonie teilzunehmen. Werk und Vortrag wirken auf Wagner
wie eine Offenbarung. Scribe, Wagners große Hoffnung in
Riga, bleibt für ihn einfach unerreichbar. Von einigen
namhaften Sängern, in deren Gunst er seine Werke emp-
fiehlt, wird er zwar höflich empfangen — dann aber tun
sie nichts weiter für ihn.

Seine einzige Stütze ist Buchhändler Eduard Avenarius, der Verlobte seiner jüngeren Schwester Cäcilie, und der kleine Freundeskreis, der sich durch dessen Vermittlung um Wagner gruppiert. Nur daß all diese Freunde selbst arme Teufel sind — ohne Geld und Einfluß. Anders, Angestellter der Musikabteilung der Königlichen Bibliothek, Lehrs, der Philologe, und Kietz, der Maler, sind Typen der unbekümmert und geistvoll darbenden „Boheme".

Sie teilen alles mit Richard, wenn sie zu etwas Geld kommen, nur er selbst besitzt gar nichts. Möllers Taler, Minnas Kreuzer sind längst verbraucht, obwohl die ehemalige Schauspielerin sich nun in die Rolle der Hausfrau bereitwillig einlebt und zuweilen wahre Wunder vollbringt, indem sie aus beinahe nichts ein vorzügliches Abendbrot hervorzuzaubern versteht.

Die Vertonung des „Rienzi" stockt. Auf Rat seiner Freunde versucht es Wagner nun eher mit Liedern — doch es gelingt ihm nicht, sie zum Vortrag zu bringen.

Höchst willkommen war mir daher die endliche Ankunft Meyerbeers selbst in Paris. Der geringe Erfolg seiner Empfehlungsbriefe, von dem ich ihm berichtete, überraschte ihn so wenig, daß er es im Gegenteil für gut hielt, mich nun darauf aufmerksam zu machen, daß in Paris alles sehr schwierig sei und ich am besten täte, zunächst mich nach bescheidener Lohnarbeit umzusehen. Er führte mich in diesem Sinne bei seinem Verleger Maurice Schlesinger ein, überließ mich dem Schicksale dieser monstruösen Bekanntschaft und reiste nach Deutschland ab.

Januar—Februar. Mit dem Musikhändler Schlesinger hatte ich es bisher zu nichts bringen können... ich entschloß mich auf meine Kosten die ,,Deux grenadiers'' [Wagners französisches Heinelied] *bei ihm stechen zu lassen... Schließlich berechnete mir Schlesinger fünfzig Franken für die Kosten... Für jetzt handelte es sich darum, Schlesinger für die berechneten fünfzig Franken zu entschädigen: er schlug mir dazu Arbeiten für die von ihm herausgegebene* GAZETTE MUSICALE *vor...*

Wagner plant eine große Faust-Symphonie. Den ersten Satz bringt er fertig, legt aber dann die Arbeit beiseite und wendet sich wieder dem ,,Rienzi'' zu.

Im Frühjahr setzt das Renaissance-Theater einen Termin zum Anhören dreier ins Französische übertragener Teile des ,,Liebesverbotes'' fest. Auch das ist Meyerbeer zu verdanken, dessen Generalagent Gouin den Verfasser mit der Leitung der kleinen Bühne zusammenbrachte.

Am 15. April mietet Wagner eine größere Wohnung.

Mit dem ersten Besuche, den ich in dieser auf kühne Hoffnungen hin bezogenen Wohnung erhielt, meldete mir Anders, daß das Théâtre de la Renaissance soeben seinen Bankrott erklärt habe und geschlossen sei...

Gouin aber versteht seine Sache und bringt es fertig, sogar das Mißgeschick in ein Positivum umzuwandeln. Er erreicht, daß sich der neue Direktor der Opéra und Scribe bereit erklären, die drei Nummern im Gesellschaftszimmer des berühmten Unternehmens anzuhören. Daß die Leitung der Opéra ,,Das Liebesverbot'' nicht annimmt, dafür ist er nicht mehr verantwortlich.

Mai—Juni. Mit Heines Erlaubnis, an den er sich durch Laubes Vermittlung wandte, bearbeitet Wagner den „Fliegenden Holländer" zum Opernsujet. In dem Werk lebt mehr von den eigenen Erlebnissen seiner denkwürdigen Seereise als von Heines Erzählung. Die Opéra reflektiert aber auch auf dieses Stück nicht. Geld also kommt von nirgends, zum Leben aber braucht man es. Richard verpfändet die noch vorhandenen Wertgegenstände — sieht sich später jedoch gezwungen, auch die Pfandscheine zu verkaufen. Zwar schreibt er für die GAZETTE MUSICALE einige Feuilletons, erhält dafür aber nur die Hälfte des Honorars. Die andere bekommt der Übersetzer. Seine Lage zwingt ihn, die Zusammenstellung einer Trompetenschule zu übernehmen. Auch dafür zahlt ihm der Verleger nur die Hälfte des Honorars. Die andere muß er dem ersten Trompeter der Opéra überlassen, der den Stoff vom Standpunkt der Instrumentaltechnik aus überprüft.

Wagner schwankt zwischen Hoffnung und Enttäuschung. Die Sorgen um den Lebensunterhalt zermürben seine Kräfte. Sämtliche Pariser Freunde sind bereits zu seinen Gläubigern geworden. Sie lassen ihn zwar nicht im Stich, sind aber außerstande, ihn wirksamer zu unterstützen, da sie selbst in bescheidenen Verhältnissen leben. Am häufigsten kam ihm Avenarius zu Hilfe, nun aber wacht seine Frau Cäcilie über den Geldbeutel. Obendrein erkrankt Minna, und Richard steht hilflos an ihrem Bett, da der Erlös ihrer Eheringe — anderes gab's nicht mehr zu verkaufen — nicht für beides, Brot und Medizin, reicht.

23. Juni. In seiner letzten Verzweiflung beginnt er ein Tagebuch zu führen, dem er seine Qualen anvertraut:

Unwillkürlich waren mir eben wieder Tränen gekommen; ist man feig oder ist man unglücklich, wenn man sich gern den Tränen hingibt?

Im Sommer ist Meyerbeer wieder in Paris. Trotz seines nur zweiwöchigen Aufenthalts nimmt er Wagner mit in die Opéra, um ihn persönlich dem Wohlwollen des neuen Direktors Léon Pillet zu empfehlen. Den Vorschlag des Direktors, gemeinsam mit jemand anderem ein einaktiges Ballett zu schreiben, weist Wagner zurück. Sein Angebot hingegen, eine kurze Oper mit dem Titel „Der fliegende Holländer" zu komponieren, beeindruckt den Direktor nicht. Schließlich bleibt dann das Sujet doch in der Opéra zurück, ohne daß über sein Schicksal entschieden wurde. Die Sorgen hören also nicht auf, was aber Wagner nicht daran hindern kann, die Vertonung des „Rienzi" entschlossen fortzusetzen.

Am 19. September beendet er den fünften Akt des gewaltigen Werkes. Die Vollendung zählt zu der positiven Seite seines nun einjährigen Pariser Aufenthalts. Nur die Ouvertüre ist noch zu schreiben, was aber die wachsenden Sorgen nicht zulassen. Wagner ist auf weitere Darlehen angewiesen und damit doppelten Demütigungen ausgesetzt: Einmal beim Bitten und das andere Mal bei der Abweisung. Die Möglichkeiten seiner Pariser Freunde sind endgültig erschöpft, so muß er sich an die entfernteren wenden. Von Möller und Apel erhält er nicht einmal eine Antwort. Jeder von ihnen hat mit eigenen Sorgen zu kämpfen. (Apel hat sein Augenlicht verloren.) Laube versucht zwar, einen Mäzen aufzutreiben, doch noch bevor Hilfe eintritt, schlagen über Wagners Haupt die Wellen zusammen.

Am 28. Oktober kommt Wagner in das Schuldgefängnis. Am gleichen Tag schreibt Minna an Apel (richtiger, kopiert sie das Konzept ihres Mannes): „Glauben Sie mir, daβ ich für gewöhnlich Richards exaltierte Hoffnungen nicht theile; jetzt aber weiβ ich aus seiner Bekannten Munde, daβ er nur noch einen Schritt vorwärts zu thun hat, um an sein Ziel zu kommen. — Mein Gott, was soll ich hier Alles noch sagen?... Das Einzige was ich herausbringe, ist: Hülfe, Hülfe! Bringen Sie Richard ein groβes Opfer, suchen Sie es schleunig möglich zu machen, und Gott wird es Ihnen lohnen, wenn Richard's dankbares Herz und mein Gebet zu schwach dazu sein sollten..." Apels rasche Hilfe und ein neuer Auftrag des Verlegers Schlesinger, der aus Donizettis Oper „La Favorita" verschiedene Transkriptionen bestellt, für die er einen Vorschuβ bezahlt, befreien Wagner aus der Schuldhaft.

Am 19. November beendet Wagner die Ouvertüre zu „Rienzi" und sendet die für Paris gedachte Oper jetzt eilig nach Dresden. In dem heldenhaft ertragenen Elend der Wanderjahre im Ausland will ihm scheinen, als dämmere am düsteren Horizont ein Hoffnungsstrahl und als käme er aus der Heimat. Er wendet sich direkt an den König von Sachsen.

Am 1. Dezember an Friedrich August:

...Es ist in mir der feurige Wunsch immer lebendig geblieben, meine besten künstlerischen Kräfte meinem deutschen Vaterlande zu widmen. Von diesem Verlangen getrieben, habe ich hier in Paris eine groβe Oper unter dem Titel „Rienzi" vollendet, und zwar in der besonderen Absicht, sie dem Hoftheater Eur. Majestät zur ersten Aufführung anzubieten... ich ersuche Eur. Majestät, daβ Allerhöchsdieselbe geruhen wolle, eine erste Aufführung meiner Oper

*Rienzi... auf Eur. Majestät Bühne zu Dresden Allergnädigst zu
gestatten...*

1841

4. Februar. Auf dem Konzert der GAZETTE MUSICALE
fällt der als Feuilletonist bereits anerkannte Wagner als
Komponist durch. Wieder läßt er die alte Columbus-Ouvertüre auf das Programm setzen — und das nach dem vollendeten „Rienzi" und begonnenen „Fliegenden Holländer" —
und verdirbt durch diesen Mißerfolg dem Verleger Schlesinger jede Lust zu weiteren Versuchen, ihm den Weg zur
Komponistenlaufbahn zu ebnen.

18. März. Meyerbeer stellt seine Hilfsbereitschaft von
neuem unter Beweis, indem er beim Dresdner Oberintendanten Lüttichau die Aufführung des „Rienzi" betreibt:
„Herr Richard Wagner aus Leipzig ist ein junger Componist,
der nicht allein eine tüchtige musikalische Bildung, sondern
auch viel Phantasie hat, außerdem auch eine allgemeine
litterarische Bildung besitzt und dessen Lage wohl überhaupt die Theilnahme in seinem Vaterlande in jeder Beziehung verdient. Sein größter Wunsch ist, die Oper Rienzi,
deren Text und Musik er verfaßt hat, auf der neuen königlichen Bühne zu Dresden zur Aufführung zu bringen.
Einzelne Stücke, die er mir daraus vorgespielt, fand ich
phantasiereich und von vieler dramatischer Wirkung.
Möge der junge Künstler sich des Schutzes Eurer Excellenz
zu erfreuen haben und Gelegenheit finden, sein schönes
Talent allgemeiner anerkannt zu sehen..."

54

Ende März. Immer mehr fühlt Wagner die Ausweglosigkeit seiner Lage — nicht nur der ewigen materiellen Sorgen,
sondern auch seiner Vereinsamung wegen. Während der
eineinhalb Jahre seines Aufenthaltes war es ihm nicht
gelungen, sich in der Pariser Musikwelt auch nur einen
einzigen Freund zu erringen. Allein mit Berlioz verbindet
ihn eine gewisse gegenseitige Sympathie oder das gemeinsame Schicksal, das Gefühl der Zurückgesetztheit. Jetzt,
nach einer früheren flüchtigen Begegnung, versucht Wagner
mit dem auf dem Höhepunkt seiner Laufbahn stehenden
Pianisten Franz Liszt in näheren Kontakt zu kommen.
Liszt empfängt ihn im Salon seines Hotels.

Mein ganzer Versuch, ein künstlerisches Gespräch einzuleiten,
bestand in der Frage, ob Liszt neben dem Schubertschen ,,Erlkönig"
nicht auch den von Löwe kenne: mit der Verneinung dieser Frage
war dieser ziemlich befangene Versuch beseitigt, und mein Besuch
endigte mit der Abgabe meiner Adresse...

Liszt läßt Wagner eine Eintrittskarte zu seinem nächsten
Konzert schicken. Nach dem Konzert werden die Leser
der DRESDNER ABENDZEITUNG (dem Wagner unbezahlte
Musikberichte sendet, um sich das Blatt für die Aufführung
des ,,Rienzi" im vorhinein zu gewinnen) folgendermaßen
informiert: *Liszt und Berlioz sind Brüder und Freunde, beide*
kennen und verehren Beethoven... Doch ist einiger Unterschied
unter ihnen zu machen, vor allen Dingen der, daß Liszt Geld
gewinnt, ohne Kosten zu haben, während Berlioz Kosten hat und
nichts gewinnt... Er [Liszt] könnte und würde ein freier Künstler,
ein kleiner Gott sein, statt daß er jetzt der Sklave des abgeschmack-
testen Publikums, des Publikums der Virtuosen, ist; dieses Publikum
verlangt von ihm um jeden Preis Wunder und närrisches Zeug...

In diesen beiden großen Musikern fühlt der einsame Wagner eine ihm verwandte Seele und vermeint in ihnen geistig ebenbürtige Partner gefunden zu haben. Ihre Persönlichkeit aber zieht ihn nicht nur an, sondern stößt ihn gleichzeitig auch ab — obwohl er den Widerspruch zwischen der momentanen Lage und der geschichtlichen Bedeutung der beiden ganz gut sieht.

Am 29. April gibt Wagner seine Stadtwohnung auf und bezieht eine billigere „Sommervilla" in der Umgebung von Paris, in Meudon.

Am 29. April fand... diese notdürftige Übersiedelung statt, welche in Wahrheit nur eine Flucht aus dem Unmöglichen in das Unbegreifliche war...

Er faßt die Idee, ein Buch über Beethoven gemeinsam mit dem Bibliothekar Anders zu schreiben. Der Freund könnte die Angaben sammeln, die er dann selbst literarisch verarbeiten würde. Die Erkenntnis, daß die Franzosen seine Musik ablehnen, seine Prosa aber, wenn auch nicht gut, doch immerhin bezahlen, zwingt ihm diese Lösung auf. Dann aber läßt er den Gedanken eines biographischen Romans doch fallen.

Anfang Juli treffen zwei aufrüttelnde Nachrichten ein. Lüttichau teilt mit, daß das neue Dresdner Hoftheater den „Rienzi" aufzuführen beabsichtigt, und die Pariser Opéra läßt wissen, daß sie den Entwurf zum „Fliegenden Holländer" kaufen und durch Louis-Philippe Dietsch vertonen lassen möchte. Wagner erhält 500 Franken. Er mietet sogleich ein Klavier und beginnt seinen eigenen „Holländer" zu komponieren. Rechtlich dürfte er das nicht, da er den Entwurf ja verkauft hat. Aber nicht das beunruhigt ihn, sondern die Zweifel, ob er wohl nach der langen Zwangspause noch Musiker geblieben ist.

...Ich war so gewaltsam der Musik entfremdet worden, daß ich nun, als das Klavier in meiner Sommerwohnung ankam, einen Tag lang mich gar nicht es zu berühren getraute. Ich hatte wirklich die Furcht, dahinterkommen zu müssen, daß mir nichts mehr einfallen könnte — als mir plötzlich war, ich hätte noch das Lied des Steuermanns im ersten Akte vergessen aufzuzeichnen, obwohl ich mich wiederum nicht entsann, es bereits zuvor entworfen zu haben, da ich soeben ja auch erst die Verse davon gemacht hatte. Dies gelang nun und gefiel mir. Ähnlich erging es mit dem Spinnerlied: und da ich denn nun diese beiden Stücke aufgeschrieben hatte und mir bei genauer Überlegung sagen mußte, daß sie mir wirklich soeben erst eingefallen wären, ward ich über diese Entdeckung ganz unsinnig vor Freude.

In sieben Wochen wurde die ganze Musik des „Fliegenden Holländer" bis auf die Instrumentation ausgeführt.

Im September sind die 500 Franken verbraucht, und Wagner sieht sich wieder zur Lohnarbeit gezwungen. Der Verlag bestellt bei ihm den Klavierauszug von Halévys neuer Oper, der „Königin von Zypern" (La Reine de Chypre):

Ein gewonnener Stolz bewahrte mich aber bereits vor der Bitterkeit, mit der mich früher diese Demütigung erfüllt hatte.

12. September. Aus einem Brief an seine Mutter, die er seit über fünf Jahren nicht mehr gesehen hat, geht hervor, daß sich Wagner im Geiste schon auf die Heimreise vorbereitet. Nun möchte er die Bilanz seines Pariser Aufenthaltes durch neue Pläne verbessern.

...Ich habe die feste Überzeugung gewonnen, daß es mir, wenigstens so lange ich nur mit meinen eigenen Kräften in den

Kampf gehen kann, durchaus unmöglich ist durchzudringen...
Nirgends... könnte ich ein ausgezeichneteres Personal für die
Hauptpartien meines Rienzi haben als in Dresden: die Devrient
und Tichatschek — mehr brauche ich wohl nicht zu sagen. Kurz,
wenn Gott alles glücklich fügt, so kann dies der glückliche Wende-
punkt meines Lebens werden.

Oktober. In seiner unheizbaren Sommerwohnung arbeitet
Wagner mit starren Fingern, aber in fieberhafter Eile an der
Instrumentierung seines ,,Fliegenden Holländers''.

Am 30. Oktober ist die Partitur beendet, und Wagner
zieht wieder in die Stadt.

Anfang Dezember. Genau ein Jahr nach dem ,,Rienzi''
schickt Wagner auch die neue Oper in die Heimat ab, und
zwar nach Berlin. Er rechnet mit dem Wohlwollen des
Oberintendanten Redern und mit der Unterstützung des
dort lebenden Meyerbeers — und täuscht sich nicht. Er
selbst würde am liebsten gleichfalls abreisen, doch könnte
er bis zu den Proben von ,,Rienzi'' zu Hause ohnehin nichts
anfangen, während ihm in Paris die für den Verlag aus-
geführten Arbeiten und das Artikelschreiben ein knappes
Auskommen sichern.

Wagner schreibt für die GAZETTA MUSICALE einige tief-
schürfende Essays, ein paar geistreiche Plaudereien für die
deutschsprachige Zeitschrift EUROPA, außerdem einige frei
erfundene Novellen. Die letzteren — vor allem ,,Ein Ende
in Paris'', zum Teil aber auch ,,Eine Pilgerfahrt zu Beethoven'' — sind wegen ihrer heute bereits schwer lesbaren
Sprache, ihres gezierten, manchmal zum Mystizismus
neigenden Tones und tränenreichen Pathos kaum noch
genießbar und nur wegen ihrer autobiographischen Züge

interessant. Die Fachaufsätze dagegen zeugen von ausgezeichneter Beobachtungsgabe und frischem, kämpferischem Geist („Über deutsches Musikwesen", „Der Virtuos und der Künstler", „Der Künstler und die Öffentlichkeit", — „Über die Ouvertüre" u. a. m.). In den Artikeln werden die Mißstände des Pariser Musiklebens immer unbarmherziger aufgedeckt, und das offenbar durch Heimweh genährte nationale Selbstbewußtsein kommt mehr und mehr zum Ausdruck:

Der Italiener ist Sänger, der Franzose Virtuos, der Deutsche — Musiker... denn von ihm kann man sagen, er liebt die Musik ihrer selbst willen, — nicht als Mittel zu entzücken, Geld und Ansehen zu erlangen... der Deutsche will seine Musik nicht nur fühlen, er will sie auch denken... („Über deutsches Musikwesen.")

[...wenn du...] einen „Sukzess" wünschtest: hier ist er garantiert; mache nur dies und jenes zurecht; da ist die Sängerin, da die Tänzerin, hier der große Virtuose; arrangiere dich mit diesen!... Kannst du lügen? — Nein! — Nun bist du verfallen, verachtet... („Der Künstler und die Öffentlichkeit.")

Wichtiger, als was Wagner in Paris schreibt, ist was er liest. Zuerst kommt ihm die Geschichte der Hohenstaufen in die Hände. Sofort fertigt er daraus einen Opernentwurf mit dem Titel „Die Sarazenin" an. Sobald er jedoch durch seinen Freund, den Philologen Lehrs, die mittelalterlichen Sagen „Der Venusberg" und „Der Sängerkrieg auf Wartburg" kennenlernt, läßt er den Plan wieder fallen. In den Volksbüchern stehen die beiden Stoffe nur in lockerem Zusammenhang miteinander. Die für ihn bisher unbekannte, neuartige Poesie einer fernen Welt regt Wagners Phantasie an, und so entsteht aus der Verbindung der beiden Sagen der Entwurf zu seiner neuen Oper, dem „Tannhäuser". Von Lehrs erhält er auch das Jahrbuch der Königsberger Deutschen Gesellschaft mit einer ausführlichen Inhaltsangabe des „Lohengrin"-Epos:

Eine ganze neue Welt war mir hiermit aufgegangen... Es steigerte sich unter diesen Eindrücken auf das lebhafteste meine Sehnsucht, nun bald nach Deutschland zurückkehren und dort mich der neu zu gewinnenden Heimat in schöpferischer Ruhe erfreuen zu können...

Der aus Verbitterung entstandene Kosmopolitismus des Kapellmeisters deutscher Kleinstädte ist bald — und gerade hier, in der Hauptstadt der kosmopolitischen Welt! — hinweggefegt, und der anhaltende Mißerfolg löst bei dem sich zurückgesetzt fühlenden Komponisten einen immer stärkeren, nationalistisch gefärbten Patriotismus aus. Das ist der doppelsinnige Schlußakkord der Wanderjahre, der nicht nur eine Periode abschließt, sondern zugleich den Auftakt zu einer neuen gibt. Wie fröhlich klingt Wagners Stimme in dem Artikel, den er aus Anlaß einer Freischütz-Aufführung in französischer Sprache schreibt, die Stimme des Verbannten, der von Paris Abschied nimmt und sich auf den Heimweg begibt:

Oh, mein herrliches, deutsches Vaterland, wie muß ich dich lieben, wie muß ich für dich schwärmen, wäre es nur weil auf deinem Boden der „Freischütz" entstand! Wie muß ich das deutsche Volk lieben, das den „Freischütz" liebt, das noch heute an die Wunder der naivsten Sage glaubt... Ach du liebenswürdige deutsche Träumerei!... Wie ist der glücklich, der euch versteht, der mit euch glauben, fühlen, träumen und schwärmen kann! Wie ist mir wohl, daß ich ein Deutscher bin!

Der Königlich-
Sächsische Kapellmeister
(1842-1849)

7. April. Obwohl Dresden die Erstaufführung des „Rienzi" auf den Herbst verschob, hält es Wagner doch nicht länger in Paris. Mit den letzten fünf Franken seines Freundes Kietz in der Tasche, tritt er nach fünfjähriger Abwesenheit mit Minna die von seinen Schwägern bezahlte Heimreise an. Über den Hoffnungen für die Zukunft vergißt er die Enttäuschungen der Vergangenheit:

Zum ersten Male sah ich den Rhein, — mit hellen Tränen im Auge schwur ich armer Künstler meinem deutschen Vaterlande ewige Treue.

Von Frankfurt nach Leipzig fahren Richard und Minna bei Regen und Schneesturm.

Einen einzigen Lichtblick gewährte mir die Begegnung der Wartburg, an welcher wir in der einzigen sonnenhellen Stunde dieser Reise vorbeifuhren. In Wagners Phantasie entsteht das Bühnenbild im dritten Akt des „Tannhäuser".

Am 12. April treffen sie in Dresden ein, zu früh, wie Wagner es vorausgesehen hatte. So fährt er nach Berlin, um sich über das Schicksal des „Holländers" zu informieren.

Am 21. April sucht Wagner Oberintendanten Redern auf, der ihm die Annahme des Stückes angezeigt hat. Jetzt macht ihm der Intendant die Mitteilung, daß er sich von der Bühne zurückzieht und Wagner mit seinem Nachfolger Küstner zu verhandeln hat. Küstner wie Meyerbeer verreisen, Wagner muß unverrichteterdinge zurückkehren.

Ich bin noch immer derselbe, Hans ohne Geld — mit schönen Aussichten und alberner Gegenwart — schreibt er seiner Schwester Cäcilie.

Mai. In Dresden beginnen die Vorbereitungen zur Aufführung des „Rienzi". Die erste Aufgabe ist die Kürzung der Oper. Bei der schweren und schmerzlichen Arbeit wird Wagner von zwei betagten Freunden, dem Chordirektor Wilhelm Fischer und dem Schauspieler und Kostümzeichner Ferdinand Heine, beraten.

9. Juni—18. Juli. Die beiden wohlhabenden Schwäger, Friedrich und Hermann Brockhaus, sichern Wagner mit einer Unterstützung von 200 Talern einen sorgenfreien Sommeraufenthalt. Er fährt mit Mutter und Frau nach Teplitz-Schönau und unternimmt von dort aus einsame Wanderungen in die Berge.

...die phantastische Einsamkeit regte meinen Jugendmut in der Art wieder auf, daß ich eine volle Mondnacht in das bloße Bettuch gewickelt, auf den Ruinen des Schreckensteins herumkletterte... Hier setzte ich denn nun in mein Taschenbuch den ausführlichen Plan zu einer dreiaktigen Oper, „Der Venusberg" auf, welchem vollkommen getreu ich später die Dichtung ausführte.

August—September. In Dresden gehen die Proben des einigermaßen gekürzten „Rienzi" vor sich. Intendant Lüttichau beweist wenig Verständnis für die Wünsche des außergewöhnlich anspruchsvollen Autors. Kapellmeister Reissiger, der von einer eigenen Komponistenlaufbahn träumt, sieht in Wagner den Konkurrenten, was seine gleichgültige Haltung zu erklären scheint. Frau Schröder-Devrient aber und Tichatschek, der beliebte Heldentenor, die die Hauptrollen singen, begeistern sich für die Oper. Ihre Begeisterung überträgt sich nach und nach auf das gesamte Ensemble. Der Komponist nimmt an jeder Probe teil, muntert auf, erklärt und singt vor. Trotz all dem muß die Premiere zu seinem nicht geringen Ärger aufgeschoben werden.

Am 11. September an Schwester und Schwager Avenarius in Paris:

...bei der jetzigen Theuerung haben wir schrecklich zu würgen, um den äußeren Anstand... nur einiger Maaßen zu behaupten. Oft könnte ich mit wahrem Gebrüll die Zeit herwünschen, in der wir endlich einmal aufhören sollen, Bettler in anständiger Kleidung zu sein: glücklich, wer die Lumpen auf dem Leibe zur Schau tragen darf.

Oktober. Die großen Theaterproben wirkten endlich vollends berauschend... Ich glaube, daß das gesamte Theaterpersonal bis auf die untergeordneten Angestellten mich wie ein wahres Wunder liebten...

Am 20. Oktober findet die erste richtige Wagner-Erstaufführung statt: „Rienzi" geht in Dresden erfolgreich in Szene. Die Vorstellung beginnt um sechs Uhr und ist nach Mitternacht zu Ende. Das Theaterpublikum aber bleibt auf den Plätzen.

Der „Rienzi" ist ein getreues Abbild seiner Zeit und ein charakteristisches Jugendwerk. Eine historische große Oper im internationalen Stil der dreißiger Jahre, in der allgemeinverständlichen Sprache geschrieben, deren sich Spontini, Meyerbeer, Auber, Halévy, Rossini, Bellini oder Donizetti bedienen. Ein romantisches Werk, jedoch innerhalb dieser so vieles umfassenden Richtung bereits nicht mehr von der Art, die sich engstirnig nur auf das Phantastische beschränkt — mit der hatte Wagner in den „Feen" abgerechnet —, und auch nicht von der des aufrührerischen, trotzigen Protests, was Aufgabe des „Liebesverbots" gewesen war. Allgemeingültiger, zeitbeständiger als die bisherigen Schöpfungen, wenn auch noch nicht von wahrer Originalität.

Die Oper besingt Aufstieg und tragisches Ende Cola di Rienzis, des letzten römischen Volkstribuns. Zahlreiche wirkungsvolle Details beweisen die gründliche Theaterroutine des Verfassers. Hingegen verrät die Häufung der Effekte, die letzten Endes zu Eintönigkeit führt, die Unausgegorenheit des jungen Komponisten. Die großangelegten Finali der fünf Akte bedeuten ebensoviele Höhepunkte: Rienzis Sieg über die Tyrannen; Begnadigung der ihm nach dem Leben trachtenden Attentäter; Überwindung des feindlich gesinnten Adels; Verkündung des Kirchenbannes über den Volksführer und schließlich der Verrat an ihm und sein Tod. In der Oper findet sich sozusagen kein einziger Ruhepunkt. Ihr Pathos ist aufrichtig, aber überschwenglich in

Melodie und Dynamik, und uneben ist die Gestaltung, der szenische Aufbau.

Noch bevor die Aufführung stattfand, hatte sich Wagner von dem Stil seiner eigenen Oper abgewendet. Mit dem „Fliegenden Holländer" schlug er neue Wege ein, die vor ihm noch niemand begangen hatte. Daß dieser Schritt noch kein ganz bewußter war, zeigt die Rückkehr auf den bereits verlassenen Pfad bei dem Entwurf zur „Sarazenin". Sicherer als der Verstand aber weist ihm der Instinkt die einzuschlagende Richtung: Er läßt den gefaßten Plan fallen und wendet sich mit Leib und Seele dem „Tannhäuser" zu.

Am 21. Oktober schreibt Wagner dem Ehepaar Avenarius über die Erstaufführung:

Ich muß Euch sagen, — daß noch nie, wie mir Alle versichern, in Dresden zum ersten Male eine Oper mit solchem Enthusiasmus aufgenommen worden ist, als mein Rienzi. Es war eine Aufregung, eine Revolution durch die ganze Stadt; ich bin viermal tumultuarisch gerufen... Die Aufführung war hinreißend schön, — Tichatschek — die Devrient — Alles — Alles in einer Vollendung, wie man es hier noch nie erlebt. Triumph! Triumph!

Wohl finden sich Kritiker, denen zufolge „in der ganzen Oper von gar keinem Gesang die Rede ist", die „Unklarheit der Ideen", „Lärm und Verwirrung" tadeln zu müssen glauben. (ALLGEMEINE WIENER MUSIK-ZEITUNG.) Der Erfolg ist jedoch so durchschlagend, daß die wenigen Sondermeinungen nicht zur Geltung kommen. Auf seine Wirkung hin bewirbt sich die Intendantur in Berlin um das Aufführungsrecht für den „Fliegenden Holländer" und bietet Wagner die durch das Ableben von Rastrelli gerade frei gewordene Stellung eines Musikdirektors an. Indessen ist der höhere Kapellmeister-Posten, der mit dem Tod Morlacchis, des ehemaligen Weber-Gegners, vor einem Jahr frei geworden ist, noch unbesetzt. Wagner verhandelt in der Position des erfolgreichen Autors: In der Hoffnung auf die höhere Anstellung lehnt er die niedrigere ab. Dabei ist seine finanzielle Lage auch jetzt sehr schlecht. Die einzige, aber schwere Enttäuschung, die ihm der „Rienzi" bereitet, ist das Honorar. Er hatte weit mehr erhofft und erhält 300 Taler. Ein schwacher Trost, daß sonst in Dresden noch weniger bezahlt wird.

Am 6. November an das Ehepaar Avenarius:

Mit dieser meiner ersten Einnahme, liebe Kinder, kann ich also noch Niemand viel helfen: denn erstlich habe ich davon sogleich Schulden an Brockhausens zu zahlen, zweitens drohen mir meine alten Magdeburger Schuldner mit Verklagung — und ich werde sie so gut wie möglich beschwichtigen müssen... hoffentlich werde ich bald wenigstens an einige andere Orte die Partitur verkaufen und auch ein guter Verleger, der mich ordentlich bezahlt, kann nicht lange ausbleiben. In dieser Voraussicht, die gewiß nicht frivol ist, vertröste ich Euch und meine Pariser Gläubiger nur noch auf eine ganz kurze Zeit und verspreche, — meine erste nächste Einnahme ausschließlich für sie zu bestimmen.

November—Dezember ist für Wagner eine Zeit angespannter Arbeit: Er kürzt den „Rienzi" — nur daß diesmal die Sänger dagegen sind und gerade auf das, was er weglassen möchte, das größte Gewicht legen. Dann aber kommt es zur Einigung, und das versuchsweise auf zwei Abende verteilte Stück wird in verkürzter Form bei viereinhalbstündiger Spieldauer wieder in einem aufgeführt.

Außerdem finden in beschleunigtem Tempo die Proben zum „Holländer" statt. Einstudierung und Leitung des Orchesters nimmt Wagner in die Hand. Die Arbeit ist leichter als die zur Zeit des Rienzi, aber auch undankbarer. Besonders die Sänger bereiten ihm Sorgen; mit dem Bariton, dem alternden Wächter, ist er am wenigsten zufrieden, der ausgezeichnete Tenor Tichatschek hingegen findet Eriks Rolle zu klein und will sie nicht übernehmen. Das Stück steht und fällt mit Frau Schröder-Devrient. Sie aber lernt nur langsam und mit großen Schwierigkeiten die Partie Sentas. — Im übrigen genießt der Komponist das volle Vertrauen der Künstlerin, die ihn auch zur Mitwirkung bei ihren Leipziger und Berliner Konzerten mitnimmt. Hier gelangt er durch ihre Vermittlung mit Liszt in näheren Kontakt.

3. Dezember. Zwischen den Erstaufführungen des „Rienzi" und des „Holländer" stellt Wagner eine nüchterne Berechnung an. Er schreibt seinem Bruder Albert:

...ich bin sämmtlichen Theatern eine zu unerwartet gekommene Erscheinung, und ehe sie Zeit finden, mich in ihr Repertoire einzuschieben, kann ich schon wohl noch ein wenig zusehen... ich sehe noch lange nicht den Zeitpunkt ab, wo ich ohne Geldsorge sein würde.

1843

Am 2. Januar wird „Der fliegende Holländer" uraufgeführt — innerhalb zehn Wochen die zweite Wagner-Oper in Dresden.

Bei der Premiere erleben Autor und Publikum eine
gegenseitige Enttäuschung. Wie könnten sich auch der
Verfasser des „Holländers" und die Besucher des „Rienzi" bei
der ersten Begegnung verstehen? Das Publikum erwartet
von neuem Glanz und Pracht einer „großen Oper" und wird
statt dessen von balladenhaftem Dämmerlicht empfangen.
Wagner, der gehofft hatte, daβ man im Neuen das Hoch-

wertigere spüren wird, muß erfahren, daß sich die Zuschauer von dem Ungewohnten nur schockiert fühlen. Nach vier Vorstellungen wird das Stück vom Programm abgesetzt, der „Rienzi" aber wird weitergespielt.

Was ist das Wertvollere in dem neuen Werk? Schon der Text selbst. Wagner sieht ganz richtig:

Von hier aus beginnt meine Laufbahn als Dichter, mit der ich die des Verfertigers von Operntexten verließ.

Schon das aus der Volksdichtung geschöpfte Thema — wenn auch von umstrittener Symbolik — dringt in die Probleme der menschlichen Beziehungen, des Schicksals tiefer ein als die Geschichte Rienzis. Wagner spürt die ewige Aktualität der Sage, die gerade in ihrer Zeitlosigkeit liegt. Im „Holländer" nimmt ihn zum erstenmal der Erlösungsgedanke gefangen, der ihn zeit seines Lebens beschäftigen sollte. In dem Stück hat der Held dafür zu büßen, daß er einst im stürmischen Meer, sein Schiff durch gefährliche Klippen steuernd, vermessen den tobenden Elementen zurief: eher verdammt sein, als vom Ziel ablassen! Deshalb wurde er vom Satan zu ewigem Umherirren verurteilt. Nur alle sieben Jahre darf er an Land gehen, um das Weib zu suchen, das ihn durch ihre Treue bis zum Grabe von dem Satansfluch erlösen kann. Senta, die Tochter des norwegischen Schiffers Daland, fühlt sich zu dieser Aufgabe berufen. Sie bricht mit ihrem Verlobten Erik, und als der Holländer aus unbegründetem Mißtrauen an ihr irre wird und wieder an Bord geht, wirft sie sich zum Beweis ihrer Treue ins Meer. Das Geisterschiff versinkt, und Senta, wenn sie es schon im Leben nicht vermochte, erlöst den Holländer mit ihrem Tode. Im Grunde genommen ist also Wagners Held ein unglückseliger Odysseus. Hätte sich das Mißverständnis rechtzeitig aufgeklärt, bliebe er an der Seite seiner Penelope, erzöge er seine Kinder und genösse die Ruhe des häuslichen Herdes. Das wäre die wahre, ewig herbeigesehnte Erlösung, doch das grausame Schicksal hat es anders beschlossen.

Die dramaturgischen Klippen der Erlösung des fluchbeladenen Schiffers überbrückt Wagner musikalisch mit der Elementargewalt des Erlebnisses seiner stürmischen Schiffsreise, die das Werk zu einem Ganzen schmieden soll. Musikalisch steht der „Holländer" dem „Rienzi" noch ferner als dem Text nach. Bei „Rienzi" stand die „große Oper" Spontinis und Meyerbeers Pate, hier wird wieder — und nun mit tieferem Verständnis — auf Weber und Marschner zurückgegriffen. Wagner spürt, daß er seine Individualität im Bereich der nationalen Traditionen freier entfalten kann, als in der Nachdichtung internationaler Gemeinplätze. Sein Orchester vermag bereits verborgenes, seelisches Geschehen wiederzugeben und auch gegensätzliche Welten zu charakterisieren. Durch das Fluchmotiv des Holländers wird die irreale Existenz der Ausgestoßenen des Meeres zum Ausdruck gebracht, das reale Dasein der erdgebundenen Durchschnittsmenschen dagegen durch die Partien Dalands und Eriks. Dort lockere Einheiten, neuartiges, zu Gesang gesteigertes Sprechen (erstes Erscheinen der Wagnerschen Deklamation), hier eher konventionelle Formen und schablonenhafte Wendungen. Die zwei Welten werden durch das Motiv der „ewigen Treue" der zur Erlösung des Holländers berufenen Senta verbunden. Sein Glanz überstrahlt alle beiden Sphären und, mit dem Motiv des Holländers eng verflochten, bildet es den reinen, erhabenen Abschluß der düsteren Oper.

Am 5. Januar an das Ehepaar Avenarius über die Erstaufführung:

> *...diese Oper zu verstehen ist sehr viel Phantasie nötig, und*
> *wenig ist darin für glänzende Effekte gethan. Es ist ein ganz an-*
> *deres — wie viele sagen — neues Genre, das sich nur sehr langsam*
> *Bahn bricht... ich gestehe, daß ich auf den Erfolg, den diese Oper*
> *hatte, bei Weitem stolzer bin, als auf den Erfolg des Rienzi, weil*
> *ich dort zu viele Hülfsmittel hatte... So hätte ich denn auch diese*
> *Oper... glücklich durchgebracht, ja, mit ihr vielleicht ein neues*
> *Genre begründet: daß sie so gefallen hat, will wirklich viel sagen,*
> *da der Rienzi ungeheure Erwartungen erregt hat.*

Wagner ist sich darüber im klaren, daß nicht das Werk,
sondern der Schöpfer des „Rienzi" vom Publikum gefeiert
wird. Dennoch verschönt er die Tatsachen, da der Bericht
nicht nur für die Verwandten, sondern auch für die Gläubiger bestimmt ist — zum Teil als Ersatz für Bargeld. Der
„Holländer" bringt ihm nämlich nicht viel ein. Nur das
freundschaftliche Darlehen der Schröder-Devrient macht es
ihm möglich, einen Bruchteil seiner Pariser und Magdeburger Schulden zu tilgen. Durch die materiellen Sorgen
und Minnas Zureden kommt er langsam zur Überzeugung,
daß er den angebotenen Posten annehmen muß. In seinem
Entschluß festigen ihn die Worte der Witwe Webers:
„...lieben sie Weber, so sind Sie es seinem Andenken schuldig, in seine Stelle zu treten, um sein Werk fortzusetzen."

2. Februar. Der sächsische König ernennt Wagner zu seinem
Kapellmeister bei einem lebenslänglichen Ehrensold von
1500 Talern jährlich. Am gleichen Abend stellt sich der
neue Kapellmeister mit einer mustergültigen Euryanthe-
Aufführung vor — die auch als Ehrung für den toten Weber

gedacht ist. Er geht mit großer Gewissenhaftigkeit an die Arbeit. Das Programm wird aufgefrischt und der Schwerpunkt auf den nationalen Charakter verlegt: Zuerst mit der Reprise von Glucks „Armida"; außerdem bemüht sich Wagner, die Disziplin des Ensembles zu festigen. Das alles hebt das Niveau der Aufführungen, stößt jedoch verständlicherweise bei gewissen Leuten auf Widerstand. Wagner nimmt seelenruhig die Kritik derer entgegen, die sich mit Opernroutine und Schablone zufriedengeben wollen, da er von der Notwendigkeit und dem Nutzen seiner Neuerungen überzeugt ist. Schumanns Urteil dagegen, der den „Fliegenden Holländer" für „meyerbeerisch" hält, trifft ihn empfindlich.

Am 25. Februar an Schumann:

Vor allem weiß ich gar nicht, was überhaupt auf dieser weiten Welt „Meyerbeerisch" sein sollte, außer vielleicht raffinirtes Streben nach seichter Popularität; etwas wirklich Gegebenes kann doch nicht Meyerbeerisch sein, da in diesem Sinne Meyerbeer ja selbst nicht Meyerbeerisch, sondern Rossinisch, Bellinisch, Spontinisch usw. usw. ist. Gäbe es aber wirklich etwas Vorhandenes, Consistentes — was „Meyerbeerisch" zu nennen wäre, wie man etwas „Beethovenisch" oder meinetwegen „Rossinisch" nennen kann, so gestehe ich, müßte es ein wunderbares Spiel der Natur sein, wenn ich aus dem Quell geschöpft hätte, dessen bloßer Geruch aus weiter Ferne mir zuwider ist; es wäre dies ein Todesurtheil über meine Produktionskraft.

7. April. Diese Frage erörtert Wagner auch in seinem an den todkranken Pariser Freund Lehrs gerichteten Brief:

...europäisch können wir Opern-Componisten nicht sein, — da heißt es — entweder deutsch oder französisch! Man sieht es ja,

was so ein Hans-Narre, wie der Meyerbeer uns für Schaden macht...

Den 22. Mai, seinen dreißigsten Geburtstag, feiert Wagner mit der Vollendung der *Tannhäuser*dichtung. Abends ehrt ihn die Dresdner Liedertafel, deren ehrenamtliche Leitung er neuerdings übernommen hat, durch eine Serenade.

Am 7. Juni findet im Zwinger die Enthüllung des Friedrich-August-Denkmals statt. Die Liedertafel trägt Wagners ,,Weihegruß" vor.

10. Juni. Spohr, nachdem er den ,,Fliegenden Holländer" im Kasseler Theater zur Aufführung gebracht hat, teilt dem Autor seine Anerkennung auch schriftlich mit. Wagner ist glücklich und sendet Spohrs Schreiben schleunigst zur Veröffentlichung an die Zeitschrift Schumanns, dann bedankt er sich mit schülerhafter Ehrerbietung beim neunundfünfzigjährigen Meister für dessen wertvolle Unterstützung.

Zwischen dem 5.—6. Juli halten die sächsischen Gesangvereine in Dresden ein Treffen ab. Wagner, an der Spitze des eintausendzweihundert Sänger umfassenden Chors, dirigiert ,,Das Liebesmahl der Apostel", ein fast halbstündiges Werk für Männerchor, das er zu diesem Anlaß schrieb.

Um den 20. Juli erholt er sich mit Minna von neuem in Teplitz-Schönau. Der vierwöchige Ferienaufenthalt bringt ihm aber nicht die erhoffte Muße, und die Vertonung des ,,Tannhäuser" macht nur langsame Fortschritte. Wagner liest Grimms ,,Deutsche Mythologie", die ihn in eine neue Welt einführt.

Im Oktober mietet er in der Nähe des Zwingers eine vornehmere Wohnung. Auch die Einrichtung verschlingt viel Geld, obgleich die alten Schulden noch nicht beglichen sind. Trotzdem läßt er sich auf ein neues Unternehmen ein, das alle seine bisherigen an Umfang übertrifft. Da keiner der beiden Musikverlage, Schott in Mainz und Breitkopf in Leipzig, bereit sind, den „Rienzi" und den „Fliegenden Holländer" herauszugeben, will er die Werke auf eigene Kosten — das heißt auf die seiner Freunde — erscheinen lassen. Den Vertrieb möchte er dem Musikalienhändler C. F. Meser überlassen. Außer Frau Schröder-Devrient hilft ihm vor allem Doktor Anton Pusinelli, mit dem er zu dieser Zeit Freundschaft fürs ganze Leben schließt.

1844

Am 7. Januar wird in Berlin unter Leitung des Komponisten „Der fliegende Holländer" aufgeführt.

Am 8. Januar an Minna:

Es war einer der entscheidungsvollsten Abende für mich! — Denke Dir, — ich trete mit dieser phantastischen — gänzlich von Allem jetzt Gehörten und Gewöhnten verschiedenen Oper, die von Anfang herein so wenig Verlockendes und Belohnendes bietet, vor ein mir wildfremdes Publikum!... Nach der Ouvertüre rührt sich keine Hand, — mit gespannter Neugier und Verwunderung hört man dem melancholischen ersten Acte zu, ohne zu wissen, wofür man sich entscheiden soll... ich... verzweifle aber nicht, da ich sehe, daß die Aufführung außerordentlich gut geht. Der zweite Act beginnt und allmälig überzeuge ich mich, daß ich meinen Zweck erreicht habe: ich habe das Publikum umsponnen und durch den ersten Act in die seltsame Stimmung versetzt, die es fähig macht, mir nun überall hin zu folgen, wohin ich will. Die Theilnahme steigt, die Gespanntheit geht in Aufregung, in Exaltation — in

Enthusiasmus über, und noch ehe der Vorhang zum zweiten Male fällt, feiere ich einen Triumph, wie er gewiß nur wenigen zu Theil geworden ist... Als ich endlich mit den Sängern erschien, denke ich das Haus bricht zusammen! Mit dem letzten Acte hatte ich nun leichtes Spiel...

9. Januar. Die Morgenblätter beurteilen die Sache anders. Die Kritiker — Karl Gaillard bildet die einzige Ausnahme — urteilen in hartem, fast feindseligem Ton über das Werk. Abends, bei der zweiten Aufführung, ist das Publikum schon weit kühler.

30. Januar. Wagner an Gaillard (nach Beendigung des ersten Akts des „Tannhäuser", auf die Auswertung der Berliner Erfahrungen zurückkommend):

Ich nehme an, daß Sie finden werden, daß, wer das an reicher Handlung so volle Sujet des Rienzi abfaßte, nicht gerade aus Unbehülflichkeit oder Unkenntnis das Buch vom Fliegenden Holländer ganz anders und scheinbar ärmer, dürftiger ausstattete, sondern daß er hierin einer Überzeugung folgte, die ihm diese Behandlung des Stoffes vorschrieb... Ich bilde mir auf meinen Dichter-Beruf wahrlich nichts ein und gestehe, daß ich nur aus Nothdurft, weil mir keine guten Texte geboten wurden, dazu griff, mir diese selbst zu dichten. Jetzt aber würde mir es ganz unmöglich sein, ein fremdes Opernbuch zu komponieren, und zwar aus folgendem Grunde: Es ist bei mir nicht der Fall, daß ich irgend einen beliebigen Stoff wähle, ihn in Verse bringe und dann darüber nachdenke, wie ich auch eine passende Musik dazu machen wolle; bei dieser Art des Verfahrens würde ich allerdings dem Übelstande ausgesetzt, mich zweimal begeistern zu sollen, was unmöglich ist. Die Art meiner Produktion ist aber anders: Zunächst kann mich kein Stoff anziehen, als nur ein solcher, der sich mir nicht nur in seiner dichterischen, sondern auch in seiner musikalischen Bedeutung zugleich darstellt. Ehe ich dann daran gehe, einen Vers zu machen, ja eine Scene zu entwerfen, bin ich bereits in dem musikalischen Dufte meiner Schöpfung berauscht, ich habe alle Töne, alle charakteristischen Motive im Kopfe, so daß, wenn dann die Verse fertig und die Scenen geordnet sind, für mich die eigentliche Oper ebenfalls schon fertig ist und die detaillierte musikalische Behandlung mehr eine ruhige und besonnene Nacharbeit ist, der der Moment des eigentlichen Produzierens vorausgegangen ist.

Am 21. März wird der ,,Rienzi" unter der Leitung des Komponisten in Hamburg erstaufgeführt.

Am 22. März an Minna:

...gestern war der Rienzi und hat von Neuem triumphirt. Das ist doch wirklich keine Kleinigkeit, ohne einen eigentlichen Rienzi: die Oper so zu geben, daß sie Furore macht... Wurda... kam nicht dem Schatten Tichatschek's gleich...

Im Sommer kommt Liszt nach Dresden. Mit begeisterten Worten würdigt er den ihm zu Ehren aufs Programm gesetzten ,,Rienzi". — Durch die Publikation seiner beiden Opern gerät Wagner in neue Geldverlegenheiten. Sein Freund August Röckel, der neue Kapellmeister, hatte den Klavierauszug vom ,,Fliegenden Holländer" angefertigt, und nun beenden auch die Notenstecher bald ihre Arbeit, die bezahlt werden muß. Zwar versprach Frau Schröder-Devrient wieder zu helfen, kann aber diesmal ihr Versprechen nicht halten, so daß sich Wagner gezwungen sieht, ein Darlehen aufzunehmen.

Im Herbst erscheinen Partitur und Klavierauszug des ,,Rienzi" und des ,,Fliegenden Holländer". Wagner sendet probeweise den größten Theatern einige Exemplare zu. Über kurz oder lang werden ihm die Pakete wieder zurückgestellt — das Münchner Hoftheater hatte die Sendung nicht einmal geöffnet... Anstelle der erwarteten Einkünfte werden Wagners Sorgen durch neue, überflüssige Ausgaben und Postgebühren nur noch vermehrt. Den „Holländer" schickt er deshalb gar nicht erst weg. Er setzt seine Hoffnung ganz auf den „Tannhäuser", da er meint, daß der Erfolg der neuen Oper auch den der beiden früheren Werke mit sich bringen wird.

15. Oktober. Während eines sechswöchigen Urlaubs im nahen Loschwitz beendet Wagner den zweiten Akt. — Dann kehrt er nach Dresden zurück, wo er seine Arbeit — die Einstudierung der Oper „La Vestale" — wieder fortsetzt. Der weltberühmte Komponist des Stücks, Spontini, kommt an, um die Erstaufführung selber zu dirigieren. Mit Wagner trifft er auch in Gesellschaft öfters zusammen.

...er erklärte offen, daß er mich liebhabe und dies mir nun dadurch bezeigen wolle, daß er mich vor dem Unglück bewahre, in meiner Karriere als dramatischer Komponist fortzufahren... Um seine Ansicht des Verderblichen der Karriere eines dramatischen Komponisten als Nachfolger Spontinis zu bezeichnen, begann er mit einem seltsamen Lobe für mich, er sagte: „Quand j'ai entendu votre ‚Rienzi', j'ai dit, c'est un homme de génie, mais déjà il a plus fait qu'il ne peut faire... Dans ‚La Vestale', j'ai composé un sujet romain, dans ‚Ferdinand Cortez' un sujet espagnol-mexicain, dans ‚Olympie' un sujet grec-macédonien, enfin dans ‚Agnès de Hohenstaufen' un sujet allemand: tout le reste ne vaut rien." Er hoffe doch nicht, daß ich etwa den sogenannten romantischen Genre à la „Freischütz" im Sinne habe: mit solchen Kindereien gebe sich kein

ernster Mann ab, denn die Kunst sei etwas Ernstes, und allen Ernst habe er erschöpft.

Neue und ernste Themen gibt es also nicht, und selbst Spontini vermag Spontini nicht zu überflügeln. Warum sollte also ein so sympathischer junger Mann wie Wagner unnützerweise Zeit und Kraft für so etwas verschwenden? — Nun entspricht aber diesem jungen Mann ein Thema auch dann, wenn es alt ist — ja, je älter, desto besser —, und wirklich ernst nehmen kann er gerade nur diese „Kindereien". Er lernt eine Fassung des Tristan-Epos kennen und fühlt sich im Kreis der Helden der germanischen Mythologie immer heimischer. Durch eine letzte Ehrenbezeigung für den Komponisten des „Freischütz" aber stellt er seine Zugehörigkeit auch symbolisch unter Beweis.

15. Dezember. Carl Maria von Webers Gebeine werden aus London nach Deutschland überführt und in Dresden beigesetzt. Komponist der „Trauermusik" für Blasorchester, der Ode „An Webers Grabe" für Männerchor und Sprecher der Trauerrede ist Richard Wagner.

Am 18. Dezember, einige Tage vor Abschluß der „Tannhäuser"-Komposition schreibt Wagner an den Maler Kietz, seinen Pariser Freund:

. . . mit ihr gedenke ich jedoch eine große Revolution zu machen, denn ich fühle, daß ich darin meinem Ideal mich mit Riesenschritten genähert habe. Dies unter uns! . . .

Am 13. April ist die Instrumentation des „Tannhäuser" beendet.

Am 5. Juni sendet Wagner in Begleitung eines längeren Briefes ein Exemplar der Partitur an den ihm wohlgesinnten Berliner Musikkritiker Karl Gaillard, worin er sich über die herrschende Krise beklagt:

Mir fehlt eine große, und zwar die größte Stadt Deutschlands zur Bekräftigung meines Dresdner Erfolges: Berlin scheint aber zur Entkräftigung desselben da zu sein... Durch den Reichthum der hier vorgefundenen Mittel dazu begeistert, habe ich mir nun die schöne Aufgabe gestellt, Weber's Werk fortzusetzen, d. h. Dresden musikalisch emancipiren zu helfen, dem Philistrismus über's Ohr zu hauen, den Geschmack des Publikums für das Edle auszubilden und somit seine Stimme geltend zu machen. Auf was stoße ich nun zunächst? Auf den Neid!... Ich habe mir vorgenommen ein ganzes Jahr zu faullenzen... ohne zu produziren, wozu es mich leider schon jetzt wieder drängt, da mich ein neuer Stoff wieder sehr einnimmt; ich will mich aber gewaltsam davon abhalten, erstlich weil ich gern noch manches lernen möchte, und zweitens weil ich die Überzeugung gewonnen habe: wenn ein dramatisches Werk conzentrirte Bedeutung und Originalität haben soll, muß es das Resultat eines gewissen höheren Lebens-Schrittes, einer gewissen wichtigen Periode im Bildungsgange des Künstler's sein: ein solcher Schritt — eine solche Periode wird aber nicht mit jedem halben Jahre gewonnen: nur mehrere Jahre bringen eine gedrängte Reife hervor. Ein einziges unbedeutendes Product aber kann nur Geldmachern recht sein — ich werde mir aber nie Geld verdienen, — zu dieser Resignation bin ich gelangt...

Juli — August. Wagner und Minna unterziehen sich in Marienbad einer fünfwöchigen Kur — aber von Ausruhen ist keine Rede. Auf ärztliches Anraten legt Wagner zwar die Lohengrinlektüre beiseite, da er sich nicht mit ernster Arbeit beschäftigen soll, ein erquicklicheres Thema kann aber sicher nicht schaden. So liest Wagner in Gervinus' Deutscher Literaturgeschichte über Hans Sachs und die Meistersinger des 16. Jahrhunderts.

16. Juli. Während eines Spaziergangs lebt vor ihm der Streit zwischen Hans Sachs und dem haarspalterischen Schreiber auf, wie aus dem Nebel hervortretend ersteht vor ihm das Bild des engen Nürnberger Gäßchens, Schauplatz des genau zehn Jahre früher miterlebten nächtlichen Handgemenges — und schon entsteht der Entwurf zu den ,,Meistersingern von Nürnberg". Rasch bringt er ihn zu Papier, um sich den ,,Lohengrin" ganz aus dem Kopf zu schlagen.

Am 4. August schreibt er seinem Bruder Albert:

Mein Kopf hat seine Rastlosigkeit aber nicht verlieren wollen und so habe ich denn gestern das Niederschreiben eines sehr ausführlichen, vollständigen Planes zum ,,Lohengrin" beendigt, der mir große Freude macht, ja ich gestehe es frei, mit stolzem Behagen erfüllt... Meine Erfindung und Gestaltung hat bei dieser Schöpfung den größten Anteil: das altdeutsche Gedicht, welches uns diese hochpoetische Sage bewahrt hat, ist das dürftigste und platteste, was in dieser Art auf uns gekommen ist... Aber abgesehen davon, welch ein glückliches Opernbuch ist es! Wirkungsvoll, anziehend, imponirend und rührend in jedem Theile!

September. Mit großer Freude macht sich Wagner an die Einstudierung des ,,Tannhäuser". Im Verlaufe der Proben

aber tauchen mehrere Probleme auf: wie wird die vierzig-
jährige Schröder-Devrient in der Rolle der Venus wirken:
wie könnte man Tichatschek dazu bringen, die Titelrolle
mit stärkerem dramatischem Einfühlungsvermögen zu gestalten und vor allem, wie ersetzt man die in Paris bestellten,
doch nicht gelieferten Dekorationen?

19. Oktober. Bei der Premiere findet der „Tannhäuser"
eine kühle Aufnahme. Höflicher Applaus, der noch immer
dem Autor des „Rienzi" gilt — und leise Enttäuschung
über die neue Oper. Sie konnte vom Publikum um so weniger
verstanden werden, als selbst die Darsteller sie nicht begriffen. Die Kritiker äußern sich abfällig. — Auch die Selbst-
kritik kommt zu Wort:

Der wirkliche Fehler meiner Arbeit... lag in der nur skizzen-
haften und unbeholfenen Ausführung der Rolle der Venus, somit der
ganzen großen Einleitungsszene des ersten Aktes.

Bei der zweiten Aufführung bleibt der Zuschauerraum
halb leer, doch beginnt das Interesse von der dritten an
wieder zu wachsen, wohl zum Teil wegen der inzwischen
eingelangten Pariser Dekorationen. Wolframs „Lied an den
Abendstern", diese lyrisch gehaltene, geschlossene Nummer,
wird populär.

Der Verfasser nennt den „Tannhäuser" ebenso wie den
„Fliegenden Holländer" eine „romantische Oper". In ver-
schiedener Beziehung steht sie aber dem modischen Stil
der französischen großen Oper näher: Sie ist prunkvoller,
glänzender als ihre düster gestimmte Vorgängerin und folgt
in der Anwendung der geschlossenen Nummern (Arien,
Duette, Einzugsmarsch usw.), im Gesamtaufbau der beiden
ersten Akte sowie in der wirkungsvollen Steigerung der

Finali bereits gebahnten Wegen. Wagners eigener Stil kommt am ehesten — Wolframs „Lied an den Abendstern" ausgenommen — im dritten Akt zur Geltung. Elisabeths Gebet, besonders aber Tannhäusers „Romerzählung" sind vom Zwang der Form befreiter, ungebundener, manchmal fast improvisatorischer Sprechgesang von großer Ausdruckskraft. Das ist bereits „Musikdrama" im Wagnerischen Sinne. Durch Wiederholung der den Held charakterisierenden, seine Pilgerfahrt darstellenden Motive schuf Wagner eine vollkommen neue und spezifisch musikalische Methode des Aufbaus. In einer solchen Atmosphäre ist kein Platz für Duette, Wolfram und Tannhäuser singen kein Duett, sie führen ein dramatisches Zwiegespräch miteinander. Notwendigerweise wird auch die Sprache des Orchesters reicher und nuancierter, sie macht auch von der Chromatik Gebrauch. Wenngleich der revolutionäre Vorstoß des letzten Aktes durch die Zugeständnisse des ersten und zweiten gemildert wird, war die Musik an sich neuartig genug, um den Erfolg der Erstaufführung problematisch zu gestalten. Der Text aber bot dem Publikum nicht den geringsten Halt, sondern vermehrte noch seine Verwirrung. Wieder begegnete es auf der Bühne einem fluchbeladenen Mann (diesmal ist es der Fluch des Papstes), er wird abermals von einer opferbereiten, reinen Frau aus den Klauen der Schuld erlöst, und auch die Erlösung erfolgt wieder um den Preis des Todes der beiden. Ein symbolisches Drama, aber was sollen die Symbole bedeuten? Den von vornherein zum Mißlingen verurteilten Kampf des Genies gegen die Konventionen? Den Sieg der Christenheit über das Heidentum? Oder das Ringen des Guten und Bösen um eine Seele?

Von einem echten dramatischen Kampf ist in der Oper nichts zu finden, selbst der trotzige Widerstand gegen die Elemente fehlt, der den Kern des Holländers bildet — an seine Stelle tritt das Schwanken des Helden. Tannhäuser zerstört die Harmonie des Lebens durch Zweiteilung einer nur in ihrer Ganzheit echten Empfindung und wird zwischen dem so konstruierten, extrem zugespitzten Gegensatz zweier Pole, dem — gleicherweise irrealen — Symbol der absolut sinnlichen und der absolut reinen Liebe hin und her gerissen. Auch dramaturgisch ist sein Schwanken nicht ganz glaubwürdig gestaltet. Nicht durch die begangene Sünde, sondern durch ihr offenes Eingeständnis bricht die Strafe über ihn herein, und so völlig unbegründet wie Tannhäusers plötzlicher Ausbruch, indem er die Venus vor Elisabeth lobpreist, ist auch sein plötzliches Zusammenbrechen, seine reumütige Bußfertigkeit. — Die zwei in unversöhnlichem Widerspruch einander gegenübergestellten Welten sind eigentlich, wie das bereits aus der großartigen Ouvertüre programmatisch hervorgeht, nichts anderes als die Widerspiegelung von Tannhäusers innerem Ringen, des der Romantik gemäß zugespitzten Dualismus von Körper und Seele. Man hat es hier also mit einem seelischen Drama zu tun, und vor allem wegen des gedanklichen Schwergewichts war die Oper dem damaligen Publikum schwer zugänglich.

Im November wird das Textbuch zum neuen Werk, zum „Lohengrin", fertig. Wagner liest es im Freundeskreis vor. Auch Schumann, Ferdinand Hiller, der Literat Hermann Franck und der Architekt Gottfried Semper sind anwesend: *Es wurde gelobt und „effektvoll" gefunden, auch Schumann war ganz damit einverstanden; nur begriff er die musikalische Form nicht, in welcher ich es ausführen wollte, da er keinerlei Anhalt zu eigentlichen Musiknummern ersah... Franck... fand die Bestrafung Elsas durch Lohengrins Scheiden verletzend... —*

Die Freunde würden es lieber sehen, wenn Lohengrin bliebe; auch Wagner zieht ein Happyend vor, doch möchte er Elsa mit dem Held zusammen fortziehen lassen. Schließlich aber entschließt er sich für die ursprüngliche Fassung.

Im Dezember begibt sich Wagner nach Berlin, um sich für die Aufführung des „Tannhäuser" die Unterstützung des preußischen Königs zu verschaffen. Er erfährt, daß der König nur solche Werke zuläßt, die seinen Ohren bereits vertraut klingen. Man rät Wagner, einige Nummern der Oper für das Militärorchester zu bearbeiten, das sie bei der Wachablösung spielen würde. Wagner ist außer sich:

...Tiefer konnte ich wohl nicht gedemütigt und bestimmter zur Erkenntnis meiner Stellung gebracht werden!

Und doch fertigt er die Transkriptionen für das Blasorchester an.

1846

1. März. Wagner arbeitet in *Angelegenheit des königlichen Orchesters* einen großangelegten, umfassenden Antrag aus. Die an den Intendanten Lüttichau gerichtete Eingabe beruht auf den Erfahrungen von Wagners bereits dreijähriger Tätigkeit und kostete ihn Monate angestrengter Arbeit. Sie beinhaltet eine genaue Dienstordnung sowie einen detaillierten Haushaltsplan. Der Antrag bezweckt den Auf-

schwung des Musiklebens durch Erhöhung der Mitglieder-
zahl und bessere Besoldung des Orchesters, auch wenn dies
nur durch Herabsetzung der Stargagen zu erreichen sei. —
Inzwischen bereitet sich Wagner auf das zum Nutzen des
Rentenfonds der Musiker jährlich am Palmsonntag abge-
haltene Konzert vor. Trotz des Protests der Orchesterlei-
tung — aus Furcht vor verringerten Einnahmen — setzt
Wagner Beethovens IX. Symphonie auf das Programm,
das Werk, das ihm in seinen Jünglingsjahren und auch zur
Zeit seines Pariser Aufenthaltes zum größten musikalischen Erlebnis wurde.

*Die „neunte Symphonie" ward somit für mich in jeder erdenkli-
chen Hinsicht zu einer Ehrensache, deren Gelingen alle meine
Kräfte anspannte... Es ist nicht möglich, daß je das Werk
eines Meisters mit solch verzückender Gewalt das Herz des Schülers
einnahm, als das meinige vom ersten Satze dieser Symphonie erfaßt
wurde. Wer mich vor der aufgeschlagenen Partitur, als ich sie durch-
ging, um die Mittel der Ausführung derselben zu überlegen, über-
rascht, mein tobendes Schluchzen und Weinen wahrgenommen hätte,
würde allerdings verwunderungsvoll haben fragen können, ob dies
das Benehmen eines Kgl. Sächsischen Kapellmeisters sei.*

5. April. Der Erfolg des durch Proben, Zeitungsartikel
und Programmhefte sorgfältig vorbereiteten Konzerts übertrifft alle Erwartungen. Das bis dahin bloß für bizarr gehaltene Werk wird in Dresden über Nacht populär. Die Einnahme des Rentenfonds übertrifft die der früheren Jahre.
Von nun an möchten die Kuratoren auf ihren sämtlichen
Wohltätigkeitskonzerten die „Neunte" aufführen lassen.
Wagners moralischer Triumph ist vollständig.

Um den 20. Mai begibt sich Wagner mit Erlaubnis der

Direktion zu einem dreimonatigen Urlaub in die nahe Sommerfrische Groß-Graupe. Hier sucht ihn zum ersten Mal ein ehrlicher Bewunderer, der sechzehnjährige Hans von Bülow, auf, und hier entsteht der vollständige Entwurf zum „Lohengrin".

September. Nach Dresden zurückgekehrt, beginnt Wagner mit der Komposition, und zwar des dritten Aktes, wird aber durch seine Dirigententätigkeit bald wieder vom Schaffen abgelenkt. Mit äußerster Sorgfalt bereitet er die Reprise von Glucks „Iphigenie in Aulis" vor, modernisiert den Text und instrumentiert die Musik teilweise neu. – Die Schulden, der rote Faden in Wagners Leben, vergrößern sich, statt abzunehmen. Nach dem „Rienzi" und dem „Holländer" möchte er nun auch den etwas umgearbeiteten „Tannhäuser" in Druck erscheinen lassen. Seine Gläubiger bedrängen ihn immer stärker. Auch Frau Schröder-Devrient verliert ihre Langmut und belangt ihn gerichtlich wegen der früheren Darlehen. Wagner ist gezwungen, von Intendant Lüttichau Hilfe zu erbitten, um seine schwierige Lage zu verbessern. Aus dem Rentenfonds des Theaters erhält er ein Darlehen von fünftausend Talern, das innerhalb von zehn Jahren zu tilgen ist.

Einer der „Tannhäuser"-Aufführungen – das Stück hatte bei sorgfältigerer Inszenierung doch in Dresden Wurzeln fassen können – wohnt auch Schumann in Gesellschaft eines jungen Wiener Kritikers, Eduard Hanslick, bei. Schumann ist ziemlich zurückhaltend: „Die Oper ist voll schöner effectvoller Sachen, aber sehr ungleich. Ja, wenn Wagner so viel melodische Erfindung hätte als dramatisches Feuer…" Hanslick ist von dem Werk begeistert.

In einer Wiener Zeitschrift nennt er „Tannhäuser" „das bedeutendste Erzeugnis der Großen Oper seit den Hugenotten" und hat daran nur zweierlei auszusetzen: Hier und da, z. B. im Sängerkrieg „die Unterjochung des musikalischen Elementes unter das declamatorische" und den „Mißbrauch mit verminderten Septimaccorden". Den Artikel schickt er Wagner zu.

1847

1. Januar. Wagner setzt sich in einem längeren Brief mit Hanslicks Ansichten auseinander und entwickelt seine ästhetischen Anschauungen:

Jemehr ich mit immer bestimmterem künstlerischen Bewußtsein producire, jemehr verlangt es mich, einen ganzen Menschen zu machen; ich will Knochen, Blut und Fleisch geben, ich will den Menschen gehen, frei und wahrhaftig sich bewegen lassen, — und nun wundre ich mich oft, wann sich Viele nur noch an das Fleisch halten, die Weiche oder Härte desselben untersuchen... nichts hat mich... mehr befriedigt, als die Wirkung, die in den meisten Vorstellungen des „Tannhäuser"... die ganze Scene des Sängerkriegs auf das Publicum hervorbrachte... Die Wenigsten konnten sich klar sein, wem sie diesen Eindruck verdankten, dem Musiker oder dem Dichter, und mir kann es nur daran liegen, diese Bestimmung unentschieden zu lassen.

Ich kann nicht den besonderen Ehrgeiz haben, durch meine Musik meine Dichtung in den Schatten zu stellen, wohl aber würde ich mich zerstücken und eine Lüge zu Tage bringen, wenn ich durch meine Dichtung der Musik Gewalt anthun wollte...

Eines noch ist wohl zu erwägen: da, wo die Musik mitwirkt,

88

drängt sich dieses mächtig sinnliche Element so lebhaft in den Vor-dergrund, daß die Bedingungen ihrer Wirksamkeit als einzig maß-gebend erscheinen müssen.

Daß wir das Höchste und Wahrste der Oper — nicht für ihren rein musikalischen Theil, sondern als dramatisches Kunstwerk im Ganzen — bei weitem noch nicht erreicht haben, muß unbezweifelt bleiben, und in diesem Sinne und von dem Standpunkt meiner von mir selbst weit eher bezweifelten als überschätzten Kräfte aus, gelten mir meine jetzigen und nächsten Arbeiten nur als Versuche, ob die Oper möglich sei?

Was mich um eine Welt von Ihnen trennt, ist Ihre Hochschätzung Meyerbeers. Ich sage das mit vollster Unbefangenheit, denn ich bin ihm persönlich befreundet, und habe allen Grund, ihn als theilneh-menden, liebenswürdigen Menschen zu schätzen. Aber wenn ich Alles zusammenfasse, was mir als innere Zerfahrenheit und äußere Mühseligkeit im Opern-Musikmachen zuwider ist, so häufe ich das in dem Begriff „Meyerbeer" zusammen, und dies umsomehr, weil ich in der Meyerbeer'schen Musik ein großes Geschick für äußerliche Wirksamkeit erkenne, die umsomehr die edle Reife der Kunst zu-rückhält, als sie mit aller Verleugnung der Innerlichkeit in jeder Farbe zu befriedigen sucht.

Am 22. Februar wird in Dresden unter der Leitung Wagners die von ihm überarbeitete und inszenierte „Iphigenie" von Gluck aufgeführt. Trotz des unbestreitbaren Erfolgs wird er angegriffen. Man versucht seine mühevolle, dem edlen Zweck zuliebe geleistete Arbeit durch die Behauptung herabzusetzen, daß ihn dabei nur selbstsüchtige Interessen und Gefallsucht geleitet hätten. — Auch sein Antrag, den er zwecks Reorganisierung des Orchesters vor einem Jahr einreichte, wird abgewiesen. Eine allgemeine Erscheinung:

seine sämtlichen durch den „Rienzi" gewonnenen, dann
durch den „Holländer" und „Tannhäuser" ohnedies schon
unsicher gewordenen Anhänger wenden sich in Anbetracht
seiner Dirigententätigkeit nach und nach gegen ihn.

Im Frühjahr. Auf dem auch dieses Jahr veranstalteten
Wohltätigkeitskonzert hat Wagner mit der IX. Symphonie
wieder großen Erfolg. Die vergiftete Atmosphäre, von der er
umgeben ist, bessert sich aber auch dadurch nicht. — Wagner bezieht eine bescheidenere Wohnung. Nur in der schöpferischen Einsamkeit findet er Ruhe und Befriedigung. Er
beendet den dritten Akt des „Lohengrin" und versenkt sich
in das Studium der nordgermanischen Mythologie (Eddalie-
der und Wölsunga Saga). In der „Orestie" des Äschylus
erlebt er von neuem die griechische Tragödie, auch lernt er
die Werke des materialistischen Philosophen Ludwig Feuerbach kennen, dessen Anthropologismus ihn besonders an-
zieht. Er ändert den Schluß des „Tannhäuser" ab und
arbeitet weiter an der Vertonung des „Lohengrin".

1. August. Das neue Finale zum dritten Akt des „Tannhäuser" ist nun dem Publikum leichter verständlich und
trägt zum Erfolg der Oper bei. Wagner beendet den „Lohengrin": *Indem ich so nach rückwärts abschloß und nach vorwärts
eine neue Welt mir aufbaute, welche meinem hierüber immer klarer
sich werdenden Bewußtsein mit wachsender Deutlichkeit als diejenige
Zuflucht sich erschloß, in welche ich mich von allen Elendigkeiten
des modernen Oper- und Theaterwesens zu retten hatte, befestigten
sich meine Gesundheit und meine Laune zu einer fast untrübbar
heiteren Stimmung, in der ich für längere Zeit alle Nöte meiner
Lage vergessen konnte.*

Um den 15. September reist Wagner nach Berlin, um die

Proben zur vorgesehenen Aufführung des „Rienzi" zu leiten.

Am 23. September an Minna: *...Einsamer bist Du nicht als ich, — denn bloß wenn wir zusammen sind, sind wir auch nicht einsam!...*

Am 26. September an Minna: *...das ist doch recht schön, wenn wir uns „alte Minna" und „alter Richard" nennen: was ist eine junge Leidenschaft gegen solch eine alte Liebe?*

22. Oktober. Minna kommt zur Erstaufführung des „Rienzi" nach Berlin. Die beiden ärgern sich über die schwache Besetzung der Titelrolle, über die feindselige Kritik und kehren dann zusammen nach Dresden zurück; Wagner nach fünfwöchigem Aufenthalt im Grunde genommen mit leeren Händen: König Friedrich Wilhelm IV. hatte den „Rienzi" nicht angehört, die Widmung zum „Tannhäuser" nicht angenommen und zur Vorlesung des „Lohengrin" keine Möglichkeit geboten. In Berlin blüht Wagner kein Glück.

1848

Am 9. Januar stirbt Wagners Mutter unerwartet in Leipzig. Durch ihr Hinscheiden lockert sich der Zusammenhalt der Geschwister noch mehr. Bei der Beerdigung klagt der Komponist dem alten Freund Laube seinen Kummer und schildert seine Vereinsamung. Auch allgemeinere Probleme kommen zur Sprache:

...hier fanden wir Worte für den ungemeinen Druck, der uns auf jeder edlen Bestrebungen gegenüber einer gänzlich in das Nichtswürdige versinkenden Zeittendenz zu liegen schien.

Februar. Die Geschichte formuliert konkreter. Die Bevölkerung Siziliens erhebt sich gegen den Bourbonenkönig Ferdinand II., und die Revolution siegt, wenn auch nur vorübergehend. Mit Hilfe der Arbeiterklasse wird der „Bürgerkönig" Louis-Philippe von der französischen Bourgeoisie zur Abdankung gezwungen und die Republik ausgerufen.

März. Der Revolutionssturm fegt über ganz Europa; Wien, Pest-Buda, Berlin, Mailand und Venedig sind in Aufruhr. Auch die Bevölkerung Dresdens strömt auf die Straße. Der König von Sachsen entläßt seine Regierung und ernennt liberale „volksfreundliche" Minister.

April. Vorderhand wird Wagner von diesen Ereignissen kaum berührt, er beendet die Instrumentierung des „Lohengrin", verhandelt über die Aufführung und Dekorationen und diskutiert mit Schumann und Liszt über künstlerische Zeitfragen und notwendige Reformen im Musikleben.

Im Mai ändert sich die Lage mit einem Schlag. Das neue Werk ist vollendet. Von den Fesseln des künstlerischen Schaffens befreit, wirft sich Wagner in das öffentliche Leben. Er schreibt Gedichte an die Wiener Aufständischen und an die deutschen Fürsten und wendet sich in einem Brief an das sächsische Mitglied der in Frankfurt tagenden Ersten Deutschen Volksvertretenden Nationalversammlung:

Ich besorge viel Unheil, wenn das deutsche Parlament zunächst nicht folgenderweise beschließt:

1. Der bisherige Deutsche Bundestag ist aufzulösen; das Parlament schließt somit die einzige konstituirende Gewalt in sich, sowie die Befugnis, die exekutive Gewalt provisorisch aus ihrer Mitte als Ausschuß zu ernennen.

2. Sofortige Einführung der Volksbewaffnung nach dem uns bekannten Modus.

3. Schutz- und Trutzbündnis mit Frankreich... Nun hängt es von dem Benehmen der Fürsten ab, welches Los sie sich bereiten wollen. Beginnen sie feindselig, protestieren sie, so sind sie samt und sonders in Anklagezustand zu versetzen, und die Anklage gegen sie ist auf völlig historischer Basis zu begründen... Nichts Sanfteres führt zum Ziele!

In Wagners Gedichten und Briefen wechseln Feststellungen, die auf äußersten Scharfblick schließen lassen, mit erstaunlich naiven Ansichten, doch ist alles vom aufrichtigen Pathos revolutionären Elans durchdrungen. — Das gleiche gilt auch für eine neuerliche Eingabe mit dem Titel ,,Entwurf eines Nationaltheaters des Königreichs Sachsen''. Genau ausgearbeitete Organisationsstatuten sehen vor, daß die durch den Hof ausgeübte Kontrolle von der des Staates abgelöst und *einer* der Kapellmeister mit dem Amt des Generaldirektors (Intendant) betraut werde.

Da aber jede Zweiherrschaft... in einem Institute wie dem betreffenden, höchst nachtheilig, störend und alle nötige Energie lähmend ist, so werde diesem Einen Kapellmeister nur der Verwaltungsrath... schon jetzt beigegeben, der andere Kapellmeister dagegen, der jedenfalls nicht gänzlich zu beseitigen wäre, zunächst vom activen Dienst so weit entfernt, daß ihm die Besorgung der Kirchenmusik nach ihrem jetzigen Modus allein als Wirkungskreis überwiesen werde. (In den zwei Jahrzehnte später in Druck erschienenen ,,Gesammelten Schriften'' blieb dieser Absatz weg...) Der Entwurf, obwohl weder Kultus- noch Innenminister bereit sind, sich ernstlich mit ihm zu befassen, gelangt zwecks Gutachtens unter anderen auch zu Intendant Lüttichau und Kapellmeister Reissiger... Beide nehmen ihn Wagner übel.

14. Juni. Nachdem Wagner bei einer Gelegenheit erklärt hat:

Was ist all unser Hineinpredigen in das Publikum? Hier ist ein Damm zu durchbrechen, und das Mittel heißt: Revolution! hält er jetzt in dem fortschrittlich gesinnten, linksgerichteten „Vaterlandsverein" eine lange Rede. (Hierher hat ihn sein Freund Kapellmeister Röckel, Sozialist, Saint-Simon- und Proudhon-Anhänger, eingeführt.) Die Rede, wenn auch ohne Unterschrift, erscheint am nächsten Tag unter dem Titel „Wie verhalten sich die republikanischen Bestrebungen dem Königthume gegenüber?" im Dresdener Anzeiger. Sie beginnt mit klaren, unzweideutigen Darlegungen über die Freiheitsrechte und artet dann in naive, kleinbürgerliche Schwärmerei aus:

...es gilt zu entscheiden, ob der Mensch... ob seine hohen geistigen, seine so künstlerisch regsamen leiblichen Fähigkeiten und Kräfte von Gott bestimmt sein sollen, dem starresten, unregsamsten Produkte der Natur, dem bleichen Metall, in knechtischer Leibeigenschaft unterthänig zu sein?... Dies wird der große Befreiungskampf der tief entwürdigten leidenden Menschheit sein: er wird nicht einen Tropfen Blutes, nicht eine Thräne, ja nicht eine Entbehrung kosten... Das wird die volle Emanzipation des Menschengeschlechtes, das wird die Erfüllung der reinen Christuslehre sein... die höchsten Aufgaben der Zivilisation... das ist: Bethätigung, Verbreitung derselben. Nun wollen wir in Schiffen über das Meer fahren, da und dort ein junges Deutschland gründen, es mit den Ergebnissen unseres Ringens und Strebens befruchten... wir wollen es besser machen als die Spanier... anders als die Engländer... Wir wollen es deutsch und herrlich machen; vom Anfang bis zum Niedergang soll die Sonne ein schönes, freies Deutschland sehen...

Die Strahlen deutscher Freiheit und deutscher Milde sollen den Kosaken und Franzosen, den Buschmann und Chinesen erwärmen und verklären... Aber fragt Ihr nun: willst du dies alles mit dem Königtum erreichen?... Die Republik [wäre] ja das Rechte, und wir dürfen nur fordern, daß der König, der erste und allerechteste Republikaner sein sollte... Nicht wir wollen die Republik ausrufen, nein! Dieser Fürst, der edelste, der würdigste König (Friedrich August, Anm. d. Verf.), *er spreche es aus: Ich erkläre Sachsen zu einem Freistaate.*

Das erste Gesetz dieses Freistaates, das ihm die schönste Sicherung seines Bestehens gebe, sei: Die höchste vollziehende Gewalt ruht in dem Königshause Wettin und geht in ihm von Geschlecht zu Geschlecht nach dem Rechte der Erstgeburt fort... An der Spitze des Freistaates [der Republik] *wird der erbliche König eben das sein, was er seiner edelsten Bedeutung nach sein soll: Der erste des Volkes, der freieste der Freien!*

Verworrene Anschauungen, zu deren Bereinigung der königliche Kapellmeister vielleicht nicht der richtige Mann ist. Jedenfalls sind seine Vorgesetzten der Meinung, daß auch deren Verkündigung nicht zu seinen Aufgaben gehört... Mit Rücksicht auf die unruhigen Zeiten bringen sie ihr Mißfallen aber nur dadurch zum Ausdruck, daß sie den „Rienzi" vom Spielplan absetzen und die Bestellung der „Lohengrin"-Dekorationen rückgängig machen. Röckels Anschauungen sind klarer und daher auch gefährlicher. Ihn entheben sie seines Amtes. Zur Verbreitung seiner Ideen und auch um seine Familie zu erhalten, läßt er eine neue Zeitung, die VOLKSBLÄTTER erscheinen. — Auch Wagner hat sich zu verantworten.

Am 18. Juni an Intendant Lüttichau:

Ich schloß mich demjenigen Vereine an, in dem die Fortschritts-
partei am entschiedensten sich ausspricht: einesteils, weil ich erkenne,
daß die Fortschrittspartei die der Zukunft ist, andernteils aber
auch aus der Rücksicht, daß es gerade dieser Partei am nötigsten
ist, durch Geist und Milde der Gesinnung von rohen Ausschweifungen
zurückgehalten zu werden. Ich habe diese Versammlungen selten
besucht, und nie in ihre Debatten mich gemischt, sondern nur beob-
achtet... immer wurde mit dem Begriffe der Republik unmittel-
bar die Annahme des Aufhörens des Königthums verbunden...
Es lag mir nun daran, den Leuten einmal recht klar zu zeigen,
daß, wir möchten erreichen wollen, was nur irgend erreichbar sei,
das eigentliche Königthum an und für sich doch diesem Streben nie
unmittelbar entgegenstände: daß mit dem Königthum eben alles
sehr wohl und nur noch dauerhafter zu erreichen sei. ...hätte dieser
Schritt alle gute Absicht verfehlt, so hat er doch die eine ganz unleug-
bar erfüllt: noch nie ist nämlich in diesem Verein ein so enthusiasti-
sches Lob unseres Königs ausgesprochen, noch nie mit solcher Begei-
sterung aufgenommen worden, als es nach der Stelle in meiner Rede
der Fall war, welche seine hohen Tugenden pries.

Unter solchen Umständen kann von einer Verbesserung
Wagners wirtschaftlicher Lage kaum die Rede sein. Er
bietet der Firma Breitkopf & Härtel unter Verzicht auf
das Honorar seinen „Lohengrin" zur Herausgabe an und
— ebenfalls unentgeltlich — den Vertrieb dreier früherer
Opern zur Gegenleistung eines bei der Firma gekauften
und noch unbezahlten Konzertflügels.

Am 20. Juni trifft die Antwort der Firma ein:

„Wir finden uns außerstande, auf Ihr sehr wertes Anerbieten einzugehen, so liberal Sie auch die Bedingungen
gestellt haben..."

23. Juni. Neuer, verzweifelter Befreiungsversuch: Wagner wendet sich um Hilfe an Liszt, der eben beim Großherzog von Weimar sein Amt als Hofkapellmeister angetreten hat:

Die Summe, um die es sich behandelt, ist Fünftausend Thaler ... Können Sie das Geld schaffen? ... Lieber Liszt, mit diesem Gelde kaufen sie mich von der Sclaverei los! Dünke ich als Leibeigener Ihnen so viel werth? ...

Dann, da er einsieht, Unmögliches zu verlangen, bittet er nur um eines: Liszt soll ihn in Dresden aufsuchen.

4. Juli: Liszt antwortet:

„... Nach Dresden ist es mir jetzt nicht möglich zu kommen; Gott gebe aber, daß sich der Standpunkt Ihrer Verhältnisse derartig herausstellt, daß es mir gewährt sei, Ihnen meine geringen, sehr geschwächten Dienste anzubieten als Ihr aufrichtiger und ergebener Bewunderer und Freund ..."

Um den 5. Juli. Wagner kann nicht länger in Dresden bleiben. Er bittet Lüttichau um Urlaub und fährt nach Wien. Dort bemüht er sich um die Aufführung seiner Werke und verhandelt über die Realisierung seiner Theaterreform. Wen immer er aufsucht, die Antwort ist stets die gleiche: Die Zeiten sind dafür nicht geeignet ... Die Regierung ist gestürzt, der Hof nach Innsbruck geflüchtet, unter der Teilnahme von Arbeiter- und Studentenvertretern ein Revolutionskomitee gebildet worden ... Er muß sich selbst die Frage stellen, wozu er eigentlich herkam? Vielleicht um die frische Luft der Revolution einzuatmen?

Am 15. Juli an Minna:

Übrigens unterscheidet sich Wien von allen übrigen Städten jetzt meist dadurch, daß in ihm gar keine Parteireibungen statt-

finden; es giebt hier nur eine Partei, das ist die radicale... Keines
frägt mehr nach dem Kaiser, Keines braucht ihn, man ist sich voll-
kommen selbst genug...

August. Wagner kehrt über Weimar, wo er einige Tage bei
Liszt verbringt, nach Dresden zurück. Durch seinen Wiener
und Weimarer Besuch hat sich seine pekuniäre Lage zwar
nicht im geringsten gebessert, nur seine Phantasie wurde
durch die dort empfangenen Eindrücke zu fieberhafter
Tätigkeit angeregt. Der letzte Teil des Jahres ist die Zeit
des Reifens großer künstlerischer Pläne. Es berührt ihn
nicht sehr, daß am dreihundertsten Jahrestag der Gründung
des Orchesters der König nicht ihn, sondern den stets
loyalen Reissiger auszeichnet und statt des vollständigen
,,Lohengrin'' nur ein Teil der Oper zur Aufführung gelangt.
Für die engbemessene Anerkennung der Außenwelt wird
er durch die Bereicherung seiner inneren Welt vollauf
entschädigt. Er bringt drei Entwürfe zu Papier: Einen aus
dem deutschen Sagenkreis mit dem Titel ,,Wieland der
Schmied'', einen andern, der deutschen Geschichte ent-
nommenen über Kaiser Barbarossa und schließlich den
dritten über Jesus von Nazareth, und zwar eher auf Grund
von Feuerbachs philosophischen Studien als auf Grund der
Bibel. Wagner weist hier außer der Maria Magdalena dem
Barrabas eine bedeutende Rolle zu: Er schürt in Judäa den
Brand des Aufstandes gegen die römische Unterdrückung.
Sämtliche Entwürfe bleiben dann aber im Schubfach liegen,
da Wagner von einem einzigen großen Thema vollauf erfüllt wird — den Nibelungen. — Zuerst schreibt er darüber
eine Abhandlung, in der er zu beweisen versucht, daß sich
die Geschichte der Völker aus ihrer Sagenwelt ableiten

läßt. Als Niederschlag dieser Studien entsteht später der Entwurf zu einem Drama, in dem nun statt einer Analyse geschichtlichphilologischer Fragen lebendige Gestalten einander gegenüberstehen — Helden symbolischer Bedeutung aus den deutschen Sagen des Mittelalters. Im großen und ganzen stimmt das, was Wagner darin zum Ausdruck bringt, mit dem Grundgedanken seiner Junirede überein: Die niederträchtige Macht des Geldes ist zu stürzen. Über die Art, wie dieses nach wie vor wichtigste Ziel zu erreichen ist, hat sich seine Meinung innerhalb weniger Monate allerdings grundlegend geändert. Die fromme Vorstellung, daß ,,es nicht einen Tropfen Blut, nicht eine Thräne, ja nicht eine Entbehrung kosten wird", besteht nicht mehr, ganz im Gegenteil, das Ziel ist nur durch die Zerstörung der alten Welt und um den Preis großer Blutopfer zu erreichen.

Dezember. Wagner formt den letzten Abschnitt des großangelegten Entwurfs zu einem abgerundeten Stück, gibt ihm den Titel ,,Siegfrieds Tod" und liest es seinen Freunden vor. Mag diese Konzeption auch eine typische Erscheinungsform des romantischen Antikapitalismus sein, gab sie doch Wagner die Möglichkeit, ein in der Kulturgeschichte einzig dastehendes Werk zu schaffen.

1849

Am 14. Januar an Liszt:
Ich lebe in sehr gedemüthigter Lage ziemlich hoffnungslos dahin: vom guten Willen gewisser Menschen hänge ich ab : jeden Gedanken an Lebensgenuß habe ich fahren lassen. . .

10. Februar. Die Zeitung Röckels, die VOLKSBLÄTTER, bringt einen Artikel Wagners mit dem Titel „Der Mensch und die bestehende Gesellschaft": *Im Jahre 1848 hat der Kampf des Menschen gegen die bestehende Gesellschaft begonnen... wir leben in ihm, wir haben ihn durchzukämpfen... Wir sehen, daß der Mensch an sich vollkommen unfähig ist, seine Bestimmung zu erreichen... Jene Kraft jedoch, welche wir bei dem Menschen vermissen, wir finden sie in endloser Fülle in der Gesamtheit der Menschen... Die Menschen sind... nicht nur berechtigt, sondern auch verpflichtet, an die Gesellschaft die Anforderung zu stellen:* die durch Vervollkommnung ihrer geistigen, sittlichen und körperlichen Fähigkeit zu immer höherem, reinerem Glücke zu führen. *... Dieser Kampf, er ist der heiligste, der erhabenste, der je gekämpft wurde, denn er ist der Kampf des Bewußtseins gegen den Zufall, des Geistes gegen die Geistlosigkeit, der Sittlichkeit gegen das Böse, der Kraft gegen die Schwäche. Es ist der Kampf um unsere Bestimmung, unser Recht, unser Glück...*

Am 16. Februar bringt Liszt in Weimar den „Tannhäuser" zur Aufführung und preist in einem Aufsatz die hier geschaffene neuartige Einheit von Text und Musik.

26. Februar. Liszt an Wagner (der keinen Urlaub erhielt, um der Aufführung beizuwohnen, und sich daher brieflich bedankte): „Ein für allemal zählen Sie mich von nun an zu Ihren eifrigsten und ergebensten Bewunderern — nah wie fern bauen Sie auf mich und verfügen Sie über mich."

28. März. Die Frankfurter Nationalversammlung, die sich während der Erarbeitung der gesamtdeutschen Verfassung in unabsehbare staatsrechtliche Diskussionen verwickelt, bietet dem Preußenkönig Friedrich Wilhelm IV. die Kaiserkrone an. Er weist sie zurück, da zwischen den Fürsten kein vollständiges Einvernehmen besteht, verspricht aber all denen, welche die Frankfurter Verfassung ablehnen, militärische Hilfe. Der erste in der Reihe sollte Friedrich August, König von Sachsen, sein.

30. März. Der königliche Kapellmeister aber, der sich nicht damit zufriedengibt, nochmals mit einer Aufführung der „Neunten" das Publikum zu begeistern, schreibt Gedichte über das Elend, in denen er voraussagt, daß die Armut die Macht des Geldes brechen wird.

8. April. Sein neuerlicher Aufsatz — „Die Revolution" — ist eine richtige Ode in Prosa: *Wie ein ungeheurer Vulkan erscheint uns Europa... Ja, wir erkennen es, die alte Welt, sie geht in Trümmer, eine neue wird aus ihr entstehen, denn die erhabene Göttin Revolution, sie kommt dahergebraust... die ewig verjüngende Mutter der Menschheit... hinter ihr, da eröffnet sich uns, von lieblichen Sonnenstrahlen erhellt, ein nie geahntes Paradies des Glückes... Der eigene Wille sei der Herr des Menschen, die eigene Lust sein einzig Gesetz, die eigene Kraft sein ganzes Eigentum,* denn das Heilige ist allein der freie Mensch, und nichts Höheres ist, denn er. Vernichtet sei der Wahn, der Einem Gewalt gibt über Millionen... *Vernichtet sei der Wahn, der den Menschen untertan macht seinem eigenen Werke, dem Eigentume. Das höchste Gut des Menschen ist seine schaffende Kraft...*

All das kaum einen Monat nach dem Erscheinen des „Kommunistischen Manifests". Das gehobene Pathos entstammt einer aufrichtigen Überzeugung, die der entlassene Kapellmeister Röckel und der Russe Bakunin, der illegal eingereiste anarchistische Revolutionär, in Wagner genährt und ihm bewußt gemacht haben.

30. April. Der sächsische König löst sein „frankfurtfreund-

101

liches" Parlament auf und verbietet die VOLKSBLÄTTER. Röckel muß flüchten. Wagner versucht dessen Familie zu helfen.

1.—2. Mai. Die Unruhe wird immer größer, die Stimmung zusehends linksgerichteter. Die für die Verfassung eintretende Abordnung wird vom König abgewiesen.

3. Mai. Die Lage ist ungeheuer gespannt. Die erste Salve wird abgegeben. Die Aufständischen wollen noch immer verhandeln, doch ist niemand mehr da, der sie anhört: Der Hof ist über Nacht auf die Burg Königstein geflohen. Wagner berät sich im Vaterlandsverein. Abends wird die Sturmglocke geläutet, das Zeichen zum Aufstand. Man baut Barrikaden.

Am 4. Mai wird eine provisorische Regierung gebildet. Die Nachricht verbreitet sich, daß eine preußische Armee gegen Dresden marschiert. Wagner läßt in der Werkstatt der VOLKSBLÄTTER ein Plakat drucken: *Seid ihr mit uns gegen fremde Truppen?* Es wird auf den Barrikaden angeschlagen.

5.—6. Mai. In der Stadt herrscht größte Kopflosigkeit. Nach kurzem Waffenstillstand beginnt das Schießen von neuem. Die königlichen Truppen greifen an, die Verteidigung der Aufständischen ist schlecht organisiert. Wagner beobachtet vom Turm der Kreuzkirche aus die Entwicklung der Ereignisse. Von den umliegenden Dörfern kommen Bewaffnete zu Hilfe, doch schon langen auch die Preußen in der Gemarkung Dresdens an. Röckel kehrt zurück und läßt im Hofe des Rathauses Handgranaten herstellen und Pech sieden. Auf dem Heimweg arbeitet Wagner im Kopf den Entwurf des Dramas ,,Achilles" aus.

Am 7. Mai bricht im Holzgebäude der alten Oper ein Brand aus und auch der Zwinger wird beschädigt. Röckel will von außen Hilfe holen, doch kaum hat er die Stadt verlassen, fällt er in die Gefangenschaft der königlichen Truppen. Auf Anraten Bakunins beschließt die provisorische Regierung, Dresden zu räumen und den Widerstand im Erzgebirge zu organisieren.

8. Mai. Wagner bringt Minna, den einzigen freien Verkehrsweg benützend, nach Chemnitz zu seiner Schwester Clara in Sicherheit, dann kehrt er in die Stadt zurück. Der Kampf geht weiter. Eine Barrikade nach der andern wird von den Preußen, indem sie Hauswände durchbrechen, umgangen und erobert.

9. Mai. Die Preußen nähern sich bereits dem Rathaus. Um weiteres Blutvergießen zu verhindern, gibt die provisorische Regierung das Zeichen zur Aufgabe des aussichtslosen Widerstands. Die Aufständischen ziehen ab, gefolgt von einigen Wagen, auf denen sich der Vorsitzende der Regierung, Heubner, der geistige Führer des Aufstandes, Bakunin, und der königlich sächsische Kapellmeister Wagner befinden. Durch Verrat fallen Heubner und Bakunin der regulären Armee in die Hände. Wagner gelingt es, sich durchzuschlagen und mit Hilfe seines Schwagers bei oftmaligem Kutschenwechsel nach Weimar zu gelangen.

10.— 14. Mai. Er berät sich mit Liszt:

Hatte ich etwas nach den Gesetzen Strafbares begangen oder nicht...

An Minna:

Die Schicksalswege des Menschen sind unbegreiflich! ...in höchster Unzufriedenheit mit meiner Stellung und fast mit meiner

Kunst, seufzend unter einem Drucke, den Du leider nicht ganz begreifen wolltest, tief verschuldet, — zerfiel ich mit dieser Welt, hörte auf Künstler zu sein, zersplitterte meine schöpferischen Kräfte und wurde — wenn auch nicht mit der That, so doch in der Gesinnung nur noch Revolutionär, d. h. ich suchte nur in einer gänzlich umgestalteten Welt den Boden für neue künstlerische Schöpfungen meines Geistes. Die Dresdener Revolution und ihr ganzer Erfolg hat mich nun belehrt, daß ich keineswegs ein eigentlicher Revolutionär bin... wir sind nur Revolutionäre, um auf einem frischen Boden aufbauen zu können; nicht das Zerstören reizt uns, sondern das Neugestalten, und deshalb sind wir nicht die Menschen, die das Schicksal braucht. Siehst Du! So scheide ich mich von der Revolution...

15.— 17. Mai. Auf Einladung der Großfürstin von Weimar fährt Wagner nach Eisenach. An Minna:

Hier, liebe Frau, bin ich gewiß sicher! Auch scheint man [mit] mir in Dresden doch etwas gelinder zu verfahren, als es anfangs erschien... die ersten ruhigen Stunden will ich dazu benutzen, ausführlich an Devrient und Heine zu schreiben: ich will die Hand bieten, den Bruch mit Dresden nicht unversöhnlich zu machen...

Er schreibt auch an das Theater und bittet um einen halbjährigen Urlaub, um in Paris und London die Aufführung seiner Werke betreiben zu können. — Inzwischen wird Minna durch die Warnung eines wohlgesinnten Polizeibeamten in tödlichen Schrecken versetzt. Sie erfährt, daß gegen ihren Gatten ein Haftbefehl erlassen wurde, den der Beamte aber noch drei Tage lang zurückhalten kann. Sie versucht, Liszt zu verständigen, da aber dort niemand zu Hause ist, erfährt Wagner nichts von der neuen Wendung. Er ist um Minna besorgt.

Am 18. Mai teilt er seinem Schwager mit:

Erhalte ich in kürzester Frist keine Nachricht, oder sollte ich Minna bis Sonntag nicht selbst hier sehen, so würde ich allerdings — koste was es wolle — zurückkommen...

Am 19. Mai an Minna:

Wenn nicht der Abscheu vor Allem, was [Untersuchungs-] Gefängnis und Verhör u. s. w. heißt, mich davon abhielten, so würde ich im Vertrauen auf meine Sache geradeswegs nach Dresden kommen und mich stellen: denn meine Betheiligung war eine ganz allgemeine...

Das Gerücht wird in Umlauf gesetzt, daß Wagner das Opernhaus in Brand gesteckt habe... Die verspätete Benachrichtigung Minnas erreicht ihn nun. Im DRESDENER ANZEIGER erscheint der Steckbrief: „Richard Wagner von hier ist wegen wesentlicher Teilnahme an der in hiesiger Stadt stattgefundenen aufrührerischen Bewegung zur Untersuchung zu ziehen, zur Zeit aber nicht zu erlangen gewesen. Es werden daher alle Polizeibehörden auf denselben aufmerksam gemacht und ersucht, Wagner in Betretungsfalle zu verhaften und davon schleunigst Nachricht zu erteilen."

Am 20. Mai an Minna:

...der lang genährte Haß vieler Nichtswürdiger gegen mich, die Scheinbarkeit der Umstände und das gemeine Rachegefühl der Reaktion überhaupt ist also so weit gekommen, einen Steckbrief nach mir zu erlassen? Gut denn! Es sei nun! Das Maaß der Marter für meine Seele ist voll: endlich — fühle ich mich wieder frei.

Nur eine, eine Sorge kenne ich jetzt noch, das ist die Sorge um meine geliebte Frau! Vergiß nicht, daß ein solcher Steckbrief mich nur ehren kann... Sei tapfer und standhaft, so sind wir schon jetzt Sieger!... In einer Stunde verlasse ich Weimar, weil ich hier zu

105

öffentlich bekannt und aufgetreten bin: auf einem Gute, 2 Stunden von Weimar, werde ich zunächst unter dem Namen eines Professors Werder aus Berlin verweilen... Dort, meine Minna, erwarte ich Dich nun sehnsüchtigst... hier sehe ich, was es heißt, Freunde haben! Liszt ist ein großartiger Mensch, davon überzeuge ich mich immer mehr.

Am 22. Mai sucht Minna ihren Mann in Magdala auf. Es ist Wagners sechsunddreißigster Geburtstag... Statt einer Serenade bekommt er nun die bitteren Ausbrüche der Frau zu hören. Er sucht sie zu beruhigen und fordert sie auf, mit ihm zu gehen. Nur auf ihre Frage „wohin?" weiß er keine Antwort.

Am 23. Mai treffen sich die Eheleute noch einmal in Jena, können aber auch jetzt nicht einig werden.

Am 24. Mai reist Wagner — mit einem auf den Namen Professor Widmann ausgestellten Reisepaß, den ihm Liszt verschafft hat — allein nach Frankreich ab.

27. Mai. An der schweizerischen Grenze bei Lindau hat Wagner wegen seines falschen Reisepasses peinliche Aufregungen auszustehen.

Am 28. Mai an Minna (aus dem am Schweizer Ufer des Bodensees gelegenen Rorschach):

Glücklich bin ich auf dem Schweizerboden angekommen! Ich bin im Sichern!...

Der Verbannte
(1849–1864)

29. – 30. Mai. In Zürich, im Kreise alter und neuer Freunde, erholt sich Wagner, bevor er die Reise nach Paris antritt, von den Anstrengungen.

An Minna: *Für Paris habe ich nun schon den Plan zu einer Oper gefaßt... Meine Kräfte sind auf das äußerste gespannt, und fast möchte ich es dem Geschicke danken, daß es mich von Neuem auf die große Laufbahn heraustreibt, denn jetzt fühle ich mich stark und vollkommen reif, das entscheidendste Werk meines Lebens zu verrichten... Ich kann zwischen jetzt und früher nur den Unterschied machen, daß ich jetzt noch mehr weiß, daß ich Dich liebe... Meine Welt ist nicht die Vergangenheit, sondern die Zukunft, und mein Streben geht nur dahin, die Zukunft mit Dir möglichst schon in der Gegenwart zu genießen.*

Am 2. Juni trifft Wagner in Paris ein. Mehr als zwei Wochen verbringt er in der Stadt beziehungsweise in deren Umgebung bei Liszts ehemaligem Sekretär Belloni. In Paris wütet die Cholera, der täglich Hunderte zum Opfer fallen. Ein republikanischer Aufstand bricht aus, wird aber bald von der Regierung im Blute erstickt. Die Situation ist also für Wagners Pläne nicht günstig. Er trifft Meyerbeer, der ihn fragt: „... was verhoffen Sie sich denn von der Revolution?

Wollen Sie Partituren für die Barrikaden schreiben?"
Er antwortete ihm, daß er ja überhaupt an Partiturschreiben
gar nicht dächte.

5. *Juni:* An Liszt:

*...ein Intriguenspiel... einzugehen bin ich vollständig unfähig;
...fern von aller politischen Speculation, fühle ich mich aber
gedrungen, unverhohlen herauszusagen: auf dem Boden der Anti-
revolution wächst keine Kunst mehr; sie würde auf dem Boden der
Revolution vielleicht zunächst auch nicht wachsen, wenn nicht bei
Zeiten — dafür gesorgt werden sollte... ich setze mich morgen
darüber, für irgend ein bedeutendes politisches Journal, einen tüch-
tigen Artikel über das Theater der Zukunft zu schreiben. Ich verspreche Dir, dann die Politik möglichst ganz bei Seite zu lassen und
insofern Dich und Niemand zu compromittiren: aber was die
Kunst und das Theater betrifft, da erlaube mir mit möglichstem
Anstand so roth, wie möglich zu sein, denn uns hilft keine andre
Farbe als die ganz bestimmte.*

Am 8. Juni an Minna:

*Hier in Paris kann mein Aufenthalt nicht mehr sein: für das
Nächste habe ich hier gar nichts zu erreichen... Alles ist fort von
Paris, namentlich auch der Cholera wegen... Soll ich nun nach
London? Die Saison ist dort schon zur Hälfte: alle Musiker
Europas sind jetzt dort zusammengeströmt... noch nie habe ich
Dich so inständig um etwas gebeten: noch nie hat mein Glück,
meine Gesundheit, meine Existenz so von der Erfüllung einer Bitte
abgehangen als jetzt, wo ich Dich bitte: sage ja! und komme!
komme so schnell als irgend möglich.*

Minna aber scheint die Lage viel zu ungewiß, die Zukunft ihres Mannes zu ungeklärt, so daß sie nicht gewillt ist,
ihr Heim aufzugeben.

18. Juni. Wagner an Liszt:

...meine Sache ist — eine Oper für Paris zu schreiben, zu allem andren bin ich untauglich... Ich muß jetzt an eine tüchtige Arbeit gehen, sonst vergehe ich: um jetzt aber arbeiten zu können bedarf ich der Ruhe und einer Heimat: ist meine Frau bei mir — und in dem freundlichen Zürich — werde ich beides finden. Schafft mir also ein kleines Jahrgehalt... Mit der Zuversicht eines gänzlich Hülflosen bitte ich Dich nun noch: mache es möglich mir schnell zukommen zu lassen...

Liszt hilft: Er sendet das Geld für die Rückfahrt nach Zürich.

6. Juli. In Zürich beginnt Wagner mit dem Aufbau einer neuen Existenz. Er ist sich im klaren, daß dazu vorläufig keine anderen Möglichkeiten bestehen, als Schulden zu machen, um Vorschuß zu bitten und Geschenke zu erbetteln. Seinen Freunden gesteht er aufrichtig die Ausweglosigkeit seiner Lage ein. Dem Dresdner Musiker Theodor Uhlig schreibt er:

Ich glaube nicht an meine Pariser Oper! Aber meine Frau darf nichts davon wissen.

Inzwischen bedrängt er Minna mit hoffnungsvollen Briefen, in denen er nur Angenehmes mitteilt: Liszt hilft ihm mit hundert Talern aus, und der Züricher Klavierlehrer Alexander Müller, der ihm vorübergehend auch Unterkunft gewährt, gibt ihm dreihundert Dukaten; er selbst plant, in Zürich Vorlesungen zu halten und einige Konzerte zu dirigieren.

18. Juli. Schließlich gibt Minna nach:

„Du wirst es hoffentlich, mein lieber Richard, einsehen, daß ich, indem ich zu Dir komme, kein *kleines Opfer* bringe.

109

Was für einer Zukunft gehe ich jetzt entgegen, was kannst Du mir bieten? ...ich habe den Glauben bei den [leider?] schönen Verheißungen verloren, es gibt für mich kein Glück mehr auf Erden!... Du wirst mir zugestehen, daß Du ein *großes* Unrecht gegen mich, am Ende auch gegen Dich selbst begangen hast, indem Du ein sorgenfreies Leben mit einem höchst unsichern aufs Spiel setztest. Ich wünsche, daß Du es *nie* bereuen mögest."

Zu Anfang seines Exils bewahrt Wagner seinen Dresdner Überzeugungen unverbrüchliche Treue. Die früheren Ansichten, durch neue Ideen bereichert, faßt er in einem ausführlichen Aufsatz zusammen und läßt ihn, da man ihn in Paris für unzeitgemäß hält, in Leipzig drucken. Der Verleger Wigand zahlt ihm dafür fünf Louisdor Honorar. „Die Kunst und die Revolution" ist die erste kunstphilosophische Schrift, die unter Berufung auf die griechische Tragödie, gewissermaßen als Basis einer revolutionären Erneuerung die Schaffung des „Gesamtkunstwerkes" fordert. Die griechische Tragödie habe in ihrer Blütezeit sämtliche Kunstgattungen vereinigt, bei ihrem Niedergang sei das Drama in seine Bestandteile zerfallen und so hätten Rhetorik, Bildhauerkunst, Malerei und Musik sich voneinander unabhängig zu entwickeln begonnen. Diese Elemente seien nun auf höherer Stufe wieder zusammenzuschmieden.

...*Die Aufgabe die wir vor uns haben, ist unendlich viel größer als die, welche bereits einmal gelöst worden ist. Umfaßte das griechische Kunstwerk den Geist einer schönen Nation, so soll das Kunstwerk der Zukunft den Geist der freien Menschheit über alle Schranken der Nationalitäten hinaus umfassen... Aus ihrem Zustande zivilisierter Barbarei kann die wahre Kunst sich nur auf den Schultern unserer großen sozialen Bewegung zu ihrer Würde erheben: sie hat mit ihr ein gemeinschaftliches Ziel, und beide können es nur erreichen, wenn sie es gemeinschaftlich erkennen. Dieses Ziel ist der starke und schöne Mensch: die Revolution gebe ihm die Stärke, die Kunst, die Schönheit!*

Um diese Zeit plant Wagner eine noch radikalere Schrift: „Das Künstlerthum der Zukunft". In den Notizen hierzu entwickelt er die Grundsätze des Kommunismus, wobei auffallender Scharfblick mit erstaunlicher Naivität abwechseln. Der Artikel bleibt ein Fragment...

13. August. Der ungarische Freiheitskampf, der unter sämtlichen revolutionären Aufständen am längsten anhielt, wird niedergeschlagen. Bis zuletzt hat Wagner die Ereignisse mit ungeteilter Aufmerksamkeit verfolgt:

Die Nachricht von der Übergabe bei Világos durch Görgey lähmte die letzten Hoffnungen für die Behauptung der bis dahin immer noch unentschiedenen Stellung des großen europäischen Freiheitskampfes. Erst jetzt wendete ich, jedoch mit großer und banger Erschütterung, meinen Blick von den äußeren Weltbegebenheiten auf mein Inneres zurück.

Am 1. September kommt Minna, in Gesellschaft von Natalie, dem Hund Peps und dem Papagei Papo — auf Kosten Liszts — in Zürich an. Sie findet die Stadt, mit Dresden verglichen, zu klein, die Zahl der hiesigen Freunde — Müller und den Staatsbeamten Jakob Sulzer — zu gering, vor allem aber ist sie mit der ausweglosen Lage ihres Mannes, seinen ihr unverständlich bescheiden erscheinenden Plänen unzufrieden: „Mein größter Stolz und Vergnügen war unstreitig", schreibt sie noch vor ihrer Ankunft, „Dich an der Spitze der bedeutendsten Kapelle von ganz Deutsch-

111

land zu sehen... Die neunte Symphonie wird mir aber durch Dich *ewig unvergeßlich sein.* Du erschienst mir wie ein Gott, der alle mächtigen Elemente regierte und die Menschen bezauberte."

Und nun setzt er sämtliche Hoffnungen auf einige Vorlesungen, ein, zwei Konzerte... Tagtäglich erinnert die Frau ihren Gatten mit verstockter Beharrlichkeit an Paris, er aber hat den Plan für die „französische" Oper bereits fallengelassen und macht sich im ungeheizten Zimmer wieder an das Schreiben einer umfassenden Abhandlung mit dem Titel „Das Kunstwerk der Zukunft".

Am 14. Oktober an Liszt:

So handelt es sich denn darum: wie und woher schaffe ich mir zu leben? — Ist meine fertige Arbeit: Lohengrin, nichts werth? Ist die Oper, die es mich jetzt durchaus zu vollenden treibt, nichts werth? An die Krämer kann ich mich nicht wenden und an wirkliche adelige Menschen, — nicht an menschliche Fürsten, sondern an fürstliche Menschen!... Du bist jetzt der einzige, auf den ich mich noch verlassen zu können glaube. Sieh zu und vor allem denke daran, mir recht bald etwas — etwas Geld zuzuschicken: ich brauche Holz und einen warmen Überrock...

28. Oktober. Liszt schreibt in seiner Antwort über die Schwierigkeiten für die Unterbringung beider Opern:

„Das wird gewiß kein Leichtes sein, denn da diese Opern hauptsächlich, und ich möchte selbst sagen, ausschließlich, germanisch sind, können sie höchstens in fünf oder sechs deutschen Städten aufgeführt werden. Nun weißt Du, daß seit den Dresdener Ereignissen das *offizielle* Deutschland Deinem Namen nicht günstig ist. Dresden, Berlin, Wien sind, wenigstens für einige Zeit noch, ein ganz unmöglicher Boden für Deine Werke... Suche doch wie Du es kannst, bis zu Weihnachten Dich zu behelfen — denn mein Beutel ist augenblicklich völlig leer..."

Damit schließt sich der Kreis: Wagner ist sich über den betont ,,germanischen" Charakter seiner Werke selbst im klaren — deshalb hatte er ja auch seine Pariser Pläne aufgegeben. Das ist die Welt Meyerbeers, dort ist er ein Fremder. In seiner eigenen Heimat, wo Kapellmeister Röckel zu fünfzehn Jahren Kerker verurteilt und Wagners Bibliothek von seinem leiblichen Schwager Brockhaus zur Tilgung der Schulden beschlagnahmt wurde — in seiner geliebten deutschen Heimat aber ist er ein Verfolgter. Die Gegenwart also scheint aussichtslos. Was bleibt ihm anderes übrig, als seine Träumereien zu Papier zu bringen, den Aufsatz ,,Das Kunstwerk der Zukunft" zu beendigen. In der Ludwig Feuerbach gewidmeten Schrift verkündet der Ausgestoßene die Stärke der Gemeinschaft. Wieder geht er von der griechischen Kunst aus, die er zu einer universell menschlichen erheben möchte. Er verurteilt das Oratorium als ,,naturwidrige" Kunstgattung und die Oper, weil sie die drei zur Vereinigung am besten geeigneten Kunstarten, Musik, Tanz und Dichtung, nur dem Anschein nach zusammenfaßt. Am höchsten schätzt er das Drama ein, dessen einzelne Bestandteile, von ihrer ,,Selbstsucht" absagend, ein einheitliches Ganzes bilden.

Das Kunstwerk der Zukunft ist ein gemeinsames, und nur aus einem gemeinsamen Verlangen kann es hervorgehen. Dieses Verlangen ist praktisch nur in der Genossenschaft aller Künstler denkbar, und die Vereinigung aller Künstler nach Zeit und Ort, und zu einem bestimmten Zwecke, *bildet diese Genossenschaft. Dieser be-*

stimmte Zweck ist das Drama, zu dem sie sich alle vereinigen, um in der Beteiligung an ihm ihre besondere Kunstart zu der höchsten Fülle ihres Wesens zu entfalten... Das, was allen ihre Teilnahme ermöglicht, ja was sie notwendig macht und das ohne diese Teilnahme gar nicht zur Erscheinung gelangen könnte, ist aber der eigentliche Kern des Dramas, die dramatische Handlung. ...das gemeinsame Kunstwerk behält... seinen Mittelpunkt in dem Darsteller [des] Helden... Der Darsteller wird in seinem Drange nach künstlerischer Reproduktion der Handlung somit Dichter...

Im Dezember treffen für den zum Schriftsteller herabgesetzten Komponisten unerwartet fünfhundert Taler ein. Zwei Damen — Frau Ritter und Mrs. Taylor, beide Bekannte aus Dresden — vereinigten sich, um den Verbannten mit einer regelmäßigen Jahresrente zu unterstützen. — Das Ringen des Künstlers aber hat tiefere Ursachen, seine Probleme können durch günstigere Umstände nicht gelöst werden. Das geht auch aus zwei, an Dresdner Freunde gerichteten Briefen hervor:

Von nun an bin ich nicht mehr Schriftsteller — heißt es in dem einen — *sondern nur mehr Künstler. Bleibe ich von außen ungestört, so schaffe ich jetzt Werk auf Werk, — denn ich bin übervoll von Stoff und künstlerischen Vorhaben... Stoffe zu fünf Opern leben in meinem Kopfe: sie nacheinander zu tage zu fördern, ist mir Bedürfnis...*

Im andern aber schreibt Wagner:

Das Kunstwerk kann jetzt nicht geschaffen, sondern nur vorbereitet werden, und zwar durch Revolutionieren, durch Zerstören und Zerschlagen alles dessen, was zerstörens- und zerschlagenswert ist. Das ist unser Werk, und ganz andere Leute als wir werden erst die wahren schaffenden Künstler sein.

Den ersten Brief verfaßte Wagner vor dem Eintreffen des Geldes, den anderen nachher...

Mit solchen Widersprüchen endet das schicksalsschwere Jahr 1849, der Wendepunkt, die äußere und innere Zäsur im Leben Wagners. Eine Periode ist zu Ende und eine neue beginnt. Die Jahre des Ringens um volle Selbständigkeit sind nun vorüber und es beginnt die fruchtbare Zeit der vollendeten Reife.

1850

27. – 29. Januar. Von innerer Ruhelosigkeit, von Minnas rügenden Worten angetrieben, fährt Wagner auf Anraten Liszts in der Hoffnung nach Paris, die „Tannhäuser"-Ouvertüre zur Aufführung zu bringen.

Am 9. Februar an Minna: *Meine Ouvertüren sind schon seit einiger Zeit studirt und sind schon angezeigt: die Concerte sollen einen großen Erfolg haben und kein Billet ist übrig.*

Er arbeitet auch, aber ohne rechte Lust. Er übersetzt den Text seiner geplanten Oper „Wieland der Schmied" ins Französische. Meyerbeers neue große Oper „Le Prophète" verursacht ihm regelrechte physische Übelkeit.

Am 2. März an Minna: *Befreiung aus dieser Hölle ist alles, was ich wünsche...* Seine Gönnerin Mrs. Taylor, ihr Schwiegersohn Eugène Laussot und ihre Tochter Jessie laden Wagner nach Bordeaux ein.

Am 13. März an Minna: *...ich bin jetzt hier gänzlich unnütz und verzehre mich nur in Kummer und fruchtlosem Treiben... Selbst von der elenden Ouvertüre können noch keine Proben gemacht* *werden; erst Ende dieses Monates hat man mir Proben in Aussicht gestellt... Wäre diese Familie in Bordeaux nicht... — ich glaube, ich lebte nicht mehr!*

Am 14. März reist Wagner zur Familie Laussot.

Am 17. März an Minna: *...ich... erfuhr, daß meine Ouvertüre in diesem Winter gar nicht mehr aufgeführt werden könne... Hier in Bordeaux... muß ich mich wohl wie im Himmel befinden gegen Paris! ...trotz aller Freude, die ich jetzt genieße, sehne ich mich doch von ganzem Herzen nach Dir und dem Hause zurück!*

Achtzehn Tage verbringt Wagner im Kreise der gastfreundlichen Familie. Vor allem Jessie, die zweiundzwanzigjährige, außerordentlich musikalische junge Frau schwärmt für Wagners Musik. Andächtig lauscht sie den Vorlesungen des Komponisten und bringt den Klagen des desillusionierten Mannes aufrichtiges Mitgefühl entgegen. Das zunehmende Mitgefühl führt zu der wechselseitigen Erkenntnis, daß beide unglücklich verheiratet sind.

6. April. Nach Paris zurückgekehrt, reift der große Plan heran, die hoffnungslose Komponistenlaufbahn aufzugeben, mit der zivilisierten Welt zu brechen und nach dem Osten zu reisen, um Vergessen zu finden. Wagner teilt seine Absicht Jessie mit, deren unerwartete Antwort ihm keinen geringen Schreck einjagt: Die junge Frau will sich seinem Schutz anvertrauen und gemeinsam mit ihm flüchten. Wagner scheut die Verantwortung, sendet einen klugen Brief nach Bordeaux und flüchtet — allein. Zuerst zieht er sich ins nahe Montmorency zurück. Von seinem Aufenthalt weiß nur sein Freund Kietz.

16. April. Er will mit der ganzen Welt abrechnen, aber die Entschlußkraft reicht nur zu einem Brief — an Minna:

Wenn ich nur noch unglücklich sein kann bei unsrem Zusammen-
leben, so frage ich, bist Du dabei glücklich? Nein! wahrlich nein!
und vielleicht bist Du noch viel unglücklicher als ich, denn ich habe
bei allen Leiden, bei aller Selbstverzehrung, einen großen, besel-
igenden Glauben in mir, den Glauben an die Wahrheit und Herrlich-
keit der Sache, für die ich leide und kämpfe. Du Ärmste, theilst
keinen ähnlichen Glauben. Ich bin Dir durchaus fremd, Du . . .
siehst nur das, was Dir unerklärlich an mir ist . . . Du hängst an der
Person, ich an der Sache; Du an einzelnen Menschen, ich an der
Menschheit. So ist zwischen uns nur Widerspruch, unversöhnbarer
Widerspruch: so können wir uns nur gegenseitig aufreiben, ohne uns
je zu beglücken . . . Hier ist die einzige Heilung:

Getrennt leben!

. . . ich rufe Dir nun zu: Thue, was Du wiederholt schon woll-
test, womit Du mir bei jeder Gelegenheit drohtest, — es wird für
Dich und mich besser sein!

Aber indem ich dies ruhig und als verständiger Mensch ausspreche,
fühle ich zugleich den ungeheuren Jammer, der darin liegt, wenn ich
mich von meiner ganzen alten, gewohnten Welt trenne! Was von
Dir oft und heftig ausgesprochen worden ist, Trennung — das
bestätige ich nun, nachdem ich lange darüber fürchterlich gekämpft
habe: ich spreche es nicht leichtsinnig aus, sondern mit der endlich
fest genommenen Überzeugung, daß es so sein muß, und nun nicht
anders mehr sein kann!

Indem ich Dir sage: ,,ja! trennen wir uns!" sage ich aus, daß
wir uns nicht wiedersehen werden, daß ich mich trenne von Allem,
was ich je besaß . . . Was uns irgend noch als Hab gehörte, gehört
mir nicht: es ist Dein . . . Nichts, nichts will ich selbst von meinen
Schreibereien wiedersehen . . . Wohin ich gehe, weiß ich nicht!
Forsche nicht nach mir! . . . So habe ich denn nur noch eine letzte

Bitte an Dich... Nimm die Hälfte des mir zugewiesenen Jahres-
geldes als Unterstützung für Dein kümmerliches Leben an! Es ist
verdient, glaube mir, es ist verdient. Du brauchst Dich dessen nicht
zu schämen!... Du wirst immer vor der Welt meine Frau blei-
ben, so lange Du willst, — nur wenn Du es nicht mehr wolltest,
wenn unsere vollständige Scheidung Dir nützen könnte, — wenn
Du — vielleicht einen Mann fändest, der Dich mehr zu beglük-
ken fähig wäre als ich — nur dann hätte unsere Scheidung einen
Sinn...

O Minna! Minna! ... Wer seinem inneren Berufe ganz folgen
will, der muß mit ehernem Muthe ausgerüstet sein, denn er hat furcht-
bar zu entsagen... Leb wohl! Leb wohl! Mein Weib! Meine
alte, liebe Lebensgefährtin! O, hätte ich Dich auch der Freuden
theilhaftig machen können, die ich aus meinem großen Glauben
schöpfe, wie glücklich wärest Du trotz aller Noth bei mir gewesen!...
Meine gute Minna, leb wohl... Sei zum letztenmale inbrünstig
geküßt von Deinem Richard.

21. April. Minna eilt entsetzt nach Paris. Zwei Wochen
lang sucht sie ihren Mann — vergeblich. Bis der gute Kietz
Wagners Versteck verrät, ist er, Gefahr witternd, bereits
weitergereist. Inzwischen hatte er Zeit und Nerven, um in
einem ruhig gestimmten Brief sich mit einer neuerlichen
Bitte an Liszt zu wenden:

Führe meinen Lohengrin auf!

Am 5. Mai kehrt Minna entmutigt nach Zürich zurück,
wo sie ein Abschiedsbrief ihres Mannes erwartet — aus
Villeneuve bei Genf. Darin teilt Wagner ihr mit, daß er sich
am 7. in Marseilles nach Malta, Griechenland und Kleinasien einschiffen will. Jessie erwähnt er nicht.

Um den 9. Mai erhält Wagner, noch immer in Villeneuve,

zwei Briefe. In dem einen teilt Jessie mit, sie habe die Mutter in ihre Pläne eingeweiht, die seien sofort ihrem Mann verraten worden, der fahndet nun wütend nach dem „Verführer".

Im anderen schreibt Minna: „Richard, *jetzt* habe ich fester als jemals die Überzeugung, daß es eine *Vorsehung* giebt, sonst wäre ich *diesmal* durch diesen harten Schlag, den Du mir gabst, um meinen Verstand gekommen. ...nichts ist Dir heilig, nichts ist Dir mehr zum zerstören geblieben, als unser *eheliches Glück*, darum reißest du die kleinlichsten, ungerechtesten, verächtlichsten Beschuldigungen vom Himmel, Dich vor Vorwürfen zu verwahren, redest Dir Dinge ein, die zwischen uns *nie* bestanden, belügst Dich endlich selbst, um eine abscheuliche Handlungsweise die Du abermals an mir begehst zu beschönigen. ...ich frage Dich... was warst Du denn als ich Dich heirathete? Es ist mir leid, daß ich es Dir sagen muß, Du warst ein armer, verlassener, unbekannter, *unangestellter Musikdirektor*, und was standen mir damals für Aussichten bevor! — O Richard es steht schlimm um Dich, Du verwundest mich aufs Neue furchtbar!... Willst Du mir die einzige *letzte* Bitte erfüllen, so blicke noch einmal ruhig und ohne Bitterkeit auf unser ganzes Leben zurück und Du wirst finden, daß wir *Beide* glücklich und zufrieden mit einander waren."

Um den 10. Mai. Wagner reist plötzlich ab. Nicht nach Kleinasien, um der Welt zu entfliehen, nicht nach Zürich zu Minna, sondern nach Bordeaux, um sich dem Mann zu stellen. Laussot, ein friedlicher Weinhändler, weicht ihm jedoch aus und versteckt seine Frau auf dem Land. Der „Verführer" wird von der Polizei erwartet und aus der

Stadt gewiesen. Er kehrt an den Genfer See zurück. Das Abenteuer ist zu Ende. Es hat zur Folge, daß Mrs. Taylor von jeder weiteren Unterstützung zurücktritt. Ein Glück, daß zumindest Frau Ritter ihr Angebot aufrechterhält. Ihr Sohn Karl steht Wagner bei, tröstet ihn in seiner Einsamkeit und ebnet ihm die Wege — zurück.

Juni. An Minna:

Aus Deinem Briefe ersehe ich... daß Du den dümmsten Entstellungen der Wahrheit von Seiten einer — nur für den äußeren Anstand besorgten — Mutter und eines rachsüchtigen aber feigen Ehemannes unbedingten Glauben beimissest, mich daher durchaus als schuldig verdammst, und dennoch nichts sehnlicher wünschest als meine Rückkehr zu Dir... bin ich nun darüber mir klar, daß Du nicht nur hierüber, sondern über mich überhaupt im mannigfachsten und stärksten Irrthume bist, so ersehe ich doch zugleich auch, daß Deine Liebe zu mir stärker und kräftiger als aller Dein Irrthum ist, — und dieses Einzige genügt, mich über das, was ich jetzt zu thun habe, vollkommen zweifellos zu machen. Ich habe nie gesagt, daß ich Dich nicht mehr liebte, — und jetzt weiß ich, daß ich nur noch zu Dir zu kommen habe... (Nun schildert er das Vorgefallene von seinem Standpunkt aus)... *sie* [Jessie] *wußte und erfuhr von mir, daß ich Dich wirklich liebte, und deswegen eben so unglücklich darüber war, daß wir uns nicht verstehen konnten... Ich las* [in Paris] *nochmals Deine Briefe aus Zürich durch, und fand unter diesen wenigen zwei, in denen Du mir drohtest, Du würdest mich verlassen... Wahrlich, Minna, es war Deine Schuld, daß ich mich an den Gedanken einer Trennung zu gewöhnen anfing!!... Was mich zu diesem Schritte trieb, betraf rein nur Dich und mich, und durchaus keine dritte Person... Ich will Dir für meine Rückkehr keine Bedingungen vorschreiben, denn — nach-*

120

dem ich Deinen Zustand kennen gelernt habe — bin ich entschlossen, unbedingt zu Dir zurückzukehren. Ich hoffe, wir werden bis an unser Lebensende noch in ruhigem Glück beisammen leben!

2. Juli. Nachdem Wagner auf Kosten Frau Ritters mit deren Sohn Karl einen schönen Ausflug in die Schweizer Berge unternommen hat, wendet er sich wieder mit zwei Bitten an Liszt, der sich zur Aufführung des „Lohengrin" bereit erklärte.

Gieb die Oper, wie sie ist, streiche nichts! . . .wie wäre es denn möglich zu machen, daß ich — incognito — der ersten Aufführung in Weimar beiwohnen könnte?

Liszt antwortet sofort: „Es versteht sich von selbst, daß wir keine Note, kein Jota Deines Werkes streichen und daß wir es, so weit es uns möglich ist, in seiner reinen Schöne geben werden... Deine Rückkehr nach Deutschland und Dein Kommen nach Weimar zur Aufführung des Lohengrin sind eine vollständige Unmöglichkeit."

Am 3. Juli kehrt Wagner nach Zürich zu Minna in das inzwischen von ihr eingerichtete neue Heim zurück.

Am 7. Juli an Kietz:

Ich betrachte — mit Minna — . . . das Vorgefallene nur für heilsam; indem es uns gegenseitig gezeigt hat, was wir uns sind und nun sein können.

12. August. Wagner macht sich an die Vertonung des „Siegfried", legt aber seine Aufzeichnungen bald zur Seite. Lieber beschäftigt er sich wieder mit dem Schreiben eines Aufsatzes unter dem Titel: „Das Judenthum in der Musik". Würde es sich bloß um einen Angriff des Verkünders der Idee vom Musikdrama gegen den Vertreter der modischen großen Oper, oder auch des notleidenden Wagners gegen den erfolg-

reichen Meyerbeer handeln — könnte man für den Artikel
noch eine Entschuldigung finden. Seine Verallgemeinerun-
gen sind aber von Rassenhaß erfüllt, was in künstlerischer
Beziehung ein Zerrbild ergibt, und in menschlicher unver-
zeihlich ist.

28. August. Zur Jahresfeier von Goethes Geburtstag ertönt
zum ersten Mal — unter der Leitung Liszts vor einem vornehmen, internationalen Publikum — im Weimarer Hoftheater der „Lohengrin". Kann ein aus der Heimat ver-
bannter Autor und Komponist mehr verlangen?

Die lange — fünfstündige! — Dauer des Werks, vor allem aber seine Neuartigkeit machen den ziemlich geringen Erfolg erklärlich. Diesmal noch stärker als bei Wagners früheren Werken wurde das Publikum vor allem durch die Neuartigkeit der Musik vor den Kopf gestoßen. Der Text ließ sich leichter enträtseln. Befreit man das Drama von Pathos und Schwulst, läßt sich eine doppelte Handlung wahrnehmen. Die äußere ist die Begebenheit der unschuldig angeklagten, vom Traumritter erretteten Frau, die innere der Versuch des Schwanenritters, durch die Liebe einer standhaften Frau sein Glück zu finden. Das Traumbild aber zerschellt an den Felsen der Wirklichkeit; das ist die gemeinsame Tragik der Schicksale Elsas und Lohengrins. Von Anfang an beruht ihre Beziehung auf einem vollständigen und gegenseitigen Mißverständnis. Elsa fühlt und begreift nicht, daß ihr Held aus dem Lande des blendendweißen Lichts zu dem, wenn auch trüberen, doch bunteren irdischen Leben hinstrebt und sich vom kalten, erhabenen Glühen weg nach der wärmenden Glut des menschlichen Heimes sehnt, und daß zu der Erfüllung seines Wunsches ihr unbedingtes, hingebungsvolles Vertrauen nötig ist. Sie befürchtet, ihr Held sehne sich nach seiner Heimat zurück, weshalb sie ihn, ihr Versprechen verletzend, nach seiner Herkunft fragt und ihn eben dadurch zu scheiden zwingt. Lohengrin seinerseits aber kann nicht verstehen, daß die echte Liebe einer wahren Frau kein Geheimnis verträgt und keine Schranken duldet. Er hält das Stellen der verbotenen Frage für Kleinmut, wo es doch genausogut die mutige Tat einer mit ihrem Gefährten alles gemeinsam tragenden Frau ist. Der Held einer Sage des 13. Jahrhunderts wird in den Händen Wagners zum Symbol, das seine eigene Auffassung und die Anschauung der Zeit widerspiegelt. Das Bild Lohengrins, des Ritters, der sich aus der erhabenen Einsamkeit heraus nach menschlicher Gemeinschaft sehnt, weist zwei wesentliche Züge des romantischen Künstlers auf. Es sind das die bekannten Posen: „Ihr könnt mich ohnehin nicht verstehen!" und „So liebt mich doch!" Und das Scheiden des Helden, mit dem er Elsa bestrafen will — ist für ihn selbst eine noch ärgere Strafe, da er sein bereits gefundenes Glück mit der ihm unerträglichen Einsamkeit wieder vertauschen muß. Im wesentlichen also ist auch dieses Werk nur eine neue Variante des bekannten Themas — man könnte sagen: Die Oper der mißglückten Erlösung. — Im Orchester fällt vor allem die Bereicherung der Instrumentation auf. Das überirdische Reich des Grals wird durch den ätherischen Glanz der Streicher heraufbeschworen, die finstere Welt der zurückweichenden, bösen Mächte aber erhält durch die dunklen Farben der tiefen Holzbläser eine unheimliche Untermalung. Das Orchester ist auch der Träger der für die Helden und Situationen charakteristischen Leitmotive, die in dieser Oper an Zahl und Bedeutung gleicherweise zugenommen haben. Verglichen mit dem Tannhäuser, zeigt sich der kühnste Fortschritt vielleicht aber in der Deklamation. Die geschlossenen Nummern und die verbindenden „trockenen" Rezitative der Oper italienischen Stils sind verschwunden. Sie werden durch den melodiösen Sprechgesang ersetzt, der die Oper nicht dürftiger oder farbloser macht, vielmehr ihr zu größerer Realität verhilft, indem er die Handlung vorwärtstreibenden Teile mit denen, die Gefühle und Stimmungen ausdrücken, verschmilzt und die schablonenhafte Zweiheit beseitigt. „Lohengrin", ein Werk, in dem sich außer dem progressiven Element auch der Geist der Vergangenheit bemerkbar macht — vor allem in den Massenszenen und Finali —, ist die Schöpfung einer Übergangsperiode. Dem Reichtum ihrer Harmonien gegenüber zeigt die Oper eine recht monotone Rhythmik, da die Vorherrschaft der paarigen Taktart das Gefühl von Weitschweifigkeit hervorruft. Die Meinung der zeitgenössischen Kritiker, wonach „die Lohengrinmusik weichlich, marklos, oft geziert ist", läßt sich vielleicht dadurch erklären. Das Publikum aber urteilte anders: Einige populäre Nummern eroberten im Sturm seinen Beifall, der aber auch stets der echten Lyrik des Werkes galt.

Liszt widmet der Oper einen tiefschürfenden Aufsatz; Wagner beschäftigt sich bereits mit dem nächsten Werk.

Am 14. September schreibt er an Kietz:

Ich denke daran, den Siegfried wirklich noch in Musik zu setzen, nur bin ich nicht gesonnen, ihn aufs Gerade wohl vom ersten besten Theater aufführen zu lassen: im Gegentheile trage ich mich mit den allerkühnsten Plänen, zu deren Verwirklichung jedoch nichts Geringeres als mindestens die Summe von 10 000 Thaler gehört. Dann würde ich nämlich hier, wo ich gerade bin, nach meinem Plane aus Brettern ein Theater errichten lassen, die geeignetsten Sänger dazu mir kommen und Alles nöthige für diesen einen besonderen Fall mir so herstellen lassen, daß ich einer vortrefflichen Aufführung der Oper gewiß sein könnte. Dann würde ich überall hin an diejenigen, die für meine Werke sich interessieren, Einladungen ausschreiben, für eine tüchtige Besetzung der Zuschauerräume sorgen und — natürlich gratis — drei Vorstellungen in einer

Woche hintereinander geben, worauf dann das Theater abgebrochen
wird und die Sache ihr Ende hat. (Diese Konzeption wird
— mit gewissen Abänderungen — zweieinhalb Jahrzehnte
später in Bayreuth verwirklicht.)

Oktober. Wagner verhilft Karl Ritter und dem von
geschiedenen Eltern zu ihm flüchtenden Hans v. Bülow zum
Kapellmeisteramt am Züricher Theater. Unter den von
ihm betreuten jungen Musikern zeigt Bülow außerge-
wöhnliche Eignung zur Dirigentenlaufbahn.

Am 25. November an Liszt:

Ich betrachte die endliche Aufnahme meiner künstlerischen Pläne,
zu der ich mich nun wende, als einen der entscheidensten Momente
in meinem Leben: zwischen der musikalischen Ausführung meines
Lohengrin und der meines Siegfried, liegt für mich eine stürmische,
aber — ich weiß — fruchtbare Welt. Ich hatte ein ganzes Leben
hinter mir aufzuräumen, alles Dämmernde in ihm mir zum Bewußt-
sein zu bringen, die nothwendig mir aufgestiegene Reflexion durch
sich selbst — durch innigstes Eingehen auf ihren Gegenstand —
zu bewältigen, um mich mit klarem heiteren Bewußtsein wieder
in das schöne Unbewußtsein des Kunstschaffens zu werfen. So räume
ich diesen Winter noch vollends hinter mir auf: ich will ohne
irgend welche Last frei und leicht in eine neue Welt eintreten, in
die ich nichts mit mir bringe, als ein frohes künstlerisches Gewissen.

Wagner will seine neueste, zusammenfassende Studie
über die Oper beenden, die mit einem Vorwort versehenen
Dichtungen seiner drei romantischen Opern („Der fliegende
Holländer", „Tannhäuser" und „Lohengrin") heraus-
geben und schließlich den größten Teil seiner älteren,
Pariser Artikel zu einem Band vereinigen.

Dezember. Wenn auch mit einiger Verspätung, erklingt

die „Tannhäuser"-Ouvertüre dennoch in der französischen Hauptstadt. Dem Kritiker des NATIONAL zufolge „Enthielt dieses Tonstück die lärmende Begleitung einer abwesenden Melodie..." Und dennoch, wieviel Hoffnung knüpft sich an Paris — nicht nur in künstlerischer, auch in politischer Hinsicht! Wie aus den Briefen an seinen Dresdner Freund Uhlig hervorgeht, erwartet Wagner von dort die neue Revolutionswelle und ihren letzten Sieg, der dann in ganz Europa Ordnung schafft und vor allem zu Hause, in Sachsen:

Glaubst Du im Ernst, die königlich sächsische Kapelle werde länger bestehen als Du lebst? Bildest Du Dir ein, Deine Frau werde je eine Pension aus einem königlich sächsischen Oberhofpensionsfonds beziehen? Liebster, laß in solchen Träumen sich diejenigen wiegen, die nicht links noch rechts sehen, sondern nur in der süßen Oberhofgewohnheit wie das liebe Vieh fortleben: Deinem Scharfblick würde es aber wenig Ehre machen, wolltest Du Dir verleugnen, daß diese verrückte Wirtschaft ihren Totengalopp tanzt... Denke an das Jahr 1852! Beziehst Du im Dezember 1852 noch Deinen Gehalt, so wächst mir Gras aus meinem Schreibtisch... Mit völligster Besonnenheit und ohne allen Schwindel versichere ich Dir, daß ich an keine andere Revolution mehr glaube, als an die, die mit dem Niederbrande von Paris beginnt...

1851

Am 18. Februar an Liszt:
Mein sehr starkes Buch ist fertig; es hat den Titel: „Oper und Drama".

Das Manuskript sendet Wagner an Uhlig, damit er dessen Publikation betreibe. Schließlich wird das Werk vom Verleger Weber für hundert Taler angekauft.

Das Werk stellt eigentlich Wagners Operndramaturgie dar, in dem der Komponist — in ziemlich ungewöhnlicher Weise —, der künstlerischen Praxis voraus, seine Theorie genau auseinandersetzt. Es besteht aus drei Teilen: ,,Die Oper und das Wesen der Musik", ,,Das Schauspiel und das Wesen der dramatischen Dichtkunst" und ,,Dichtkunst und Tonkunst im Drama der Zukunft". Sein Ausgangspunkt ist die These, wonach in der Kunstgattung der Oper fälschlich *ein Mittel des Ausdrucks* [die Musik] *zum Zwecke, der Zweck des Ausdrucks* [das Drama] *aber zum Mittel gemacht war.*

Diese Vorstellung Wagners ist natürlich unhaltbar. Bereits Hanslick hatte festgestellt, daß die Umsetzung des Prinzips in die Praxis eine völlige musikalische Sinnlosigkeit wäre. Die Rolle des Dramas und der Musik in der Oper kann nicht durch das Verhältnis von ,,Mittel und Zweck" ausgedrückt werden. Der programmatische Aufsatz will dem Dichter und Komponisten der Zukunft gleichsam als methodischer Führer dienen, sein Hauptwert aber liegt darin, daß er Einblick in die Künstlerwerkstatt Wagners gewährt und den Weg zur richtigen Auslegung der im Entstehen begriffenen Werke zeigt. Wagner weist auf die Bedeutung des Mythos für die dichterische Themenwahl, auf die durch die Alliteration gegebenen Möglichkeiten hin, macht auf die noch unausgenützten Fähigkeiten des Orchesters aufmerksam und beschäftigt sich eingehend mit der Rolle des Leitmotivs, das das Kommende ahnen, das Vergangene in der Erinnerung wieder-

erwachen läßt, Anteilnahme erweckt, gleichzeitig aber auch
formbildend ist.

Am 9. März an Liszt:

*Während ganzer sechs Monate habe ich — seit dem Aufzehren
des Honorars für „Lohengrin" aus Weimar — nur von der Unterstützung der Frau Ritter in Dresden gelebt, da ich mir in dieser
Zeit nichts als ein kleines Honorar für die Aufführung zweier
Beethovenschen Symphonien in den hiesigen — erbärmlichen —
Konzerten verdienen konnte. . . . Ich wäre somit jetzt in dem Falle,
um jeden Preis an Geldverdienst denken zu müssen und daher eine
— in bezug auf solchen Verdienst gänzlich zwecklose — Arbeit
wie die Komposition meines „Siegfried" nun gänzlich aufzugeben.*

18. April. Aus einem an Liszt gerichteten Brief geht hervor, daß seine Studie *Das Judentum in der Musik* eigentlich
vor Entrüstung wegen der vermeintlichen Arglist Meyerbeers entstanden ist. Als Schriftsteller für Zeitschriften zu arbeiten mag er nicht. Auf einen Kapellmeisterposten oder
auch nur auf regelmäßiges Dirigieren besteht keine Aussicht.
Zwar erklärt sich die Firma Breitkopf zur Herausgabe des
„Lohengrin" bereit, zahlt das Honorar aber nicht aus, da
ihr Wagner noch schwer verschuldet ist. Wieder hilft Liszt
mit hundert Talern aus. Wagner ist seine drückenden Sorgen
los und macht sich an das große Werk.

Am 29. Juni an Liszt:

*Mit der Dichtung meines „jungen Siegfried" bin ich vollkom-
men fertig. Sie hat mir große Freude gemacht. . .*

Am 2. Juli an Kietz:

*Ich verlange mit Leidenschaft nach der Revolution, und nur die
Hoffnung, sie noch zu erleben und sie mitzumachen, gibt mir eigentlich Lebensmut.*

Am 5. Juli trifft Theodor Uhlig zu einem mehrwöchigen Besuch in Zürich ein. Nach großen gemeinsamen Bergtouren beginnt der Freund den Klavierauszug des „Lohengrin" anzufertigen. Wagner aber schreibt einen als Vorwort zu seinen drei romantischen Operndichtungen gedachten Aufsatz mit dem Titel: „Eine Mitteilung an meine Freunde". Im Gegensatz zu den früheren, richtungweisenden Schriften analysiert er in dieser die Vergangenheit — die er nun teilweise neu bewertet:

Nie hatte ich mich eigentlich mit Politik beschäftigt. Ich entsinne mich jetzt, den Erscheinungen der politischen Welt genau nur in dem Maße Aufmerksamkeit zugewandt zu haben, als in ihnen der Geist der Revolution sich kundtat, nämlich, als die reine menschliche Natur sich gegen den politisch-juristischen Formalismus empörte... Daher war meine Teilnahme an der politischen Erscheinungswelt insofern stets künstlerischer Natur gewesen, als ich unter ihrer formellen Äußerung auf ihren rein menschlichen Inhalt blickte...

Indem er seinen kämpferischen Lebenspfad schildert, erinnert sich Wagner dankbar an Liszts opfervolle, freundschaftliche Hilfsbereitschaft, dann schreibt er über die im Entstehen begriffene „Nibelungen"-Tetralogie und die zu ihrer Aufführung nötigen Theaterpläne. Um Beistand bittend, dabei aber stolz, nimmt er Abschied von seinen Freunden — und zugleich von seiner Schriftstellerlaufbahn: *... nur mit meinem Werke seht ihr mich wieder!*

16. September. Wegen seiner Magenbeschwerden fährt Wagner in das nahe Bad Albisbrunn, wo er sich einer über zweimonatigen strengen Kur unterzieht. Um die Zeit erhält der drei Jahre früher, noch in Dresden skizzierte Entwurf der „Nibelungen" seine endgültige Fassung.

Am 20. November an Liszt:

*Dieser Plan geht nun auf drei Dramen aus: 1. Die „Walküre",
2. „Der junge Siegfried", 3. „Siegfrieds Tod". Um alles vollständig zu geben, muß diesen drei Dramen aber noch ein großes
Vorspiel vorangehen: „Der Raub des Rheingoldes"...*

*Die Aufführung meiner „Nibelungen"-Dramen muß an einem
großen Feste stattfinden, welches vielleicht eigens zum Zwecke eben
dieser Aufführung zu veranstalten ist. Sie muß dann in drei aufeinanderfolgenden Tagen vor sich gehen, an deren Vorabende das
einleitende Vorspiel gegeben wird. Habe ich unter solchen Umständen eine solche Aufführung zustande gebracht, so mag bei einer
anderen Gelegenheit zunächst erst wieder das Ganze wiederholt,
dann aber auch nach Belieben mögen die einzelnen Dramen, die
an sich ganz selbständige Stücke bilden sollen, gegeben werden...
Wo und unter welchen Umständen zunächst eine solche Aufführung
zu ermöglichen sei, hat mich für jetzt gar nicht zu kümmern; denn
vor allererst habe ich mein großes Werk auszuführen, und diese
Arbeit wird mich sobald ich auf meine Gesundheit einigen Bedacht
nehme, mindestens drei Jahre beschäftigen.*

Uhlig gesteht er auch das, was er Liszt lieber verschweigt:

*An eine Aufführung kann ich erst nach der Revolution denken,
erst die Revolution kann mir die Künstler und die Zuhörer zuführen,
die nächste Revolution muß nothwendig unserer ganzen Theater-
wirtschaft das Ende bringen: sie müssen und werden alle zusammenbrechen, dies ist unausbleiblich. Aus den Trümmern rufe ich mir
dann zusammen was ich brauche: ich werde, was ich bedarf, dann
finden. Am Rheine schlage ich dann ein Theater auf, und lade
zu einem großen dramatischen Feste ein: nach einem Jahre Vor-
bereitung führe ich dann im Laufe von vier Tagen mein ganzes Werk
auf. Mit ihm gebe ich den Menschen der Revolution dann die*

Bedeutung dieser Revolution, nach ihrem edelsten Sinne, zu erkennen.
Dieses Publikum wird mich verstehen; das jetzige kann es nicht.

30. Dezember. Nach dem erfolgreichen Staatsstreich Napoleons III. schreibt Wagner, in seinen Hoffnungen getäuscht, an Kietz:

... erlaube mir, weder von Politik noch sonst etwas dem Ähnlichen zu schwätzen. Meine ganze Politik ist nichts weiter mehr als der blutigste Haß unsrer ganzen Civilisation, Verachtung alles dessen, was ihr entsprießt, und Sehnsucht nach der Natur. ...
In allem wurzelt bei uns der Knechtssinn: daß wir Menschen sind, weiß keiner in ganz Frankreich außer höchstens etwa Proudhon — und auch der nur unklar! — im ganzen Europa sind mir aber die Hunde lieber als diese hündischen Menschen. An einer Zukunft verzweifle ich dennoch nicht; nur die furchtbarste und zerstörendste Revolution kann aber aus unsern civilisierten Bestien wieder „Menschen" machen.

1852

22. Januar. Den Brief an Uhlig datiert Wagner, auf die nicht eingetroffene Prophezeiung anspielend, mit — 53. Dezember 1851...

Am 26. Februar an Uhlig:

Ein reicher junger Kaufmann, Wesendonk — des Reichstäglers Bruder — hat sich seit einiger Zeit hier niedergelassen undzwar mit großem Luxus: seine Frau ist sehr hübsch, und scheint aus dem Vorworte der 3 Operndichtungen Schwärmerei für mich gefaßt zu haben. (Otto Wesendonk, Teilhaber einer großen New Yorker Seidenfirma und deren Vertreter für Europa, ist siebenunddreißig Jahre; seine Frau Mathilde dreiundzwanzig. Sie sind seit vier Jahren verheiratet, ihr Töchterchen Myrrha ist sechs Monate alt.) *Beide hatten im vergangenen Winter der Aufführung einer Beethovenschen Symphonie unter meiner Direktion beigewohnt, und bei dem Aufsehen, welches diese Leistung in Zürich hervorrief, schien es ihnen für ihre neue Niederlassung wünschenswert zu dünken, mich für ihren Umgang zu gewinnen.*

Am 21. März schreibt Wagner an Franziska, die Tochter seines Bruders Albert: „...*nach Deutschland komme ich nie wieder, und wenn ich 100 Mal begnadigt würde... Ich bin immer nervenleidend, und werde es wohl nicht sehr lange mehr machen: doch sehne ich mich, noch meine Siegfried-Dramen fertig zu machen.*

Mit dem Frühling kehrt aber auch Wagners Arbeitsfreude zurück, und er beginnt wieder zu arbeiten und entwirft in Prosa „Rheingold".

25. April. Im Züricher Stadttheater wird unter der Leitung des Komponisten „Der fliegende Holländer" aufgeführt.

Am 2. Mai an Kietz:

Wir haben hier in 8 Tagen viermal den Fliegenden Holländer bei stark erhöhten Preisen und stets vollem Hause gegeben. Die Aufführung war passabel.

Um den 16. Mai zieht Wagner, um ungestört arbeiten zu können, auf den Zürichberg. Von dort aus besucht er im nahe gelegenen Mariafeld öfters das Ehepaar Wille. Elisa ist Dichterin und Romanschriftstellerin, ihr Mann, Dr. François Wille, Publizist. In ihrem gastfreundlichen Haus herrscht reges geistiges Leben. Unter anderen gehören zu ihren Gästen der revolutionär gesinnte Dichter Georg Herwegh, Geschichtsprofessor Mommsen, Architekt Semper,

133

Gottfried Keller und der junge Conrad Ferdinand Meyer. Wagner, der in diesem Kreis zahlreiche Anregungen erhält, lernt hier auch die Philosophie Schopenhauers kennen.

Am 29. Mai schreibt er an Liszt:

... meine ganze Nibelungentetralogie ist im vollständigen Entwurfe fertig, und in ein paar Monaten sollen es auch die Verse sein. Von dann ab werde ich nun ganz und gar nur noch „Musikmacher" werden, — denn dies Werk wird wohl meine letzte Dichtung sein, und zum Schriftstellern komme ich hoffentlich auch nicht wieder. Dann habe ich nur noch Aufführungspläne im Kopfe: nichts wird mehr geschrieben, sondern nur noch aufgeführt. Hoffentlich hilfst Du mir dabei!!

Am 16. Juni an Liszt:

Meine Walküre... fällt furchtbar schön aus! Noch vor Ende Sommers hoffe ich Dir die ganze Dichtung der Tetralogie vorlegen zu können. Die Musik wird mir sehr leicht und schnell von Statten gehen: denn sie ist nur Ausführung des bereits Fertigen.

1. Juli. Nach Beendigung des Walkürentextes kehrt Wagner wieder nach Zürich zurück.

Am 10. Juli bricht er neuerlich zu einer großen Alpentour auf. Unter Berührung von Luzern und Interlaken gelangt er bis Domodossola zum Lago Maggiore und kehrt über Locarno und Lugano zurück.

August. Mehrere Theater bewerben sich um das Aufführungsrecht des „Tannhäuser": Schwerin, Breslau, Prag, Wiesbaden und sogar Berlin wollen die Oper. Wagner verfaßt eine Anleitung für die Mitwirkenden, läßt sie drukken und den Beteiligten zuschicken. Auf diese Weise versucht er, trotz Abwesenheit seinen Absichten Geltung zu verschaffen.

9. November. Sein Ruf wächst ständig, dennoch ist Wagner schlecht gelaunt und lebensüberdrüssig. Nicht die ewigen Geldsorgen, das Heimweh quält ihn, wie aus dem Brief an Liszt hervorgeht:

...ich lebe ein unbeschreiblich nichtswürdiges Leben! Vom wirklichen Genusse des Lebens kenne ich gar nichts; für mich ist „Genuß des Lebens, der Liebe" nur ein Gegenstand der Einbildungskraft, nicht der Erfahrung... nur noch als „Künstler" kann ich leben, in ihm ist mein ganzer „Mensch" aufgegangen.

Könnte ich vor Allem Dich in Weimar einmal besuchen, hier oder dort einer Aufführung meiner Opern beiwohnen, so dürfte ich vielleicht noch zu genesen hoffen... Hier muß ich in allerkürzester Zeit verderben, und Alles — Alles wird zu spät kommen — zu spät!!

...eröffnet sich mir mit Nächstem Deutschland nicht wieder, muß ich fortan für mein Künstlerdasein ohne Nahrung und Reiz verbleiben, so treibt mich mein animalischer Lebensinstinkt zum Aufgeben — aller Kunst.

Am 11. November an seine Schwester Luise:

...mein Leben ist verwirkt, und ich kann es, das nie genossene, nur noch künstlich fristen, eben — durch die Kunst. Wie verzweifelt ich nun aber wieder gerade mit meiner Kunst unsrem öffentlichen Kunstleben gegenüber stehe, kann nur von dem empfunden werden, der ermißt, wie die Kunst mir eben nur ein Leben voll unerfüllter Sehnsucht ersetzen soll: wie seicht beurtheilen mich dagegen die, die mich auf etwa zu gewinnenden Ruhm verweisen! Mein im Leben ungestilltes heftiges Liebesbedürfnis ergieße ich in meine Kunst, und im glücklichen Falle muß ich erleben, daß man mich für einen energischen — Opernreformator hält!

15.—18. Dezember. In selbstquälerischer Stimmung beendet Wagner — mit der Bearbeitung des zuerst entstandenen

135

„Siegfrieds Tod" — das gewaltige Werk. Die in Verse gesetzte Dichtung liest er im Freundeskreis des Ehepaars Wille vor.

1853

Am 3. Januar stirbt unerwartet Wagners Dresdner Freund Theodor Uhlig. Wagner schreibt der Witwe:

... — ich sehe mich wirklich zur Hälfte meiner eigenen Seele beraubt!

11. Februar. „Der Ring des Nibelungen" — die vollständige Dichtung der Tetralogie — erscheint im Druck. Von den auf eigene Rechnung angefertigten fünfzig Exemplaren sendet der Verfasser je eines an August Röckel, den schon seit vier Jahren im Kerker schmachtenden Revolutionär, seinen fürstlichen Gönnerinnen, der Großfürstin von Weimar und der Prinzessin von Preußen, und selbstverständlich dem immer hilfsbereiten Liszt, der in Weimar gerade die Aufführung des „Fliegenden Holländer" vorbereitet.

Laß mich doch wissen, ob von Weimar aus je etwas geschehen sei, um in Dresden mir die Erlaubnis zur Rückkehr nach Deutschland auszuwirken, und auf welche Hindernisse man dabei etwa gestoßen sei?... Sieh doch was hier zu machen ist! — Ich muß den Lohengrin einmal hören: ich mag und kann nicht eher wieder Musik machen!!

16.—19. Februar. An vier aufeinanderfolgenden Abenden liest Wagner im großen Saal von Zürichs vornehmstem Hotel, dem Hotel Baur, einem geladenen Kreis von Freunden die Nibelungen-Dichtung vor.

Am 30. März an Liszt:

*Ich bitte Dich jetzt mit der größten Entschiedenheit und Bestimmt-
heit: veranlasse von Seiten des weimarischen Hofes einen defini-
tiven Schritt, um ein für allemal zu erfahren, ob ich gewisse Aussicht
habe, bald und schnell den Wiedereintritt in Deutschland mir geöffnet zu sehen?*

8. April. Liszts Antwort:

„Wenn ich Deine Angelegenheit, so wie Du es verlangst,
dringend auf Ja oder Nein stellte, so würde ich sie schwer
compromittiren."

18.—20.—22. Mai. Zürich begeht mit drei Konzerten Wagners vierzigsten Geburtstag. Im Stadttheater führen das
auf siebzig Musiker verstärkte Orchester — die Aushilfe
wurde auf Kosten Wesendonks aus Deutschland herbeige-
rufen — und ein aus hundertzehn Sängern bestehender Chor
Teile aus Wagners Werken auf. In seinem Heim wird Wagner
mit Fackelzug und Serenade gefeiert. Am nächsten Tag berichtet die Presse begeistert von den Ereignissen: „Wie die
Fürsten ihre stolzen Hoffeste feiern, so haben wir gestern
ein Musikfest gefeiert, um das uns wegen seines Glanzes
und Gehaltes alle Residenzstädte Europas hätten beneiden
können. Auch wir haben einen König in unserer Mitte, der
uns mit seiner Huld erfreut, sein Reich aber ist die Kunst...
Wagners Musik ist, um sie mit einem Namen zu bezeichnen,
in Stoff, Anlage und Ausführung mirakulös..." — Auch der
Komponist selbst ist mit den Feiern zufrieden, was in Briefen an seine Freunde zum Ausdruck kommt:

*Alles ging recht gut ab, und Zürich ist erstaunt, daß so etwas
hat passieren können. Die Philister tragen mich fast auf den Händen...*

137

Mein Ruhm ist im steten Wachsen begriffen: ich werde als eine unerhörte, noch ganz unklassifizierbare Erscheinung betrachtet...

Wagners finanzielle Situation bessert sich trotzdem nicht. Einer der Gründe dafür ist allerdings, wie Wagner selbst zugibt: *...daß ich immer mehr ausgebe als ich einnehme, wird mein beständiger Fehler bleiben...*

Am 11. Juni an Otto Wesendonk:

Alles liegt mir daran, mich jetzt erst gründlich zu erfrischen, um — nach fast fünfjähriger Pause im Musikmachen — den nöthigen Mut zu gewinnen...

Otto hilft sofort und gibt Richard ein Darlehen auf das erwartete Honorar. Wagner zahlt prompt ab.

20. Juni.

...geben Sie Ihrer Frau die beiliegende Sonate, meine erste Composition seit der Vollendung des Lohengrin...

Am 2. Juli trifft Liszt in Zürich ein, und die beiden Freunde verbringen miteinander acht unendlich glückliche Tage in völligem Einverständnis. Wagner sieht die Welt — und sich selbst — in anderm Licht.

4. Juli Wagner an Clara Brockhaus, Tochter seiner Schwester Luise, die ihm mitgeteilt hat, daß der Dresdner Polizei-Anzeiger den vor vier Jahren gegen Wagner erlassenen Steckbrief von neuem erscheinen ließ:

So viel ist gewiß, daß ich auch nicht im entferntesten daran gedacht, nach Deutschland zu gehen, sondern daß ich mir recht wohl gefallen lassen kann, die dortigen schlechten Aufführungen meiner Opern ohne mich vor sich gehen zu lassen.

Am 13. Juli an Wesendonk: *Eine wilde, aufgeregte — und doch mächtig schöne Woche habe ich soeben verlebt: vor einigen Tagen erst verließ mich Liszt. Ein wahrer Sturm von Mittheilungen*

raste zwischen uns... Liszt... kam mir mit meinem eigenen Plane
für die dereinstige Aufführung meines Bühnenfestspiels entgegen:
wir haben abgemacht, sie soll vom Frühjahr bis Herbst eines Jahres
in Zürich stattfinden... Liszt wird nach allen Himmelsgegenden
hin und von überall her für das Unternehmen Beiträge sammeln,
und er getraut sich, das nöthige Geld dafür aufzutreiben.

Am 15. Juli an Liszt:
Öde, Öde — schreckliche graue Öde, seit Du fort bist!!...
O, komm bald wieder! Lebe recht lange mit uns!

Am 17. Juli reist Wagner auf einen dreiwöchigen Erholungsurlaub nach St. Moritz. Vorher hat er noch einen Plan
zur Förderung des Züricher Musiklebens ausgearbeitet;
lieber beschäftigt er sich jetzt mit praktischen und organi-
satorischen Fragen als mit theoretischen Problemen.

Am 16. August an Liszt:
...streicht mich ganz für jede literarisch kritische Unternehmung,
ich — kann so etwas nicht mehr mitmachen... ich bin jetzt nur noch
zur Action, nicht mehr zur Explication disponirt... meine Fähig-
keiten, jede einzeln genommen, sind gewiß nicht groß, ich bin und
leiste nur dann etwas, wenn ich im Affekt alle meine Fähigkeiten
zusammen fasse, und rücksichtslos sie und mich darin verzehre.

Am 24. August reist Wagner über Bern, Genf und dem Mont
Cenis nach Italien.

1. September. Nach zweitägigem Besuch in Turin schreibt
er aus Genua an Minna:
So 'was hab' ich denn doch noch nicht gesehen, wie dieses Genua!
Das ist etwas unbeschreiblich Schönes, Großartiges und Eigen-
thümliches: Paris und London schwinden mir zu öden, formlosen
Häuser- und Straßenmassen zusammen, gegen diese göttliche Stadt!

5. September. Er unternimmt eine Seefahrt nach La Spezia.

Verdorbener Magen und Seekrankheit quälen ihn. Zu keinem Genuß mehr fähig, schweift er gelangweilt durch die Pinienhaine. — *Am Nachmittage heimkehrend, streckte ich mich todmüde auf ein hartes Ruhebett aus, um die langersehnte Stunde des Schlafes zu erwarten.*

Sie erschien nicht; dafür sank ich in eine Art von somnambulen Zustand, in welchem ich plötzlich die Empfindung, als ob ich in ein stark fließendes Wasser versänke, erhielt. Das Rauschen desselben stellte sich mir bald im musikalischen Klange des Es-Dur-Akkordes dar, welcher unaufhörlich in figurierter Brechung dahinwogte; diese Brechungen zeigten sich als melodische Figurationen von zunehmender Bewegung, nie aber veränderte sich der reine Dreiklang von Es-Dur, welcher durch seine Andauer dem Elemente, darin ich versank, eine unendliche Bedeutung geben zu wollen schien. Mit der Empfindung, als ob die Wogen jetzt hoch über mich dahin brausten, erwachte ich in jähem Schreck aus meinem Halbschlaf. Sogleich erkannte ich, daß das Orchestervorspiel zum „Rheingold", wie ich es in mir herumtrug, doch aber nicht genau hatte finden können, mir aufgegangen war...

Die weiteren Reisepläne aufgebend, kehrt Wagner über den Gotthard schnellstens nach Zürich zurück.

Am 12. September an Liszt:

In Genua wurde ich unwohl, fühlte mit Schrecken mein Alleinsein, wollte Italien noch forcieren, ging nach Spezia; das Unwohlsein nahm zu; an Genuß war nicht zu denken: da kehrte ich um, — um zu krepiren — oder — zu komponiren — Eines oder das Andere: nichts sonst bleibt mir übrig.

6. Oktober. Bevor Wagner völlig in den Wellen des Komponierens versinkt, trifft er in Basel noch einmal mit Liszt zusammen. Er wird von der Gesellschaft (Bülow, den Kom-

140

ponisten Cornelius und Pohl sowie den Violinvirtuosen Joachim und Reményi) gefeiert, aber selbst das ist ihm lästig,
weil es ihn von der schöpferischen Arbeit abhält.

Am 9. Oktober begibt er sich gemeinsam mit Liszt nach Paris
und lernt dort die drei Kinder seines Freundes kennen: die
achtzehnjährige Blandine, die sechzehnjährige Cosima und
den vierzehnjährigen Daniel. Die Freunde führen ein reges
Gesellschaftsleben; Wagner gelingt es, seiner Kunst nicht
wenige Freunde und hochgestellte Gönner zu erwerben.
Auch Minna ruft er zu sich.

Am 28. Oktober reist das Ehepaar gemeinsam nach Zürich
zurück.

1. November. Endlich kann Wagner seine Vision von La
Spezia aufzeichnen, und damit beginnt die gigantische Arbeit, über deren Bedeutung sich auch der Komponist selbst
völlig im klaren ist:

*...da es mir nun wirklich bald glückte, in die rechte Stimmung
hierfür zu geraten, darf ich diesen Wiederbeginn meiner musikalischen Arbeit wohl als den Eintritt einer völligen Wiedergeburt
nach einer stattgehabten Seelenwanderung bezeichnen.*

Er möchte sich ruhige Arbeitsbedingungen schaffen, so
ruft er wieder Natalie, damit sie der kränkelnden Minna
die Haushaltssorgen abnimmt. Wagner bietet der Firma
Breitkopf & Härtel neun populäre Nummern des ,,Lohen-
grin" zu einer Separatausgabe an, doch der konservativ ein-
gestellte Verlag hat wenig für Wagners Musik übrig und
weist das Angebot zurück.

15. Januar. Trotz aller Schwierigkeiten macht die lange behinderte Arbeit rasche Fortschritte.

An Liszt:

Das Rheingold ist fertig: aber auch ich bin fertig!!!... meine Einbildungskraft muß unterstützt werden. Ich kann... nicht wie ein Hund leben, ...ich muß irgendwie mich geschmeichelt fühlen, wenn meinem Geiste das blutig schwere Werk der Bildung einer unvorhandenen Welt gelingen soll. ...Es steht schlecht — sehr schlecht mit mir. Soll ich die Fähigkeit wieder gewinnen, auszuhalten... so muß auf dem nun einmal jetzt betretenen Wege der Prostitution meiner Kunst etwas Ordentliches geschehen, — sonst ist's aus. ...Vor Allem muß ich aber auch Geld haben... ich brauche — um mich in volle Ruhe und Gleichgewicht zu setzen — drei bis viertausend Thaler.

Am 20. Januar schreibt Wagner an seine Gönnerin, Frau Ritter:

Ich habe seit einiger Zeit wieder einen Narren am Luxus... Des Vormittags setze ich mich in diesem Luxus hin und arbeite. — Das ist nun das Notwendigste, und ein Vormittag ohne Arbeit ist mir ein Tag in der Hölle... Ich trete immer mit der lieblichsten Laune der Welt in die zweite Hälfte des Tages, mit der ich nun gar nicht weiß, was anfangen: einsame Spaziergänge in den Nebel; an manchen Abenden bei Wesendonks... Die anmutige Frau bleibt mir treu und ergeben, wenn auch vieles für mich in diesem Umgange marternd bleiben muß. ...

Vorgestern hätte ich fast an den König von Sachsen geschrieben, er sollte mich amnestieren. Natürlich dauerte es nicht lange: dann wollte ich geradeswegs nach Deutschland gehen, und wenn's nicht

anders ging, mich fangen lassen. Jetzt laß ich wieder Gottes Schick-
sal über mich ergehen — und will mich bald wieder an Musik machen.

Die wirtschaftlichen Sorgen, die jeden anderen aufreiben
würden, bleiben bei Wagner an der Oberfläche und dringen
nicht durch das selbstverzehrende Feuer der Arbeit, die
Wehen des Schaffens:

Ich sehe nur, daß der meiner Natur, wie sie sich nun einmal ent-
wickelt hat, normale Zustand die Exaltation ist, während die ge-
meine Ruhe ihr anormaler Zustand ist.

Im Frühjahr. Wagner arbeitet angestrengt. Die Instrumentation des „Rheingold" macht rasche Fortschritte, nur
tut es dem Komponisten um die mit der ins Reineschreiben
verbrachten Zeit leid. Hebt er den Kopf aus den Wellen des
Rheins, so beschäftigen ihn das Schicksal seiner früheren
Opern in Deutschland und der Gedanke an ein Gnadengesuch. Oft wendet er sich an Liszt, der zu dieser Zeit seine
fast einzige Verbindung mit der Außenwelt ist, gegen die
er kämpft und von der er doch Anerkennung erwartet.
Liszts Lage verschlechtert sich aber, er wird vielfach angegriffen — teils eben wegen seines mutigen Auftretens in
der Sache des Freundes. Seine Vermittlerrolle wird zu einer
immer schwierigeren und undankbareren Aufgabe.

Im Juni dirigiert Wagner in Zürich die Ouvertüre zu
Glucks „Iphigenie in Aulis" — mit einem Abschluß eigener Komposition. Seine diesbezüglichen Ansichten setzt
er in einem Artikel auseinander, der in der NEUEN ZEIT-
SCHRIFT FÜR MUSIK erscheint.

Er beendet die Partitur vom „Rheingold" und macht
sich an die Vertonung der „Walküre".

Am 8. Juli fährt Wagner nach Sitten, um auf einem Musikfest Beethoven zu dirigieren, ergreift aber beim Anblick des schwachen Amateurorchesters und der sonstigen ungünstigen Umstände schnellstens die Flucht. Er verbringt mit Ritter zwei Wochen in der Südschweiz.

25. Juli. Über Seelisberg, wo Minna vier Wochen lang in Behandlung stand, kehrt Richard mit ihr nach Zürich zurück. Hier liest er die von Liszt mit gewandter Hand und tiefem Verständnis geschriebene Holländerstudie, für die er sich gerührt bedankt. Doch ein Mensch, den unbezahlte Schulden, abgelaufene Wechsel bedrücken, kann sich mit moralischer Unterstützung allein nicht begnügen. Wenn ihm niemand zu Hilfe eilt, so sollen den Schöpfer des neuen, großen Werks wenigstens seine Opern erhalten:

... als ich sie dem Theaterschacher übergab, habe ich sie verstoßen: sie sind von mir verflucht worden, für mich zu betteln und nur noch Geld — nur noch Geld *zu bringen.*

1. September. Minna fährt in ihre deutsche Heimat. Zwei Monate lang besucht sie Verwandte und Freunde — auch Röckel sucht sie im Gefängnis auf, obwohl sie ihn für den Verderber ihres und Wagners Leben hält — und bemüht sich in Dresden, Leipzig, Berlin und Weimar um die Angelegenheiten ihres Mannes.

Am 30. September an Minna:

Diesen Monat hatte ich übrigens gar nicht einmal viel Stimmung zum Componiren: ich habe dagegen die Reinschrift von der Partitur zum Rheingold fertig gemacht... Jetzt habe ich erst den zweiten Akt der Walküre wieder aufgenommen: als ich gestern Deinen etwas mistrauischen Brief bekam, hatte ich gerade das Auftreten der Fricka zu componiren; das stimmte gar nicht übel zusammen. — Nun, Du meinst doch, daß ich das Alles nur für mich ausführe: es kann

auch so werden, — und doch möchte ich gar nicht mehr leben, wenn
ich nicht gerade so etwas arbeitete. Somit mußt Du mir schon diese
Art von Arbeit gönnen: für die Leipziger Messe und dgl. componire
ich nun einmal nichts mehr. Das besorgen schon andere.

Oktober. Minna richtet in Dresden an den König Johann
von Sachsen, der eben erst den Thron bestieg, ein Gesuch:
,,Möchten Ew. Majestät meinem Mann dem verführten
Richard Wagner Gnade und Vergebung schenken und ver-
gönnen, den Aufführungen seiner Werke selbst beiwohnen
zu können. . . .eine schwergeprüfte Frau es wagt die Groß-
muth Ew. Majestät anzuflehen für einen Schuldigen Ver-
irrten der in Hemmung seiner Kunst *schwer* büßt.'' Der
König aber verzeiht dem ehemaligen Hofkapellmeister
trotz der Intervention des Großherzogs von Weimar nicht.

Und doch geht in Wagner eine große Umwandlung vor
sich — besser gesagt, sie wird ihm zu dieser Zeit bewußt —,
die wahrscheinlich nach dem Geschmack des Landesherrn
wäre. In einem Brief an Liszt heißt es:

Neben dem — langsamen — Vorrücken meiner Musik habe ich
mich jetzt ausschließlich mit einem Menschen beschäftigt, der
mir — wenn auch nur literarisch — wie ein Himmelsgeschenk
in meine Einsamkeit gekommen ist. Es ist Arthur Schopenhauer,
der größte Philosoph seit Kant. . .

Das Buch, das auf Wagner wie eine Offenbarung wirkt,
ist ,,Die Welt als Wille und Vorstellung''. Herwegh hatte
ihn auf das Werk aufmerksam gemacht.

Sein Hauptgedanke, die endliche Verneinung des Willens zum
Leben, ist von furchtbarem Ernste, aber einzig erlösend. Mir kam
er natürlich nicht neu, und Niemand kann ihn überhaupt denken,
in dem er nicht bereits lebte. Aber zu dieser Klarheit erweckt hat

10   145

mir ihn erst dieser Philosoph. Wenn ich auf die Stürme meines Herzens, den furchtbaren Krampf, mit dem es sich — wider Willen — an die Lebenshoffnung anklammerte, zurückdenke, ja, wenn sie noch jetzt oft zum Orkan anschwellen —, so habe ich dagegen doch nun ein Quietiv gefunden, das mir endlich in wachen Nächten einzig zu Schlaf verhilft; es ist die herzliche und innige Sehnsucht nach dem Tod; volle Bewußtlosigkeit, gänzliches Nichtsein, Verschwinden aller Träume — einzigste endliche Erlösung! ...

So werde ich immer reifer: nur zum Zeitvertreib spiele ich noch mit der Kunst. ... Dem schönsten meiner Lebensträume, dem jungen Siegfried zu lieb, muß ich wohl schon noch die Nibelungenstücke fertig machen. Mit dem Ganzen werde ich doch erst 1856 fertig — 1858, im zehnten Jahre meiner Hegira kann ich's aufführen —, wenn's sein soll. Da ich nun aber doch im Leben nie das eigentliche Glück der Liebe genossen habe, so will ich diesem schönsten aller Träume noch ein Denkmal setzen, in dem vom Anfang bis zum Ende diese Liebe sich einmal so recht sättigen soll: ich habe im Kopfe einen Tristan und Isolde entworfen, die einfachste, aber vollblutigste musikalische Conception; mit der ,,schwarzen Flagge'', die am Ende weht, will ich mich dann zudecken, — um zu sterben.

Die Wandlung erscheint im ersten Augenblick radikal und unerwartet, in Wahrheit ist sie es aber gar nicht. Es ist die Stimme eines Menschen, der sich von seinen ewigen Geldsorgen nicht befreien kann, eines in seiner Ehe gescheiterten Mannes, von der Revolution enttäuschten Verbannten, eines im Kampf um die Anerkennung ernüchterten Künstlers, die nach langsamem innerem Reifeprozeß nun plötzlich in solch endgültiger Form zum Ausdruck kommt. Mit Wagner ist es also soweit gekommen, daß er den Optimismus des Volksfreunds Feuerbach gegen den aristokratischen

146

Pessimismus Schopenhauers vertauschte. Wie weit ist das alles aber aufrichtig gemeint?

Schopenhauer leugnet die objektiven Gesetzmäßigkeiten der Natur und Gesellschaft, er betrachtet die Welt als bloße Illusion, die wissenschaftliche Erkenntnis vermag nur die äußere Wirklichkeit zu erschließen. Die Substanz der Dinge, die absolute Wirklichkeit, kann nur durch Intuition erahnt werden. Diese Substanz ist der eigengesetzliche — in Wahrheit also ziellose — Wille, woraus folgt, daß einerseits jeder geschichtliche Fortschritt, andererseits die vollkommene Befriedigung ausgeschlossen seien, da jede momentane Befriedigung neuen Willen und Wunsch erzeugt. Dieser nie endende Wille bedeute nie endendes Leid. Schopenhauer sieht die einzige Lösung im Leugnen des Lebenswillens. Dieser Höhepunkt seines Pessimismus ist eigentlich die Übernahme des buddhistischen Ideals des „Nirwana". — Es ist verständlich, daß eine von Schopenhauer übrigens schon im Jahre 1819 ausgearbeitete Weltanschauung, die die passive Kontemplation über die dem freien Willen entspringende Handlung stellt, nach dem Niederschlagen der Revolutionen, zur Zeit der wachsenden Reaktion in ganz Europa starken Widerhall finden mußte. Noch verständlicher aber ist, daß der in hoffnungsloser Stimmung und zunehmender Enttäuschung lebende Wagner von diesen zur Resignation verführenden Gedanken angezogen wird. Auf einmal entdeckt er die Verwandtschaft seiner eigenen Nibelungen-Dichtung mit der Philosophie Schopenhauers. Natürlich machte er sich nicht das ganze System zu eigen, nur einige dessen ihm genehme Ideen, wie den Vorrang der künstlerischen Intuition vor anderen

Methoden der Erkenntnis, die überragende Stellung der Musik den anderen Künsten gegenüber sowie die Erhöhung des Mitgefühls über alle Empfindungen — Gedanken, die auch seine eigenen waren. Das genügte ihm, zum Anhänger Schopenhauers zu werden. Hätte er die von seiner eigenen grundverschiedene Auffassung Schopenhauers näher gekannt, wären ihm dessen, den seinen diametral entgegengesetzten (und überraschend dilettantischen) Ansichten über Musik bekannt gewesen, hätte er ihm sicherlich kein Exemplar seiner Tetralogie-Dichtung *Aus Verehrung und Dankbarkeit* gewidmet.

Wagners Umstellung ist also weder so unerwartet noch so radikal wie es zuerst den Anschein hat. Nicht so sehr die Todessehnsucht ist es, die in seinem Geständnis beachtenswert erscheint, als vielmehr das Bemühen um ihre künstlerische Gestaltung. Und das sich Zudecken mit Tristans „schwarzer Flagge" verdient weniger als letzte Verneinung des Lebenswillens Aufmerksamkeit; man hört aus ihr eher den festen Glauben heraus, daß er sich zutraut, ein neues Werk zu schaffen, also im wesentlichen eine Lebensbejahung. Hinter den pessimistischen Worten verbirgt sich also ganz tief, im Unterbewußtsein, ein trotziger Optimismus...

27. Dezember. Wagner — leidend und sich bedauern lassend — widersteht der Verführung des Tristanplans und beendet die Vertonung der „Walküre". — Der Sekretär der Londoner Philharmonischen Gesellschaft fordert ihn zum Dirigieren einer Konzertreihe auf. Im Interesse seiner finanziellen Lage nimmt Wagner das Anerbieten an und stellt nur zwei Bedingungen: Er bittet um einen Korrepetitor

zum Einstudieren und um genügende Proben. Sein tief
im Herzen verborgener Optimismus scheint auch vom ver-
leugneten Leben und der verachteten Außenwelt genährt
zu werden.

1855

17. Januar. Auf Anregung Liszts arbeitet Wagner den
noch 1840 entstandenen Satz der „Faust-Symphonie" um.
So ist daraus eine „Faust-Ouvertüre" geworden, deren
Manuskript er Mathilde Wesendonk schenkt.

Februar. Der Bitte seiner Züricher Verehrer und dem
Drängen seiner Frau nachgebend, willigt Wagner in die
Aufführung des „Tannhäuser" ein. Obwohl die Züricher
Kräfte ihr Bestes tun, ist der Komponist mit dem Resultat
unzufrieden. — Um so zufriedener ist er mit der Instrumen-
tierung des ersten Aktes der „Walküre":

Er ist außerordentlich schön; so etwas habe ich noch nie auch nur
annähernd gemacht — teilt er Liszt mit.

26. Februar. Obwohl die Londoner Philharmonie seine
Bedingungen nicht erfüllen kann, reist Wagner über Paris
nach England ab. Zwischen dem *12. März und dem 25. Juni*
dirigiert er acht Konzerte in London.

Es ärgert ihn, daß ihm zum Einstudieren des reichen
Konzertprogramms jedesmal nur eine Probe bewilligt wird;
daß er außer den Werken von Mozart, Beethoven, Weber
und Spohr auch Kompositionen dirigieren muß, die er
weniger hochschätzt und schließlich, daß seine Bemühungen
von der undankbaren Kritik nicht anerkannt werden. Er hält

149

sich in seinem Urteil nicht zurück. Über den ihm feindlich gesinnten Kritiker der TIMES, Davison, schreibt er:

Gewiß ist, daß er durch Meyerbeers Agenten erkauft ist, mich herunterzureißen...

Über das Orchester lautet seine Meinung:

Nun spielen diese Gentlemen wohl recht gut, haben ihr Instrument ordentlich gelernt und machen Alles, was vorkommt, aber — wie Maschinen... Das Pariser Orchester ist bei weitem vorzüglicher. Von der Zuhörerschaft ist er auch nicht begeistert: *Es ist jedenfalls das eindruckloseste Publikum der Welt.* Frau und Freunde werden mit Klagen überschüttet.

Am 21. März an Otto Wesendonk:

London ist eine sehr große und reiche Stadt, und die Engländer sind außerordentlich klug, besonnen und verständig: aber ich Unglücklicher habe nichts mit ihnen zu tun.

Um den 1. April an Liszt:

Ich bereue herzlich hier zu sein, und gedenke nie im Leben wieder dahin zurückzukehren. An Gelderfolg ist gar nicht zu denken...

Am 5. April an Minna:

...ich lebe ein ziemlich monotones, schwermütiges Dasein hin, dessen Zweck und Notwendigkeit ich mit meinem kurzen Verstande durchaus nicht begreifen kann. Erstlich werde ich die Erkältung nie los: die abscheuliche Londoner Luft lähmt mir Geist und Glieder.

Am gleichen Tage begrüßt er Liszt begeistert:

Klindworth hat mir soeben Deine große Sonate [h-Moll] *vorgespielt! ...Liebster Franz! Jetzt warst Du bei mir. Die Sonate ist über alle Begriffe schön: groß, liebenswürdig, tief und edel — erhaben, wie Du bist. Ich bin auf das tiefste davon ergriffen...*

20. April. Über ein anderes Musikerlebnis berichtet er Minna: im benachbarten Regent's Park und im Tiergarten habe er Nachtigallen schlagen gehört, die hätten ihm Tränen entlockt.

Du siehst, was ich hier unerwartet für musikalische Anregungen erhalte! (Er weiß bereits genau, welchen Gebrauch er von dem, was er jetzt in seinem Gedächtnis aufspeichert, machen wird. Dieses englische Vöglein wird einst in Siegfrieds deutschem Walde singend den Drachentöter belehren und zu Brünhilde geleiten.)

Intensiver aber als die Londoner Nachtigall beschäftigt jetzt Minna eine Züricher „Ente“, nämlich das Gerede über das Verhältnis zwischen ihrem Mann und Mathilde Wesendonk, das zu dieser Zeit aufkommt. Die Beschwichtigung läßt nicht lang auf sich warten:

Am 4. Mai an Minna:

...ich glaube Dir die Versicherung geben zu dürfen, daß dieses Mißtrauen vollkommen ungerechtfertigt und unbegründet sei, und Du dagegen fest annehmen könntest, daß Niemand Dein Vertrauen und Deine Freundschaft mehr verdiene, wie die Wesendonk. — Ob das Lob der vermeintlichen Konkurrentin ein geeignetes Mittel ist, den Verdacht der Gattin zu zerstreuen?

16. Mai. Wagners Lektüre ist Dantes „Göttliche Komödie“, sie regt ihn an, Liszt sein Herz auszuschütten:

Ich lebe hier wie ein Verdammter in der Hölle. So tief habe ich nicht geglaubt wieder sinken zu müssen! ...ich erkenne, daß es eine reine Sünde, ein Verbrechen war, diese Londoner Einladung anzunehmen, die im allerglücklichsten Falle mich doch immer nur weit ab von meinem eigentlichen Wege führen konnte.

19. Mai. Mit dem Herannahen seines zweiundvierzigsten Geburtstages bricht Wagners Galgenhumor durch; er sendet Minna einen kleinen Vers:

151

Im wunderschönen Monat Mai
kroch Richard Wagner aus dem Ei.
Ihm wünschen, die zumeist ihn lieben,
er wäre besser drin geblieben.

So gratuliere ich mir in Eurem Namen selbst zu meinem Geburts-
tage.

22. Mai. Man interessiert sich von New York aus, ob Wagner bereit wäre, zur Aufführung seiner Werke hinzureisen.

An Minna:

Jedenfalls bist Du doch bei der Parthie? Oder sollten wir es am Ende doch vorziehen, in den Escherhäusern [Zürich] zu bleiben? Ich denke beinahe. Ich für meine Person habe es wenigstens recht herzlich satt, so satt, daß ich schwöre, wie mich nichts wieder von meiner Arbeit hinweglocken soll; ich bin einmal für diesen Jux nicht gemacht, und müßte schnell dabei zu Grunde gehen, wenn ich dazu gezwungen würde.

An Otto Wesendonk:

...soviel ist gewiß, — zum Geldverdienen bin ich nicht in der Welt, sondern zum Schaffen, und daß ich das ungestört kann, dafür hätte nun eigentlich die Welt zu sorgen...

11. Juni. Zu Wagners siebentem Konzert erscheint Königin Viktoria mit ihrem Gemahl, Herzog Albert. Nach der „Tannhäuser"-Ouvertüre applaudiert das Herrscherpaar lebhaft, es läßt sie sogar wiederholen und lädt in der Pause den Komponisten zu sich in die Loge. — Wagner schildert am nächsten Tage Minna das Ereignis:

Ich, der ich in Deutschland von der Polizei wie ein Straßen-räuber verfolgt werde, dem man in Frankreich Paßschwierigkeiten macht, werde von der Königin von England vor dem aristokratische-

sten Hofe der Welt mit der ungeniertesten Freundlichkeit empfangen:
das ist doch ganz hübsch!

Mit der Genugtuung, die ihn selbst die schlechte Kritik der TIMES vergessen läßt, bereitet sich Wagner in der Hoffnung auf Nimmerwiedersehen zum Abschied vor, ...*weil,* wie er meint, *ich hier nichts zu suchen habe, und namentlich solch' ein Conzertdirigieren nicht meine Sache ist.*

25. Juni. Am letzten Konzert werden ihm von Orchester und Publikum begeisterte Ovationen dargebracht. Wagner zeigt sich vom nicht enden wollenden Beifall gerührt. Er schreibt an Minna:

Man will mir das Fortgehen schwer machen. — Es war eine ungeheure Demonstration *gegen die Times und die anderen Kritiker. Und das ist* noch nicht vorgefallen; *so* selbständig *hat sich das Publikum und das Orchester noch nie gezeigt. — Somit gehe ich dann doch wirklich als Sieger, und sehr gefeiert von London fort.*

Beim Abschiedsbankett ist der engere Freundeskreis zugegen, dem der Geiger Sainton, der Pianist Klindworth, beide hervorragende, berühmte Künstler, Praeger und Lüders, zwei aus Deutschland stammende Verehrer, und — Berlioz angehören. Es ist noch keine zehn Tage her, daß er über ihn an Minna geschrieben hatte:

Übrigens fehlt ihm doch alle Tiefe. Jetzt aber findet er: *Er ist doch ein liebenswürdiger — nur sehr unglücklicher Mensch.*

Auch Liszt teilt er voller Freude mit: ...*er wurde mir ein ganz anderer, als er mir früher war; wir fanden uns plötzlich aufrichtig als Leidensgefährten, und ich kam mir glücklicher vor als Berlioz.*

Am 27. Juni verläßt Wagner London — mit nur tausend

Frank reinem Nutzen, doch der inneren Befriedigung, wenigstens einen Teil seiner Werke gehört zu haben.

Am 30. Juni trifft er in Zürich ein.

Im Sommer erholt sich Wagner in Sankt Moritz und Seelisberg. Er beschäftigt sich mit der Geschichte des Buddhismus und skizziert auf Grund indischer Sagen den Entwurf zu der Oper „Die Sieger". Er arbeitet ein wenig am Text des „Tristan" und an der Instrumentierung der „Walküre" — aber ziemlich lustlos. Er erkrankt an Gesichtsrose.

Am 31. August an Klindworth:

Sie glauben nicht, welche Strafe es mir war, diese alberne Einladung angenommen zu haben... Meine Arbeiten haben am meisten darunter gelitten. ...Weiß Gott, ich habe in London alles Gedächtniss für meine Konzeptionen verloren!!

Herbst. Die Arbeit geht nur langsam vonstatten. Selbst Liszts geplanten Besuch wehrt er ab, um ihn mit der bereits vollendeten „Walküre" empfangen zu können. — Um diese Zeit gibt er dem dritten und vierten Teil seiner Tetralogie die endgültigen Titel „Siegfried" und „Götterdämmerung".

1856

Am 7. Januar findet in Berlin die Aufführung des „Tannhäuser" statt. „Vortreffliche Vorstellung. Wundervolle Inscenirung — Entschiedener Beifall", läßt ihm Liszt sagen, der sich zusammen mit Bülow um die Vorbereitungsarbeiten bemüht hat.

18. Januar. Wagner findet einen verläßlichen Kopisten,

der gegen geringes Entgelt bereit ist, ihm die mühselige, nervenzerreibende Arbeit der Reinschrift abzunehmen.

An Liszt, den er vor kurzem um Geld gebeten hat:

...kannst Du mir die fraglichen tausend Francs besser noch schenken? und wäre es Dir möglich mir für die nächst folgenden zwei Jahre jedesmals wieder einen jährlichen Zuschuß von der gleichen Höhe zu legiren?

Ende März. Die sehnsüchtig erwartete Antwort trifft ein: Im Mai kann Liszt die gewünschten tausend Frank Wagner zur Verfügung stellen. Die Last einer regelmäßigen Jahresrente kann er nicht auf sich nehmen, da er seine drei Kinder und seine Mutter erhalten muß. — Wagner vollendet die Partitur der „Walküre".

13. April. Wagner beschäftigt sich wieder mit dem Gedanken an ein Gnadengesuch, um aber sein Vorhaben nicht publik werden zu lassen, möchte er es mündlich von Liszt vorbringen lassen: *...ich bin bereit einzugestehen, daß ich mir selbst jetzt als damals im Irrthum befangen und von Leidenschaft hingerissen erscheine, wenn gleich ich mir bewußt wäre, nicht eigentliche, dem richterlichen Spruche zuzuweisende Verbrechen begangen zu haben, so daß es mir schwer fallen müßte, ein solches einzugestehen; was mein Verhalten für die Zukunft beträfe so wäre ich aber erbötig, jede verlangte bindende Erklärung deshalb zu thun, insofern ich nur meine innere, geläuterte und berichtigte Ansicht kundzugeben hätte, die mir die Dinge dieser Welt gegenwärtig in einem Lichte zeigt, in welchem ich sie früher nicht sah, und mich in jeder Hinsicht einzig auf meine Kunst, nimmermehr aber auf irgend ein Feld der politischen Speculation weist.*

Liszt ist bereit zu intervenieren, doch muß Wagner das Gesuch schriftlich einreichen.

155

Am 22. Mai trifft als „Geburtstagsüberraschung" der Sänger Tichatschek in Zürich ein. Er erfreut den Verbannten mit Nachrichten aus der Heimat und einigen Teilen aus dem „Lohengrin", die er ihm vorsingt.

Am 10. Juni fährt Wagner nach Mornex, um seine erneut ausgebrochene Gesichtsrose behandeln zu lassen. Selbst in dem nahe des Mont Blanc gelegenen prachtvollen Kurort findet er keine Ruhe, denn die beiden neuen Themen, der „Tristan" und „Die Sieger" (nach einer buddhistischen Legende) bedrängen ihn immer stärker. Der „Siegfried", der in zunehmendem Maße zur langweiligen Pflicht wird, steht den neuen Themen im Wege.

Um den 20. Juli. Während der langsam fortschreitenden Genesung findet Wagner heraus, was ihm zum schnelleren Komponieren verhelfen könnte:

. . . ein kleines Haus für mich allein, dazu ein Garten, und beides entfernt von allem Geräusch — vielleicht könnte Wesendonk diesen Wunsch befriedigen. Mit einem anderen wendet er sich an Liszt:

Da habe ich einen göttlichen Einfall! — Du mußt mir einen Érard'schen Flügel verschaffen!!! — Schreib' an die Wittwe. (Liszt ist nämlich mit der Familie des Pariser Klavierfabrikanten gut bekannt.)

Das dritte und höchste Verlangen: Für die folgenden Jahre seinen Unterhalt sichergestellt zu wissen. Wagner bietet Breitkopf & Härtel seine Nibelungen-Tetralogie zur Herausgabe an und fordert dafür zehntausend Goldtaler. Der Verleger hält aber das Unternehmen für riskant, und der Vertrag kommt nicht zustande.

1. September. Nach einer mehr als zweimonatigen Erholung

meldet sich Wagner wieder aus Zürich bei Wesendonk, der sich bereit erklärt, Opfer für ihn zu bringen:

Sie wollen mir nun entre nous nach Kräften Musikalien-Verleger und Fürsten ersetzen? Ach Gott, wenn ich in Ihrer Lage wäre und es vermöchte, würde ich gewiß ganz dasselbe thun, denn Geben ist seliger als Nehmen... Käme es dazu, daß Sie Ihre Absicht mit mir ganz ausführen könnten, so dürften Sie, wenn ich je in der Geschichte der Kunst eine Rolle spielen sollte, wahrlich keine geringe Stelle ebenfalls einnehmen, und diese Ihnen mit Energie und aller Rückhaltslosigkeit zu wahren, sollte mir eine wahre Herzensgenugthuung sein. Haben Sie Lust, sich mit mir so hoch zu stellen?

22. September. Wagner beginnt mit der Vertonung des „Siegfried".

Anfang Oktober ist Richards Schwester Klara bei Wagners zu Gast.

Unserem Hause gegenüber hatte sich neuerdings ein Blechschmied einquartiert und betäubte meine Ohren den ganzen Tag über mit seinem weitschallenden Gehämmer. ...Gerade mein Zorn über den Blechschmied gab mir jedoch in einem aufgeregten Augenblicke das Motiv zu Siegfrieds Wutausbruch gegen den „Stümperschmied" Mime ein: ich spielte sogleich meiner Schwester das kindisch zankende Polterthema in g-Moll vor und sang wütend die Worte dazu, worüber wir alle so lachen mußten, daß ich beschloß, für diesmal noch fortzufahren.

Am 13. Oktober trifft Liszt in Begleitung der Fürstin Wittgenstein und deren Tochter auf einen sechswöchigen Besuch in Zürich ein. Wagner muß also das Komponieren unterbrechen, wird aber dafür durch musikalische Erlebnisse reichlich entschädigt: *Es war als ob Zürich mit einem Male eine Art von Weltstadt geworden wäre...*

Die Fürstin versammelt Gelehrte und Professoren um sich; ein Empfang folgt dem andern.

22. Oktober. Einen Höhepunkt erreichen die Feiern am Geburtstage Liszts. Abends werden vor einer vornehmen Zuhörerschaft im großen Saal des Hotel Baur der erste Akt und die erste Szene des zweiten Aktes der „Walküre" vorgetragen. Es singen: Frau Heim und Richard Wagner, am Flügel begleitet Franz Liszt...

Am 23. November geben die beiden Meister ein gemeinsames Konzert in St. Gallen. Wagner dirigiert Beethovens „Eroica", Liszt von seinen symphonischen Dichtungen den „Orpheus" und „Les Préludes".

29. November. Zwei Tage, nachdem Wagner seine Gäste, deren nächstes Reiseziel München ist, bis zur schweizerischen Grenze am Bodensee begleitet hatte, schreibt er an Bülow:

Wir haben viel zusammen erlebt, doch würde unser Zusammensein noch ergiebiger gewesen sein, wenn nicht einerseits Kranksein, andererseits die entsetzliche Professoren-Sucht der Fürstin uns etwas empfindlich gestört hätten.

16. Dezember. Wagner nimmt die unterbrochene Vertonung des „Siegfried" wieder auf. Mitten in der Arbeit an Liszt:

Deine Freundschaft ist das wichtigste und bedeutsamste Ereignis meines Lebens. ...künstlerische Anregung... kann mir die ganze musikalische Welt nicht geben: Du einzig kannst es.

Um mehr mit ihm beisammen sein zu können, drängt Wagner von neuem auf Einladung und Jahresrente des Weimarer Hofes. ...*Müßtest Du Dir auch hierfür zu viel vergeben, so bliebe mir nichts übrig, als die Nibelungen aufzugeben, und dafür ein einfaches Werk — wie den Tristan — vorzunehmen,*

das mir den Vortheil gewährt, es vermutlich schnell auf die Theater
zu bringen, und dadurch mir Honorare zu verschaffen...

Am 22. *Dezember* an Wesendonk:

...ich kann mich nicht mehr für den Siegfried stimmen und mein
musikalisches Empfinden schweift schon weit darüber hinaus, da wo
meine Stimmung hinpaßt: in das Reich der Schwermut.

1857

8. Februar. Unlust und schlechter Gesundheitszustand
vermögen Wagner von seinem mutigen Kampf mit der
Materie nicht abzubringen. Über das Ergebnis berichtet er
Liszt:

Ich bin mit der Composition meines ersten Actes fertig geworden,
und denke ihn, so bald ich mich etwas erholt habe, noch zu instrumen-
tieren, so lange ich in meiner gegenwärtigen Wohnung bleibe.
An die Wiederaufnahme der Composition kann ich hier aber nicht
mehr denken; ich habe in der letzten Zeit durch die — musikalische
und unmusikalische — Unruhe meiner Wohnung zu sehr gelitten.

Liszt sendet eine neue Serie seiner symphonischen Dichtungen, welche Wagner auf Wunsch der Fürstin Wittgenstein
in den Spalten der NEUEN ZEITSCHRIFT FÜR MUSIK in
Form eines offenen Briefes würdigt. Er schreibt lobend über
die künstlerische Tat — im allgemeinen: die Auflösung der
Form und das dichterische Programm in der symphonischen
Musik. Die Fürstin findet, daß im Vergleich zu Liszts über
die Werke seines Freundes geschriebenen Artikel, die voller
begeisterten und konkreten Lobes sind, diese Schrift etwas
zurückhaltend und abstrakt theoretisch ist... Überschweng-

159

liche Worte hat er jetzt für Wesendonk übrig, der für das Ehepaar Wagner in der Umgebung Zürichs eine kleine Villa mit Garten gekauft hat: *...eine so gründlich fördernde Macht der Freundschaft ist eben noch nie in mein Leben eingetreten... Wie mit einem Zauberschlage ist plötzlich Alles um mich her anders: alles Schwanken hat einEnde: ich weiß, wo ich nun hingehöre... O Kinder! Ihr sollt dafür mit mir zufrieden sein... Denn für dieses Leben gehöre ich Euch...*

Am 28. April ziehen Wagner und Minna in die ihnen zur Erbpacht angebotene Villa ein. Wagner benennt das zur Gemeinde Enge gehörige Heim am grünen Hügel „Asyl".

...am Karfreitag erwachte ich zum ersten Male in diesem Hause bei vollem Sonnenschein: das Gärtchen war ergrünt, die Vögel sangen, und endlich konnte ich mich auf die Zinne des Häuschens setzen, um der langersehnten, verheißungsvollen Stille mich zu erfreuen. Hiervon erfüllt, sagte ich mir plötzlich, daß heute ja „Karfreitag" sei, und entsann mich, wie bedeutungsvoll diese Mahnung mir schon einmal in Wolframs „Parzival" aufgefallen war. Seit jenem Aufenthalte in Marienbad, wo ich die „Meistersinger" und „Lohengrin" konzipierte, hatte ich mich nie wieder mit jenem Gedichte beschäftigt; jetzt trat sein idealer Gehalt in überwältigender Form an mich heran, und von dem Karfreitagsgedanken aus konzipierte ich schnell ein ganzes Drama, welches ich in drei Akte geteilt, sofort mit wenigen Zügen flüchtig skizzierte.

Am 8. Mai an Liszt:
...ich verlasse nun mein hübsches Asyl nicht eher... als bis Siegfried mit Brünnhild vollkommen in Ordnung gekommen ist.

Wagner beginnt mit der Vertonung des zweiten Akts. — Inzwischen läßt der Kaiser von Brasilien auf dem Weg über sein Leipziger Konsulat anfragen, ob Wagner die Aufführungen seiner Opern in Rio de Janeiro übernehmen würde. Vor allem käme ein einfacheres, leicht ins Italienische übertragbares Werk in Frage; und Wagner denkt — an den „Tristan". Ein guter alter Freund aus Dresden, Eduard Devrient, meldet sich jetzt aus Karlsruhe als neuer Direktor des Hoftheaters, daß er bereit sei, ein weniger problematisches, leicht einstudierbares neues Werk aufzuführen. Wagner denkt wieder an „Tristan". Und als sein Plan, die Nibelungen-Dramen von der Firma Breitkopf & Härtel herausgeben zu lassen, endgültig scheitert, denkt er abermals an dasselbe Werk...

Am 28. Juni an Liszt:

Ich habe meinen jungen Siegfried noch in die schöne Waldeinsamkeit geleitet; dort hab' ich ihn unter der Linde gelassen und mit herzlichen Thränen von ihm Abschied genommen: — er ist dort besser dran, als anderswo... Ich habe den Plan gefaßt, Tristan und Isolde in geringen, die Aufführung erleichternden Dimensionen sofort auszuführen... das hoffe ich wohl annehmen zu dürfen, daß ein durchaus praktibles Opus — wie der Tristan werden wird — mir bald und schnell gute Revenuen abwerfen und für einige Zeit mich flott erhalten wird... Ob nur dann meine Nibelungen wieder ankommen, kann ich allerdings nicht voraus sehen: diess hängt von Stimmungen ab, über die ich nicht gebieten kann. Für diesmal habe ich mir Zwang angethan; ich habe mitten in der besten Stimmung den Siegfried mir vom Herzen gerissen und wie einen lebendig Begrabenen unter Schloß und Riegel gelegt. Dort will ich ihn halten, und keiner soll etwas davon zu sehen bekommen, da ich ihn mir selbst verschließen muß. Nun, vielleicht bekommt ihm der Schlaf gut; für sein Erwachen bestimme ich aber nichts. Es hat mich einen harten, bösen Kampf gekostet, ehe ich so weit kam!

Juli. Wagner öffnet das Schloß und erweckt den Schlaf-geweihten: Er arbeitet wieder am „Siegfried".

9. August. Nachdem der zweite Akt beendigt ist, legt Wag-ner den Ring tatsächlich beiseite. Das Aufhören ist schwerer als das Beginnen war, noch schwerer aber wird es sein, das fühlt er, später die Arbeit wieder aufzunehmen.

20. August. Er macht sich an die Ausarbeitung des „Tristan".

22. August. Auch das Ehepaar Wesendonk verläßt die Stadt Zürich und zieht in eine benachbarte Villa am „grünen Hügel" ein.

Anfang September. Bülow, Liszts treuer Schüler und Wag-ners begeisterer Verehrer, trifft mit seiner jungen Gattin, Cosima Liszt, zu einem vierwöchigen Besuch im Garten-haus ein. Sie sind auf der Hochzeitsreise.

18. September. In der Wesendonk-Villa liest Wagner einem engen Freundeskreis seine eben beendete Tristan-Dichtung vor. Minna, Mathilde und Cosima sind anwesend: Vergan-genheit, Gegenwart und Zukunft. Aus den Worten der teils unterdrückten, teils himmelstürmenden Leidenschaft hört Minna nur heraus, daß dieses Bekenntnis nicht ihr gilt. Cosimas leicht empfängliches Gemüt ist von Ahnungen erfüllt, ein Schluchzen schnürt ihr die Kehle zu. Mathildes Seele aber schwingt mit den feurigen Worten mit. Es wäre zwecklos, nachzuforschen, ob der „Tristan" nur die künst-lerische Erfüllung eines im Leben unterdrückten Gefühls-sturms ist, oder ob er getreu die Wirklichkeit widerspiegelt. So viel ist sicher, daß eine mit so elementarer Kraft darge-stellte Leidenschaft unbedingt selbst erlebt werden mußte.

November — Dezember. Es entsteht der erste Akt des „Tri-

stan" und gleichzeitig komponiert Wagner auch einige
Lieder — auf Verse von Mathilde Wesendonk. Schon die
bloße Tatsache, daß Wagner imstande war, den Text von
jemand anderem zu vertonen, ist ein Zeichen von tiefem
Einverständnis zwischen ihm und Mathilde. Ihre Gedichte
sind ein „milder Abglanz" seiner Lyrik, die Musik aber ist
eine Ausstrahlung des „Tristan". Zwei von ihnen — „Träume" und das spätere „Im Treibhaus" tragen die Bezeich-
nung „Studien zu Tristan und Isolde", doch gilt das gleiche
auch für die übrigen Stücke der gemeinsamen Bekenntnisse.
Der Zyklus stellt einen kurzen Ausflug aus dem Reich des
„Tristan" und des Rings dar, zeigt aber deutlich, daß sein
Urheber auch in der Kunstgattung des deutschen Lieds
zu Hause ist, in der er sich noch kaum vorher versucht
hatte. Als ob die Aussage mit der Beschränkung auf die
kleinste Form an Tiefe zugenommen hätte.

1858

14. Januar. Mit der fertig skizzierten Partitur des ersten
Akts von „Tristan" reist Wagner nach Paris.

16. Januar. In der französischen Hauptstadt trifft er eine
höchst erregte Atmosphäre an: gerade tags zuvor wurde
gegen Napoleon III. ein Attentat verübt und der Täter,
Orsini, in demselben Hotel gefangengenommen, in dem
auch Wagner logieren wollte.

Am 28. Januar an Minna (seine Verhandlungen zusam-
menfassend):

. . . ziemlich wahrscheinliche Aussicht nächsten Winter zwei

Opern von mir — Tannhäuser (auf der großen Oper) und Rienzi (Théâtre Lyrique), bei vollen Tantièmen, aufgeführt zu sehen.

2. Februar. Nach der Witwe von Hérold gibt nun Mme Érard einen Empfang zu Ehren Wagners. Ollivier, Blandine Liszts Gatte — ein ausgezeichneter Anwalt —, steht Wagner mit Ratschlägen und Verbindungen bei.

6. Februar. Nach Zürich zurückgekehrt, unterschreibt Wagner einen Vertrag mit der Firma Breitkopf & Härtel über die Herausgabe des „Tristan", beginnt aber vorderhand noch nicht zu komponieren. Er sammelt Kräfte für den zweiten Akt und liest viel. Nach Walter Scott interessieren ihn nun vor allem Calderon, Lope de Vega und Cervantes. Er vertont ein neues Gedicht von Mathilde.

31. März. Wagner gibt in der Wesendonk-Villa — wo er täglicher Gast ist — zu Ottos Geburtstag in vertrautem Kreise ein Beethoven-Konzert. — Die abendlichen Besuche werden ihm zur Lebensnotwendigkeit. Zumeist steht er im Mittelpunkt der sich auf hohem Niveau bewegenden Diskussionen, ob es sich nun um musikalische, literarische oder auch um philosophische Probleme handelt. Minna schweigt meistens. Manchmal kommt sie auch nicht mit zu den Nachbarn. Oft versammelt sich eine größere Gesellschaft bei Wesendonks, ein andermal nur ein enger Kreis von Freunden. Es kommt auch vor, daß Otto wegen seiner Geschäfte abwesend ist. Mathilde und Richard schweben in den überirdischen Regionen der Erhabenheit und sind der Meinung, daß die ihr ganzes Sein erfüllenden Gefühle auch nicht den leisesten Verdacht erregen können. Ob sich ihre Umgebung wohl auch so hoch zu erheben vermag — vor allem eine bestimmte Person!?

7. April. Minna fängt einen an Mathilde gerichteten Brief ihres Mannes ab. Sie öffnet ihn, liest ihn und verlangt von Richard eine Erklärung. Mit verletztem Selbstgefühl erteilt er ihr eine Lehre, es handelt sich um eine am vorherigen Abend stattgefundene Faust-Diskussion, deren tiefen Sinn sie gar nicht begreifen könnte:

...mir ist Goethe ein Naturgeschenk, durch welches ich die Welt erkennen lerne, wie durch wenig andre. Er that was er konnte, und — Ehre ihm! — Aber aus jenem jämmerlichen Faust einen edelsten Menschentypus machen zu wollen?...

Daβ diese ästhetischen Erörterungen nicht von Minna verstanden werden, ist möglich, doch um so besser begreift sie die Abschiedszeilen:

...sehe ich Dein Auge, dann kann ich doch nicht mehr reden, dann wird doch Alles nichtig, was ich sagen könnte! Sieh, dann ist mir alles so unbestreitbar wahr, dann bin ich meiner so sicher, wenn dieses wunderbare, heilige Auge auf mir ruht, und ich mich hinein versenke!...

Vergeblich von Wagner zurückgehalten, geht Minna zu den Wesendonks, um die gewissenlose Frau zur Verantwortung zu ziehen und den ehrbaren, irregeführten Gatten aufzuklären. In ihrer Gedankenwelt wird die komplizierte seelische Beziehung auf die gewohnte, einfache Formel zurückgeführt. Ihr Schritt hat unabsehbare Folgen. Durch den groβen Takt Richards und vor allem Ottos kann zwar ein offener Skandal vermieden werden, aber der Bruch zwischen den beiden Ehepaaren ist unvermeidlich.

Am 15. April begibt sich Minna zur Behandlung ihrer stets zunehmenden Herzbeschwerden in den Kurort Brestenberg. Ihr Gatte bleibt zu Hause und setzt, um den

Schein zu wahren, seine Besuche in der Nachbarvilla fort, bis auch Wesendonks nach Italien abreisen.

Am 17. April an Minna:

Wie geht Dir's in Deiner Verbannung? Du denkst Dir wohl, wie sehr gespannt ich darauf bin, eine Nachricht über Dein Befinden und den Beginn der Kur zu erhalten? Bis ich nichts von Dir weiß, kann ich Dir nun auch gar nichts mehr darüber sagen, als Dir zurufen: Geduld! Geduld! und abermals Geduld!

Am 23. April an Minna:

...hab' Geduld, *und vor allem hab'* Vertrauen!... *Mir ist von der andren Seite her nur ein Vorwurf geworden, nämlich, von je es unterlassen zu haben, Dich von der* Reinheit dieser Beziehungen *zu belehren, so daß es Dir unmöglich gewesen sein würde, die betreffende Frau so zu beleidigen. Diese Vorwürfe sind mir von dem Manne gemacht worden, von ihm der von je genau in das Vertrauen seiner Frau gezogen, sich eben stets edel und freundschaftlich gegen mich benehmen konnte, eben,* weil er von der Reinheit unserer *Beziehungen überzeugt war... habe* Vertrauen; *vergiß von dem Vorgefallenen, was Dir unerklärlich zu bleiben scheint, (wie meine vertrauten Ausdrücke in jenem Briefe), und halte Dich einzig an meine heute wiederholten Erklärungen!*

3. Mai. Ein Sonnenstrahl in der Finsternis: Aus Paris trifft der hervorragende Érard-Flügel ein. Wagner entlockt ihm wunderbare „weiche" Nacht-Akkorde — und beginnt den zweiten Akt des „Tristan" in Musik zu setzen.

21. Mai. Das fünfte und zugleich letzte Wesendonk-Lied entsteht, aus ihm spricht das Verlangen des sterbenden Tristan — obwohl der dritte Akt noch in weiter Ferne ist...

22. Mai. Wagner feiert zusammen mit Minna seinen fünfundvierzigsten Geburtstag. Ihr Zustand hat sich trotz der

166

kraftvollen Heilmethode nicht sehr gebessert. Man behandelt ihre Herzbeschwerden mit kalter Dusche und Kaltwasserwickeln, als Schlafmittel bekommt sie Opium.

Ende Mai. Nach der sechswöchigen Behandlung wird zum ersten Mal über die Zukunft gesprochen, wie es nun weitergehen soll? Wagner ist der Ansicht, daß sie das „Asyl" aufgeben müssen, da die Nachbarschaft den beiden Frauen und ihnen allen nur neue Peinlichkeiten bringen würde. Er faßt den Entschluß, seine Besuche in der nahen Villa fortan zu unterlassen. Seine Frau solle zu ihren Verwandten nach Deutschland zurückkehren. Und erhalte er endlich die Amnestie, werde auch er mit Minna reisen. Minna schreckt vor dem Gedanken einer Scheidung zurück, sie wird von bösen Vorahnungen geplagt.

Um den 24. Juni sucht Wagner in Luzern den aus Italien heimreisenden Großherzog von Weimar auf. In bezug auf Wagners Gnadengesuch macht ihm sein Gönner keine allzu großen Hoffnungen.

Am 1. Juli beendet Wagner die Instrumentierung des 1. Aktes von „Tristan".

Am 2. Juli an Liszt:

Von dem Tristan habe ich nun den zweiten Akt skizziert; wie er mir geräth, will ich nun bei der Ausarbeitung sehen... Meine Frau soll nun auch in 14 Tagen ihre (dann vierteljährige) Kur beenden, und zurückkehren. Die Sorge um sie war schrecklich: während zweier Monate mußte ich eigentlich täglich auf ihre Todesnachricht gefaßt sein.

Am 6. Juli an Mathilde:

Die ungeheuren Kämpfe, die wir bestanden, wie könnten sie enden, als mit dem Siege über jedes Wünschen und Begehren? Wußten wir nicht in den wärmsten Augenblicken der Annäherung, daß dies unser Ziel sei? — Gewiß! Nur weil es so unerhört und schwierig, war es eben nur nach den härtesten Kämpfen zu erreichen...

Als ich vor einem Monate Deinem Manne meinen Entschluß kundgab, den persönlichen Umgang mit Euch abzubrechen, hatte ich Dir — entsagt. Doch war ich hierin noch nicht ganz rein. Ich fühlte eben nur, daß nur eine vollständige Trennung, oder — eine vollständige Vereinigung unsre Liebe vor den schrecklichen Berührungen sichern konnte, denen wir sie in den letzten Zeiten ausgesetzt gesehen hatten... Alles um mich atmete Todesduft... Zur äußersten Schonung gegen die Unglückliche angehalten, mußte ich dennoch den Entschluß zur Zerstörung unsres soeben erst gegründeten letzten häuslichen Herdes fassen, und, zu ihrer größten Bestürzung, ihr diesen endlich mitteilen. — ...Von hier fortgehen, ist gleichbedeutend für mich mit — untergehen!

Ich kann nun, mit diesen Wunden im Herzen, mir keine Heimat wieder zu gründen versuchen! — Mein Kind, ich kann mir nur noch ein Heil denken, und dies kann nur aus der innersten Tiefe des Herzens, nicht aber aus irgendeiner äußeren Veranstaltung kommen. Es heißt: Ruhe! Ruhe der Sehnsucht! Stillung jedem Begehren! Edle, würdige Überwindung! Leben für andre — zum Troste für uns selbst! Du kennst jetzt die ganze ernste, entscheidende Stimmung meiner Seele; sie bezieht sich auf meine ganze Lebensanschauung, auf alle Zukunft, auf alles, was mir nahesteht, und so auch auf Dich, die Du mir das Teuerste bist!

15. Juli. Minna kehrt in das „Asyl" zurück, um den Haushalt aufzulösen. — Vorläufig aber wird die Gastfreundschaft des Ehepaars Wagner auf die Probe gestellt, ein Besuch gibt dem andern die Klinke in die Hand: Es erscheinen der Dresdner Tenorist Tichatschek, Liszts Schüler, das Wunderkind

Tausig, Klindworth, der treue Verfasser der Klavierauszüge, Esser, Kapellmeister der geplanten Wiener „Lohengrin"-Aufführung, das Sängerbrautpaar Niemann-Seebach und schließlich Hans und Cosima von Bülow. Nur der am sehnlichsten Herbeigewünschte kommt nicht: Liszt, der bei den Feiern anläßlich des dreihundertjährigen Bestehens der Jenaer Universität verschiedene Werke, unter anderen auch ein eigenes, dirigiert. — Inzwischen macht die Instrumentation des zweiten Aktes von „Tristan" Fortschritte, wenn auch keine sehr großen.

17. August. Einen Tag nach der Abreise des letzten Gastes und drei Tage vor Liszts angekündigtem Besuch verläßt Wagner für immer das kleine Gartenhaus, das er sich noch vor kaum sechzehn Monaten als ein Asyl fürs ganze Leben gedacht hat. Er nimmt von Mathilde Abschied: *Lebwohl! Lebwohl, Du Liebe! Ich scheide mit Ruhe. Wo ich sei, werde ich nun ganz Dein sein. Suche mir das Asyl zu erhalten. Auf Wiedersehen! Auf Wiedersehen! Du liebe Seele meiner Seele! Leb' wohl — auf Wiedersehen!* In Genf ruht er sich eine Woche von den erlittenen Aufregungen aus. Er plant eine Italienreise.

Am 19. August an Minna:

. . . was ich in diesem Jahre gelitten und gekämpft habe, um Ruhe für meine Lebensaufgabe zu gewinnen. Es war umsonst. . . Du mein liebes Kind, machst es Dir leicht: Du hilfst Dir mit Vorwürfen, erkennst nur Dein Unglück. Ich bin gerechter: ich mache Niemand Vorwürfe, und — wahrlich auch Dir nicht. . . . laß uns jetzt in Frieden und Versöhnung scheiden, damit ein Jeder eine Zeitlang seinen Weg gehe, auf dem er Beruhigung und Sammlung neuer Lebenskraft gewinne. Für mich ist jetzt die Einsamkeit, die Entfernung von jedem Umgang ein unbedingtes Lebensbedürfniss. . .

20. August. Seiner Schwester Clara, die zu Minna hält, erklärt Wagner die Sache ausführlicher:

Minna ist unfähig zu begreifen, welche unglückliche Ehe wir von jeher geführt haben; sie bildet sich das Vergangene alles anders ein, als es war... ich kann diese ewige Zänkerei und mißtrauische Laune nicht mehr um mich dulden, wenn ich noch meine Lebensaufgabe mutig erfüllen soll... Doch entschuldige ich sie mit ihrer Krankheit... ich möchte ihr so wenig wie möglich wehe tun, denn endlich dauert sie mich doch immer sehr! Nur fühle ich mich fortan unfähig, es an ihrer Seite auszuhalten; auch ihr kann ich dadurch nicht nützen: ich werde ihr immer unbegreiflich und ein Gegenstand des Argwohns sein. Somit — getrennt! Aber, in Güte und Liebe! Ich will nicht ihre Schmach... Denn unglücklich ist sie doch; mit einem geringeren Manne wäre sie glücklicher gewesen.

24. August. Für Mathilde zeichnet Wagner in seinem Tagebuch auf:

Gestern fühlte ich mich tief elend. Warum noch leben? Warum leben? Ist es Feigheit — oder Mut?... Morgen reise ich nun gerade nach Venedig...

Am 29. August trifft Wagner in Venedig ein. Er steigt in dem am Canale Grande gelegenen Palazzo Giustiniani ab.

Am 3. September schreibt er in Mathildes Tagebuch:

Es kam eine schöne Ruhe und Erhebung in mich... was mich erhob, was bei mir und in mir war, das dauerte: das Glück, von Dir geliebt zu sein!

Diese Zeilen gelangen um vieles später in die Hände der jungen Frau. Den Abschiedsbrief Minnas, die nach der Auflösung ihres Heims nach Deutschland fuhr, kann sie früher lesen: „Mit blutendem Herzen muß ich Ihnen vor meiner Abreise noch sagen, daß es Ihnen gelungen ist, meinen Mann nach beinahe 22jähriger Ehe von mir zu trennen. Möge diese edle That zu Ihrer Beruhigung, zu Ihrem Glück beitragen... Sie hatten mein Vertrauen mißbraucht und einen ganz gewöhnlichen Tratsch daraus gemacht... Sie hetzten meinen Mann wiederholt gegen mich auf und verklagten mich sogar ungerecht und unvorsichtig bei Ihrem guten Mann an."

Am 14. September an Minna:

Mit Venedig habe ich sehr glücklich gewählt... die eigentümliche, melancholisch heitre Ruhe dieses Ortes [fängt an] bei der vollkommenen Zurückgezogenheit, in der ich hier leben kann und will, mich bereits zu stärken und auszuglätten... ich hoffe jedenfalls, den Winter hier zu verweilen. Bis Ende Winters gedenke ich so mit Bestimmtheit den Tristan ganz fertig zu machen.

Seine Tage verlaufen nach einem festgelegten Plan: Vormittags arbeitet er zu Hause, am Nachmittag unternimmt er Spaziergänge oder kleinere Gondelausflüge und speist am Abend in der Gesellschaft Karl Ritters. Manchmal schließt sich ihnen Graf Zichy oder Fürst Dolgoruki an. Sie hören zusammen das Spiel von Militärorchestern, deren eines die „Rienzi"-, das andere die „Tannhäuser"-Ouvertüre vorträgt. Wagner liest noch vor dem Zubettgehen, macht Eintragungen in das Tagebuch — zuweilen an Mathilde gerichtete, auch in ihrer Resignation schwärmerische Bekenntnisse — und schreibt Briefe, vor allem an Minna —, in denen seine bei aller Zuversichtlichkeit pessimistischen Pläne zum Ausdruck kommen. Im Grunde genommen ist beides nur Pose — aufrichtig gemeint ist allein der „Tristan", diese Frucht von Leid und Leidenschaft.

Am 28. September an Minna:

Daß Du Dich in Dresden einrichten willst, gefällt mir sehr...
Dresden ist doch am Ende der einzige Ort, wo ich so zu sagen zu
Hause bin, überall sonst in der Fremde.

6. *Oktober.* Der von den Züricher Gläubigern zurück-
gehaltene, mit Hilfe der Freunde aber doch ausgelöste
Érard-Flügel trifft ein. Als erstes spielt Wagner die Wesendonk-Lieder auf ihm. Innerhalb dreier Tage erhalten sie
ihre bleibende Form in der Reinschrift. Er notiert für Mathilde:

Besseres als diese Lieder, habe ich nie gemacht, und nur sehr we-
niges von meinen Werken wird ihnen zur Seite gestellt werden kön-
nen.

Am 10. Oktober an Minna:
...so wie ich amnestirt bin, geht mein Streben darauf hin, mich
mit Dir... in einer großen Stadt Deutschlands, wenn auch be-
scheiden, niederzulassen, wo es gute und bedeutende Kunstkräfte
giebt...

Am 31. Oktober an Mathilde, die das erste Tagebuchheft
gerade am Todestag ihres Söhnchens erhielt, und als Antwort Wagner ihr eigenes Tagebuch sandte:

Weißt Du denn wirklich noch nicht, wie ich nur von Dir lebe?
...Alles ist Wahn! Alles Selbsttäuschung! Wir sind nicht ge-
macht, uns die Welt einzurichten. O Du lieber, lautrer Engel der
Wahrheit! Sei gesegnet für Deine himmlische Liebe! ...O Him-
mel! mehr als einmal stand ich jetzt hart daran, mich sofort auf-
zumachen, um in Deine Nähe zu kommen. Unterließ es aus Sorge
für mich? Nein, gewiß nicht! Aber aus Sorge — für Deine
Kinder?...

Am 14. November an Minna, die sich über die Unnach-
giebigkeit des Hofes beschwert:

Dresden hat... nur den Zweck, Dir für diesen Winter als Aus-
ruhepunkt, zur Pflege, zur Zerstreuung und Erholung zu bieten,
bis ich selbst wieder nach Deutschland kann, wo wir dann am Ende
doch wohl nicht gut gerade Dresden wählen können... Ich denke
immer, wir lassen uns in Berlin oder Wien nieder... ich bin im Gan-
zen gleichgültig gegen den Ort... — Noch am gleichen Abend
setzt er fort: *...Bin ich bis nächsten Sommer nicht amnestirt,*
so kämst Du schon noch einmal mit Vogel und Hund zu mir, und wir
siedelten uns definitiv in Paris an, von wo ich aber dann nie mehr
fortginge, selbst wenn ich später noch amnestirt würde.

Am 27. *November* an Minna:

Heute erst bekam ich Dein Porträt... es hat einen sehr rührenden
Eindruck auf mich gemacht. Es liegt nun auf meinem Arbeitstisch
neben dem Porträt von meinem Vater Geyer...

15. *Dezember.* Wagner instruiert Minna über seine Absicht, sich an den neuen sächsischen Justizminister zu wenden, und daβ er bereit wäre, sich einer Untersuchung zu
unterziehen — keinesfalls aber einer Haft. Er wünscht also
diesbezüglich Versicherungen zu erhalten, da er sonst nie
wieder nach Deutschland zurückkehren wolle... (Inzwischen bereitet er sich auf eine Reise nach Karlsruhe vor,
wo Devrient im nächsten Herbst den „Tristan" aufführen
will.)

Und nun, wo eigentlich uns niederlassen? In Dresden unter
keiner Bedingung... In einer kleinen Stadt, à la Weimar. Ich hab'
diese kleinen Städte jetzt satt...

25. *Dezember.* Eine neuerliche Anfrage aus Amerika: Ob
Wagner nicht die Aufführungen seiner Opern in New York
übernehmen würde? — An Minna:

Vielleicht benutze ich diesen Antrag auch, um den sächsischen

Justizminister zu erschrecken, und zu erklären, wenn sie mich nicht amnestiren, sehe ich mich genöthigt Europa für immer zu verlassen...

(Dabei weiß er wohl, daß der Antrag nicht ernst gemeint ist, ja er selbst stellt unerfüllbare Bedingungen, da er nicht im leisesten gewillt ist, nach Amerika zu gehen.) — Wirre, unglaubwürdige Pläne — vielleicht will er nur Minna etwas vormachen. Er weiß von Doktor Pusinelli, daß Minnas Herzleiden unheilbar ist, so heckt er ihr zu Gefallen immer neue Pläne aus. — Das einzige, woran er wirklich glaubt, ist der „Tristan". Zwar verzögert sich die Arbeit durch Krankheit, aber, wie er an Mathilde schreibt:

...was wird das für Musik! Ich könnte mein ganzes Leben nur noch an dieser Musik arbeiten. O, es wird tief und schön; ...So etwas habe ich denn doch noch nicht gemacht: aber ich gehe auch ganz in dieser Musik auf. Ich lebe ewig in ihr...

Zur selben Zeit äußert sich auch Minna einer Freundin gegenüber über das Werk: „... der verhängnisvolle Tristan, den ich seines Anlasses wegen gar nicht liebe, scheint nur mit großen Anstrengungen und Unterbrechungen in das Leben gerufen werden [zu] können..."

1859

Am 2. Januar an Liszt:
Ich erkläre, daß, nachdem ich nun schon zehn Jahre mich an das Exil gewöhnt habe, nicht die Amnestirung das Wichtigste für mich ist, sondern die Garantie einer sorgenfreien, für den Rest meines Lebens mir einen behaglichen Zustand sichernden Existenz. .... der

einzige wirkliche Grund meines Jetzt-noch-fort-Lebens liegt ledig-
lich in dem unwiderstehlichen Drange, eine Reihe von Kunstwerken,
die in mir noch Lebenstrieb haben, zu vollenden... Ich kann und
werde nie eine Anstellung, oder was dem irgend gleich käme, anneh-
men. Was ich dagegen beanspruche, ist die Fixierung einer ehrenvollen
und reichlichen Pension, lediglich und einzig zu dem Zweck, un-
gestört und gänzlich unabhängig von äußeren Erfolgen, meine
Kunstwerke schaffen zu können... und nur durch eine Verbindung
mehrerer deutscher Fürsten, denen ich Theilnahme einflößte, kann
diese mir gewährt werden. ...die gewährte Pension ... muß
sich mindestens auf zwei bis drei tausend Thaler belaufen...
Ich frage Dich nun mit entscheidender Bestimmtheit, ob Du die
Initiative hierfür ergreifen willst; ...hast Du Gründe, nicht auf
mein Gesuch einzugehen... so zeige mir das bestimmt und definitiv
sofort an.

Liszt hat seinem Freund verziehen, daß er seine Teilnahme an den Feiern der Jenaer Universität *unglaublich*
trivial genannt hatte, er nahm zur Kenntnis, daß Wagner
von ihm eine immer stärkere Anpassung forderte, für Liszts
eigene Probleme dagegen immer weniger Interesse zeigte.
Er hat sich uneigennützig in Wagners Dienst gestellt, beurteilt
dessen jetzige Lage aber nüchterner als Wagner selbst.
Es ist ihm nicht einmal gelungen, Wagners Rückkehr nach
Deutschland zu erwirken, wie sollte er nun zur regelmäßigen
Unterstützung des Verbannten eine „Verbindung deutscher
Fürsten" zustande bringen? Er teilt Wagner seine Bedenken
mit.

Am 7. Januar an Liszt:

Betrachte ihn als nicht geschrieben und nicht empfangen. — Ich
weiß jetzt, daß Du nicht fähig bist, mit gutem Wissen und Wollen

175

Dich soweit in meine Lage zu versetzen, um diesem Briefe gerecht werden zu können.

Am 25. Januar an Minna:

Der Großherzog von Baden hat... beschlossen, mich ganz auf seine Verantwortung nach Karlsruhe kommen zu lassen und gar nicht erst wieder in Dresden darum anzufragen... Zu einer Untersuchung stelle ich mich unter keiner Bedingung. Doch will ich nun nächstens an den neuen Justizminister schreiben... So wie ich den letzten abschlägigen Bescheid... habe, setze ich meine Petition an den Bundestag auf, und lasse ihn dort durch die Großherzöge von Baden, Weimar u. Coburg, hoffentlich auch den Kaiser von Österreich... vielleicht auch den Prinzen von Preußen befürworten.

Ein neuer Plan: Sich mit Minna Anfang September in Karlsruhe zu treffen — anläßlich der Erstaufführung des „Tristan". Vorläufig aber hält er erst beim Instrumentieren des zweiten Aktes, womit er im winterlichen Venedig nur langsam vorwärtskommt...

Februar. Der schon öfters angekündigte Brief wird nun endlich abgeschickt, wenn auch nicht an den Justizminister, so doch an Intendant Lüttichau. Daß kein Anlaß besteht, sich in Illusionen zu wiegen, stellt sich sehr bald heraus, da sich statt einer Antwort aus Dresden die venezianische Polizei meldet. Die sächsische Regierung will Wagner nicht nur von Deutschland fernhalten, sondern auch aus Venedig, das unter österreichischer Oberhoheit steht, ausweisen lassen. Nur mit Hilfe einer ärztlichen Bescheinigung des österreichischen Generalgouverneurs der Lombardei darf er noch ein paar Monate dort bleiben.

23. Februar. Sich an der harten Wirklichkeit stoßend,

findet Wagner Liszt gegenüber einen versöhnlichen Ton:

Ich weiß, daß ich mich zuviel gehen lasse, und auf die Geduld Anderer unerlaubt viel zähle... in Deiner Verletztheit erkannte ich meine Häßlichkeit...

Am 2. März an Mathilde, die er seit einiger Zeit wieder mit „Sie" anredet. (In seinen Briefen wechseln Gefühlsausbrüche und Ästhetisieren miteinander ab.)

Dann trieb ich viel Philosophie, und bin darin auf große, meinen Freund Schopenhauer ergänzende und berichtigende Resultate gelangt... Der Parzival hat mich viel beschäftigt... Ich begreife nur gar nicht, wie lange ich noch leben soll, wenn ich all' meine Pläne noch einmal ausführen soll.

18. März. Die Instrumentation des zweiten Akts vom „Tristan" ist fertig. Mit dem dritten beginnt Wagner erst gar nicht, da er ihn ungestört in einem Zuge schreiben möchte. Dafür aber besteht in Venedig nicht die geringste Aussicht. Nicht nur der Schritt der sächsischen Regierung beunruhigt ihn — ganz Italien ist voller Unruhe. Es geht um den Kampf für die Schaffung eines einheitlichen, freien und unabhängigen Italien. Cavour, dem Ministerpräsidenten des Königs von Sardinien und Piemonte, gelang es durch seine geschickte Politik, auch die Unterstützung der Franzosen zu erwerben, und an der Spitze der Freiheitskämpfer steht Garibaldi. Den österreichischen Unterdrückern brennt der Boden unter den Füßen. Schon aus diesen Gründen flüchtet Wagner aus Venedig. Das esoterische Weltbild des „Tristan" hat die Perspektive eines aktuellen historischen Freskos nicht nötig.

Am 24. März kehrt Wagner über Mailand in die Schweiz zurück.

Am 30. März an Minna aus Luzern:

So bin ich denn nun wieder an meinem Lieblingssee...

Im Schweizerhof findet er glänzende Unterkunft mit Ausblick auf den Vierwaldstätter See. Bevor er zu komponieren anfängt, besucht er in Zürich das Ehepaar Wesendonk.

Am 4. April nach Luzern zurückgekehrt an Mathilde:

Der Traum des Wiedersehens ist nun geträumt... Es ist mir, als ob ich Dich eigentlich gar nicht deutlich gesehen hätte; dichte Nebel lagen zwischen uns, durch die kaum der Klang der Stimme drang... Wo wir sind, sehen wir uns nicht; nur, wo wir nicht sind, da weilt unser Blick auf uns...

Am 10. April an Mathilde:

... nur weil es für uns keine Trennung giebt, konnten wir dieses Wiedersehen begehen! ... Der Dritte Akt ist begonnen...

In den weiteren Briefen nehmen in ruhigerem oder lebhafterem Tone gehaltene Arbeitsberichte den Platz der lyrischen Ergüsse ein.

Kind! Dieser Tristan wird was Furchtbares! Dieser letzte Akt! — — — Ich fürchte, die Oper wird verboten — falls durch schlechte Aufführung nicht das ganze parodiert wird — : nur mittelmäßige Aufführungen können mich retten! Vollständig gute müssen die Leute verrückt machen — ich kann mir's nicht anders denken.

14. April. Der erste Schwung verebbt; in den Arbeitspausen faßt Wagner die Resultate für Minna zusammen, um die kränkelnde Frau seelisch zu stärken:

Nächsten November, wo ich also auch den Tristan ganz vollendet haben werde, sind es sechs Jahr, daß ich wieder zu componiren begann. In diesen 6 Jahren habe ich demnach vier, sage vier große Opern geschrieben, von denen eine einzige genügen würde, ihrem Reichthum, Tiefe und Neuheit nach, die Arbeit von 6 Jahren zu sein;

178

gegen diese Werke sind, was Fülle und Interessantheit des ganzen Details betrifft, meine früheren Opern flüchtige Skizzen... Aber ich fühle mich auch — müde, sehr müde...

Am 30. April an Mathilde (nach einem neuerlichen kurzen Besuch in Zürich und dem Sieg der italienisch-französischen Truppen über die Österreicher):

Denken Sie sich, daß ich allen Patriotismus zu verlieren fürchte, und mich heimlich freuen könnte, wenn die Deutschen wieder tüchtige Schläge bekämen. Der Bonapartismus ist ein accutes [sic!], *vorübergehendes Leiden für die Welt, — die deutsch-österreichische Reaction aber ein chronisches, dauerndes.*

Am 8. Mai an Liszt:

Übrigens bin ich begierig, wie es mit meiner projektirten Über-siedlung nach Paris wird. Es ist doch schrecklich unpatriotisch, sich mitten im Hauptnest des Feindes der germanischen Nation es behag-lich machen zu wollen. Die guten Deutschen sollten wirklich etwas thun, um ihrem germanischesten aller germanischen Opernkomponi-sten diese gräßliche Prüfung zu ersparen.

Den Karlsruher Plan muß Wagner indessen aufgeben, und auch seine Amerikareise fällt endgültig ins Wasser.

Juni. Sich manchmal abquälend, ein andermal frohlok-kend, komponiert Wagner den dritten Akt. Auf ärztlichen Rat unternimmt er jeden Morgen Spaziergänge oder — reitet. Er macht einen Ausflug auf den Rigi, wo ihn für den Regen der fröhliche Ton des Alphorns entschädigt; aus diesem entsteht später das Motiv, das die Ankunft von Isoldens Schiff anzeigt.

Am 9. Juli an Minna:

...wir haben... ja heute eine Friedensnachricht: die beiden Kaiserchen haben vorläufig Waffenstillstand geschlossen... der

Friede wird dem Tristan vortrefflich zu statten kommen! Mit der Arbeit geht's hübsch vorwärts: Tristan hat heute zum letzten Mal mit dem Munde gewackelt; bis Ende des Monats soll denke ich auch Isolde untergebracht sein.

Tatsächlich kommt der Friede von Villafranca, auf den Wagner seiner Pariser Pläne wegen große Hoffnungen setzte, zustande, doch nicht zur Zufriedenheit der Italiener, da die Lombardei zwar frei wird, Venedig aber unter österreichischer Oberhoheit bleibt. Die Enttäuschung wird durch die Stellungnahme der mittelitalienischen Provinzen gemildert, denn Toscana, Emilia, Parma und Modena schließen sich durch Volksabstimmung dem italienischen Königreich an. — Wagner empfängt in Luzern Besuche: Zuerst erscheint Wesendonk, dann der begabte Lisztschüler Felix Draeseke und schließlich der hervorragende russische Komponist und Kritiker A. N. Serow.

Am 6. August an Minna:

Soeben — 1/2 5 Uhr — liebste Minna, habe ich die letzte Note am Tristan geschrieben! — Ruhe er sanft und sie auch! ... Jetzt werde ich allmählich aufatmen und in's Leben schauen, was da für uns zu thun ist!

Am gleichen Tag — mit zehnjähriger Verspätung! — findet die Dresdner Erstaufführung des „Lohengrin" statt.

7. September. Die dringendste Aufgabe: Geld zu beschaffen. Wagner unternimmt einen viertägigen Besuch in Zürich. Wesendonk ist gerne bereit, ihm eine größere Summe zu leihen, Wagner aber trägt ihm statt dessen ein Geschäft an, indem er zu Ottos Gunsten auf sein Publikationsrecht der Nibelungen-Dramen verzichtet und sich selbst nur das Recht auf die Aufführungshonorare vorbehält. Otto soll

180

ihm dagegen für jede der Opern sechstausend Frank zahlen. Otto ist es gleich, unter welchem Titel er Wagner das Geld gibt, und die Vereinbarung kommt zustande.

11. September. Die zweite Aufgabe besteht darin, die französische Fassung seiner Werke zurechtzufeilen, bevor er ihre Aufführung in Paris betreibt. Wagner trifft in der französischen Hauptstadt ein und setzt sich in eine fieberhafte Tätigkeit. Das Schicksal des „Rienzi" ist bald entschieden, das Thema ist nicht aktuell, seine Aufführung kommt nicht in Frage. Die Aussichten für den „Tannhäuser" sind besser.

Am 2. Oktober an Minna:

So gegen 15. Januar denke ich wird hier Tannhäuser zur Aufführung kommen: ... Auf großen Erfolg glaube ich rechnen zu dürfen.

Wagner mietet ein kleines Haus, das er, seinen Hoffnungen und nicht der tatsächlichen Situation entsprechend, luxuriös einrichtet. Auch Minna läßt er kommen und nimmt — damit für ihre und seine Bequemlichkeit gesorgt sei — drei Hausangestellte auf.

Am 7. Oktober an Bülow:

So giebt es Vieles was wir unter uns gern uns zugestehen, z. B. daß ich seit meiner Bekanntschaft mit Liszt's Compositionen ein ganz anderer Kerl als Harmoniker geworden bin, als ich vor dem war, wenn aber Freund Pohl dieses Geheimniss sogleich à la tête einer kurzen Besprechung des Vorspieles von Tristan vor aller Welt ausplaudert, so ist diess einfach mindestens indiscret, und ich kann doch nicht annehmen, daß er zu solcher Indiscretion autorisirt war? ... Doch muß ich Dir im Vertrauen klagen, daß ich jetzt gar keinen rechten Styl mehr finde, Liszt zu schreiben... nie erhalte ich eigentlich einen Brief von Liszt, sondern höchstens nur Antworten

181

auf meine Briefe und diese jedes Mal von ein bis zweimal kürzer
als meine Briefe. Es drängt ihn somit nichts zu mir... Somit wird
Liszt mir stets eine erhabene, tiefsympathische, hochbewunderte
und geliebte Erscheinung bleiben; aber — an wohlthuende Pflege
unserer Freundschaft wird nicht viel mehr zu denken sein.

Wagner besucht den kranken Berlioz; die erhoffte Über-
einstimmung, die Auflösung der eigenen inneren Disharmonien gewährt auch dieses Wiedersehen nicht.

23. Oktober. Der Plan einer Karlsruher „Tristan"-Auf-
führung wird nun endgültig fallengelassen, da sich kein
Sänger an die neuartige und schwierige Partie des Titel-
helden heranwagt. Auch Wien und Dresden zeigen Interesse,
doch sind das alles bloß ungewisse und ferne Träume. Auch
der Pariser „Tannhäuser" erleidet eine Verzögerung. Wagner verliert den Mut. Noch vor einem Monat hat er Mathilde
einen selbstsicheren Brief über sein neugefundenes seelisches
Gleichgewicht geschrieben, jetzt beklagt er sich ihr gegenüber: *...ich richte mich wieder einmal ein — ohne Glauben, ohne*
Liebe und Hoffnung, auf dem bodenlosen Grunde traumhafter Gleich-
gültigkeit!...

Am 17. November kommt Minna an. Der erste Streit läßt
nicht lang auf sich warten. Die Frau beurteilt die Lage
nüchterner als ihr Mann und kann seine Verschwendungssucht nicht ruhig mit ansehen. Sofort werden zwei Angestellte
entlassen.

25. November. Die CONSTITUTIONELLE ZEITUNG bringt
einen offenen Brief Wagners an Ferdinand Heine, in dem er
seinen beiden gleichzeitig verstorbenen guten Freunden und
Gönnern, Ludwig Spohr und Wilhelm Fischer, ein gemeinsames Denkmal setzt.

Dezember. Ein neuer Plan — oder Traum? — taucht auf: Wenn Wagner nicht nach Hause kann, sollen eben deutsche Sänger zu ihm nach Paris kommen, damit endlich „Tristan", „Tannhäuser" und „Lohengrin" aufgeführt werden können. Nicht einmal entsprechende Sänger sind für das geplante Unternehmen — es sollte im kommenden Frühjahr verwirklicht werden — aufzutreiben, Finanzleute schon gar nicht. — Durch Vermittlung des Wiener Kapellmeisters Esser meldet sich ein neuer Verleger, die Mainzer Firma Schott. Ohne lange zu überlegen, bietet Wagner „Das Rheingold" an — für zehntausend Franken. Danach bittet er Wesendonk, das ihm bereits verkaufte Werk dem Verlag Schott zu überlassen. Otto willigt ein, und das Geschäft wird perfekt.

1860

4. Januar. Das neue Jahr läßt sich vielversprechend an: Der Verlag G. Flaxland erkauft sich das Recht auf die Opern „Der fliegende Holländer", „Tannhäuser" und „Lohengrin" für Frankreich und Belgien. Er zahlt Wagner dreitausend Frank. — Auch von Schott langt das Geld ein.

Am 25. Januar gibt Wagner im Italienischen Theater ein großes Konzert aus eigenen Werken. Den tiefsten Eindruck macht seine neueste Schöpfung — das Vorspiel zu „Tristan". Die Einstudierung hatte aber vom Komponisten riesigen Kraftaufwand erfordert.

Am 28. Januar an Mathilde:

. . . *nun fiel mir's wie Schuppen von den Augen, in welche unab-*

183

sehbare Entfernung ich während der letzten acht Jahre von der Welt geraten bin... Genug, daß es nun hell und klar vor mir steht, daß ich an weiteres Schaffen nicht denken darf, ehe ich nicht die furchtbare Kluft hinter mir ausgefüllt habe. Ich muß meine Werke erst aufführen.

1. und 8. Februar. Wagner wiederholt das Konzert noch zweimal.

Am 12. Februar an Otto:

... ich suche nicht Applaus und Triumphe; ich suche nur die Möglichkeit, meine neuen Werke — Wenigen — aber deutlich zu erschließen, damit ich — ruhig sterben kann.

Die Bilanz der drei Konzerte ist ein starkes Defizit und viel verständnislose Kritik (die schmerzlichste die von Berlioz), dagegen ein wenigstens ebenso großer Publikumserfolg und einige neue, eifrige Anhänger: Gounod, Saint-Saëns, Gustave Doré, Champfleury und — vielleicht der bedeutendste unter ihnen — Charles Baudelaire. Der große Dichter schreibt an Wagner: „... Avant tout, je veux vous dire que je vous dois la plus grande jouissance musicale que j'aie jamais éprouvée..." (Vor allem möchte ich Ihnen sagen, daß ich Ihnen den größten musikalischen Genuß verdanke, den ich je empfunden habe.) — Nicht nur die Künstlerwelt, auch das diplomatische Korps und die Aristokratie huldigen Wagners Genie. Die Stelle von Kietz, Lehrs und Anders, den armen Freunden vor zwanzig Jahren, nehmen jetzt Gönner ein wie der preußische Gesandte in Paris, Graf Pourtalès, der preußische Attaché Graf Hatzfeld, Fürstin Metternich, geborene Gräfin Paula Sándor, die Gemahlin des österreichischen Gesandten in Paris, Marschall Magnan, Oberkämmerer Graf Bacciocchi und andere. Ist es also verwunderlich, daß am oberen Ende dieser Reihe auf einmal auch der Kaiser selbst, Napoleon III., erscheint? — An Unterstützungen fehlt es also nicht. Und je höher Wagners Gönner auf der Rangliste stehen, um so höher steigen auch die Summen der freundschaftlichen Darlehen und Geschenke: Zur Deckung des durch die Konzerte entstandenen Defizits trägt Mme. Schwabe dreitausend, Mme. Kalergis zehntausend Frank bei. Die finanziellen Sorgen bleiben trotzdem bestehen, auch jetzt gibt Wagner mehr aus als er einnimmt. — Berlioz' Verhalten kränkt ihn tief. Er richtet einen offenen Brief an ihn, in dem er versucht, die zwischen ihnen entstandenen Mißverständnisse aufzuklären, sein Versöhnungsversuch aber bleibt erfolglos.

März. Eine um so angenehmere Überraschung bereitet ihm Rossini, der, obwohl er seit dreißig Jahren nicht mehr komponiert, sich auf Grund seiner vierzig Opern auch jetzt noch im französischen Musikleben außerordentlichen Ansehens erfreut. Man erzählt sich, er habe einem Freund, der sich ihm gegenüber lobend über Wagner geäußert hätte, zum Mittagstisch nur die Soße ohne den Fisch servieren lassen: einer, der Musik ohne Melodien schön finde, solle sich auch beim Essen mit der bloßen Garnierung begnügen... Rossini stellt den schlechten Scherz in Abrede und äußert sich anerkennend über die Bestrebungen seines deutschen Kollegen. Wagner sucht ihn bald auf und ist von der natürlichen, ungezwungenen Art, mit der ihn der italienische Meister empfängt, richtiggehend bezaubert. — Zu dieser Zeit erscheint in Wagners Heimat ein von Brahms, Joachim und anderen unterzeichneter „Protest gegen die Zukunftsmusik", in dem die jüngere Generation offen gegen die „neudeutsche" Richtung Liszts und Wagners auftritt. Über das Mißverstehen und die Verhöhnung seines Aufsatzes „Vom Kunstschaffen der Zukunft" ist Wagner tief erbittert. — Er möchte seine Konzerte unentgeltlich wiederholen, wozu jedoch die Erlaubnis vom Kaiser nötig ist. Seine Gönner erreichen es, daß Napoleon III. anordnet, der „Tannhäuser" solle in der Grande Opéra aufgeführt werden! Direktor Royer wird angewiesen, dem Meister sämtliche Wünsche zu erfüllen.

Am 19. März reist Wagner nach Belgien, um

am 24. und 28. März in Brüssel zu dirigieren. Das Ergebnis der zwei Konzerte ist das gleiche wie in Paris: großer Erfolg und noch größeres Defizit. Wiederum finden sich neue Anhänger seiner Kunst: Der namhafte Musikwissenschaftler Fétis ist von ihr begeistert, ebenso sind es Staatsrat Klindworth (ein Onkel des Pianisten), Graf Orlow und General Saburow; die beiden letzteren fordern ihn sogar zu einer russischen Konzerttournee auf. — An Minna schreibt er: *...nie, nie wieder solche Concertgeberei! ...nur der künstlerische Erfolg dabei in's Auge gefaßt werden kann... Gott weiß, was alle diese hohen Enthusiasten noch einmal für mich zu Stande bringen werden.*

29. März. Wagner sagt das dritte Konzert ab und kehrt nach Paris zurück. Hier beginnt die „Tannhäuser-Schlacht". Direktor Royer hat tatsächlich nur den Erfolg der Aufführung im Auge — manchmal selbst gegen den Willen des Autors. Zuerst läßt er von Charles Truinet (sein Schriftstellername ist Nuitter) eine neue Übersetzung anfertigen, dann bittet er den Tonsetzer um ein Ballett für den zweiten

Akt der Oper. Das ist in Paris ein ungedrucktes Gesetz, darauf besteht das Stammpublikum der Grande Opéra, die aristokratische Jugend, die Gönner des Ballettkorps. Nach gründlicher Überlegung macht Wagner einige Zugeständnisse.

Am 10. April an Mathilde:

Dieser Hof der Frau Venus war offenbar die schwache Partie in meinem Werke. ...ich ließ nämlich den Eindruck dieses Venusberges gänzlich matt und unentschieden, was zur Folge hatte, daß dadurch der wichtige Hintergrund verlorenging, auf welchem sich die nachfolgende Tragödie erschütternd aufbauen soll. ...Ich erkenne nun aber auch, daß ich damals, als ich den Tannhäuser schrieb, so etwas, wie es hier nöthig ist, noch nicht machen konnte: dazu gehörte eine bei Weitem größere Meisterschaft, die ich erst jetzt gewonnen habe...

Er entwirft die Skizze zum Bacchanal — als Ergänzung des ersten Aktes. Direktor Royer macht ihn sogleich darauf aufmerksam, daß damit nichts getan sei, da die jungen Adligen erst beim zweiten Akt ins Theater kommen... Wagner läßt den Mut sinken.

Am 2. Mai an Mathilde:

So heißt's: entweder meine Werke aufführen, oder neue ausführen. Das Erste heißt so viel, als alle Consequenzen der Bejahung des Lebens bis zum Untergang über sich nehmen. ...Oder: das Zweite. Ich entsage aller Möglichkeit, meine Werke je zu hören, und je somit sie der Welt ganz zu erschließen... Aber... mir spiegelt sich ein trügendes Wahnbild vor, nämlich: daß ich vielleicht Beides vereinigen könnte...

Am 5. Juni an Otto — über die Vorbereitungen zur Pariser „Tannhäuser"-Aufführung:

Ein großer, ungewöhnlicher Erfolg steht fast unzweifelhaft in Aussicht!

Am 17. Juni an Otto über die sechstausend Frank Schulden, die Richard ihm nach dem neuerlichen Verkauf des „Rheingold" zurückzahlen wollte:

...die Konzerte einmal angekündigt, mußten fortgesetzt werden. — Ich verwendete das Rheingoldhonorar in der Voraussetzung, aus den Vorteilen des angekündigten Petersburger Engagements Sie sofort entschädigen zu können... Auch diese Aussicht ist mir nun neuerdings verschlossen worden... Mir bleibt nichts übrig, als Ihnen eine Quittung über den Empfang des zwischen uns stipulierten Preises für das letzte Stück der Nibelungen zuzustellen, wodurch die Summe für das Rheingold als an Sie zurückgezahlt gelten kann...

Otto geht auch auf diesen Vorschlag ein, obwohl die Vertonung der „Götterdämmerung" nicht zu Wagners nächsten Plänen zählt.

15. Juli. Ein Erfolg der Gönner aus der Diplomatie: Der König Johann von Sachsen erhebt keinen Einspruch dagegen, daß Wagner — mit Ausnahme Sachsens — deutschen Boden betritt — welcher Staat Deutschlands es auch immer sei.

22. Juli. Der Beschluß über die unvollständige Amnestie wird Wagner durch von Seebach, sächsischer Gesandter in Paris, auch amtlich zur Kenntnis gebracht.

Am 12. August, nach elfjähriger Abwesenheit, betritt der Verbannte wieder deutschen Boden. Er reist nach Köln, besucht von dort aus Frankfurt, Baden und Mannheim, bedankt sich bei der Prinzessin von Preußen für ihre Unterstützung und beschließt den achttägigen Ausflug mit einer schönen Schiffahrt auf dem Rhein.

Am 23. August an Otto:

Von Ergriffenheit beim Wiederbetreten des deutschen Bodens habe ich — leider! — auch nicht das Mindeste verspürt: Gott weiß, ich muß recht kalt geworden sein!

Am 13. September an Liszt über die inzwischen begonnenen Proben: *Noch nie ist mir das Material zu einer ausgezeichneten Aufführung so voll und unbedingt zu Gebote gestellt worden, als diesmal in Paris zur Aufführung des Tannhäuser an der großen Oper... Es ist der bisher einzige Triumph meiner Kunst, den ich persönlich erlebe...*

Am 30. September an Mathilde:

An der Oper hat man mich bereits liebgewonnen... man hat begonnen, mich zu verstehen, widerspricht mir in nichts... — Etwas habe ich auch schon an der Musik meiner neuen Szene gearbeitet ... da habe ich alles umwerfen und neu entwerfen müssen: wahrlich, ich erschrecke über meine damalige Kulissen-Venus! Nun wird das diesmal wohl besser werden...

Es erscheinen die französischen Prosaübersetzungen vom „Holländer", „Tannhäuser", „Lohengrin" und „Tristan". Als Vorwort schreibt Wagner eine längere Studie, in der er versucht, die irrigen Behauptungen über die „Zukunftsmusik" richtigzustellen, in dem er seine eigenen, gereiften Ansichten ausführt.

Im Oktober zieht Wagner in eine bescheidenere Wohnung in der Nähe der Opéra um. Er wird von heftigem Fieber ergriffen und ist länger als einen Monat unfähig, die Proben zu leiten. Die Aufführung muß verschoben werden.

Anfang Dezember. Nur langsam kommt er wieder zu Kräften. Da seine Mittel erschöpft sind, muß er sich wieder an Wesendonk wenden.

Am 15. Dezember an Liszt:

Für den Tannhäuser habe ich noch die große neue Scene der Venus zu instrumentiren und die Venusberg-Tanzmusik ganz und gar zu componiren!! Wie das noch zur rechten Zeit — ohne Wunder — fertig werden soll, begreife ich nicht!!...

1861

28. Januar. Wagner beendet die Bearbeitung des Bacchanals. Die Aufführung wird für den 22. Februar festgesetzt.

Am 12. Februar an Mathilde:

Die Proben gehen mit einer unerhörten, mir oft unbegreiflichen Sorgfalt vor sich, und eine durchaus ungemeine Aufführung steht jedenfalls bevor. Niemann ist durchweg erhaben...

Am 20. Februar schreibt Niemann an Wagner (er beklagt sich hier von neuem über eine für ihn zu anstrengende hohe Phrase im Finale des zweiten Akts): „... Nachdem nun gestern diese Phrase mir, vor einem von Ihnen zahlreich und *unrechter Weise* zugelassenen Publikum, eine Blamage verursachte, von der man heute schon auf den Boulevards redet und welche für meinen Erfolg von der schädlichsten Wirkung sein wird, werden Sie sich hoffentlich erweichen lassen diese Phrase zu streichen. — Sollte ich mich hierin jedoch täuschen, so bleibt kein anderer Ausweg, als der, sich einen andern Tannhäuser zu suchen. — Auf jeden persönlichen Erfolg für mich verzichtend, will ich von Herzen glücklich sein, wenn ich meine Stimme aus der ganzen Affaire rette..."

13. März. Nach nochmaligem Aufschub erfolgt endlich

die durch hundertvierundsechzig Proben vorbereitete Aufführung. Das Resultat: Weder Erfolg noch Fiasko, sondern — öffentlicher Skandal. Der Grund liegt darin, daß Wagner nicht gewillt war, sich den traditionellen Gewohnheiten anzupassen. Er nahm keine Rücksicht auf die drei besonders in Paris ausschlaggebenden Schichten des Publikums: die jungen Adeligen vom Jockeiklub, die von andern Komponisten stets bezahlte Claque und die wieder in anderer Weise bestochenen Kritiker. — Eine der anwesenden Verehrerinnen des Meisters, Malwida von Meysenbug, erinnert sich dieses Abends wie folgt: „... bei den Klängen der Schalmey und des Hirtenliedes brach plötzlich der lange vorbereitete Angriff aus, und ein gewaltiges Pfeifen und Lärmen unterbrach die Musik. Natürlich blieb auch die Gegenpartei nicht unthätig... Da sie numerisch doch die stärkere war, behielt sie auch den Sieg, die Aufführung ging weiter... und [kam] völlig zu Ende... Aber freilich, sie war so grausam gestört und zerstückelt, daß auch den Wohlwollendsten nicht die Möglichkeit geworden war, sich eine richtige Vorstellung des Ganzen zu bilden..."

14. März. Sich auf seine Heiserkeit berufend, sagt Niemann die zweite Vorstellung ab. Wagner will die Partitur zurückziehen, was seine Freunde aber nicht zulassen.

18. März. Am zweiten Abend veranstaltet die Jeunesse dorée einen noch lärmenderen Skandal:

Von nun an war es ihre Sache, zu verhindern, daß diese ballettlose Oper ihnen Abend für Abend vorgeführt würde, und zu diesem Zwecke hatte man sich, auf dem Wege vom Diner zur Oper, eine Anzahl Jagdpfeifen und ähnliche Instrumente gekauft, mit welchen alsbald nach ihrem Eintritte auf die unbefangenste Weise gegen den

„*Tannhäuser*" *manövriert wurde. Bis dahin ...hatte nicht eine Spur von Opposition sich bemerklich gemacht, und der anhaltende Applaus hatte ungestört die am schnellsten beliebt gewordenen Stellen meiner Oper begleitet. Von nun an aber half keine Beifallsdemonstration mehr: vergebens demonstrierte selbst der Kaiser mit seiner Gemahlin zum zweiten Male zugunsten meines Werkes; von denjenigen, die sich als Meister des Saales betrachten und sämtlich zur höchsten Aristokratie Frankreichs gehören, war die unwiderrufliche Verurteilung des „Tannhäuser" ausgesprochen...*

24. *März*. Zur dritten Vorstellung, in die Wagner nur unter der Bedingung einwilligt, wenn sie sonntags und außerhalb des Abonnements stattfinde, geht er gar nicht mehr hin. Um so eher aber die Jeunesse dorée, ganz gegen ihre Gewohnheit und noch dazu bereits zum ersten Akt und in noch kampflustigerer Stimmung als bisher. Trotz der häufigen Unterbrechungen singen die Darsteller die Oper heldenhaft bis zu Ende, aber alles ist umsonst, die Hölle scheint entfesselt, und in dem schrecklichen Lärm ist nichts von ihrem Gesang zu vernehmen. Als ob die Traditionen des Buffonistenstreits von vor hundert Jahren, der Gluck-Piccini-Opernschlachten, wieder aufleben würden. — Wagner zieht die Partitur nun tatsächlich zurück, und das Werk wird vom Spielplan abgesetzt. Der leidenschaftliche Streit aber erfaßt immer weitere Kreise. Gounod meint: „Dieu me donne une pareille chute!" (Wenn Gott mich ein ähnliches Fiasko erleiden ließe!") Baudelaire, der am Tage der zweiten Vorstellung Wagners Kunst in einem Artikel mit erhabenen Worten würdigte, läßt sich von neuem vernehmen: „»Die Probe ist gemacht! Die ,Zukunftsmusik' ist begraben!« So schreien freudig all die Zischer, all die Dunkel-

männer. ... In der That ist denn auch eine Probe gemacht
worden, und zwar eine, die noch manche tausend Male
vor dem Ende der Welt sich wiederholen wird; zunächst
die: daß jedes große, ernste Werk nicht ohne lebhafte Kon-
troversen im Gedächtnis der Menschheit sich festsetzen, in
der Geschichte seinen Platz einnehmen kann; weiterhin
die: daß zehn hartnäckige Personen mit Hilfe durchdrin-
gender Pfeifen Schauspieler außer Fassung bringen, das
Wohlwollen des Publikums zu Schanden machen und mit
ihren mißtönigen Protesten sogar mit der mächtigen Stimme
eines Orchesters es aufnehmen können... Eine enge Gesellschaft wird dem ungeheuren Publikum von Paris das
Recht entziehen können, ein Werk zu würdigen, dessen
Beurteilung allen zukommt. Die Leute, die sich von Wagner
befreit glauben, haben sich viel zu früh gefreut; wir können's
ihnen versichern. ... Die Maßlosigkeit des Unrechts hat
tausend Sympathien wachgerufen, die sich jetzt auf allen
Seiten bemerkbar machen... Den ,Tannhäuser' hatte man
nicht einmal gehört."

Am 5. April faßt Minna das Vorgefallene in einem Brief
an Natalie zusammen:

,,... [Der Tannhäuser ist] nicht durchgefallen, sondern
Richards Eigensinn wieder einmal schuld ist, daß er nicht
mehr als drei Mal aufgeführt worden ist... Hätte sich Richard entschließen können ein Ballet im zweiten Ackt [sic!]
vielleicht vor dem Sängerkrieg hineinzucomponiren, so
wäre diese Oper eine wahre Ruhm- und Geldquelle geworden..."

6. April. Wagner — und damit ist die Sache für ihn ab-
getan — schreibt darüber an Mathilde:

13   193

...ich bin es müde ewig meinen Freunden nur Sorge zu machen.
Ich hab' von dem ganzen bedenklichen Pariser Abenteuer nichts
übrig, als diess bitt're Gefühl. Der Unfall selbst hat mich im Grunde
ziemlich gleichgültig gelassen... Was nun über mich erging, war
eigentlich die gerechte Strafe für eine mir abermals gemachte Illu-
sion ...Alles, was ich in Bezug hierauf empfinde, ist — Müdig-
keit, Ekel.

Am 15. April fährt Wagner nach Karlsruhe, um den
schon einmal zunichte gewordenen Plan einer Aufführung
des „Tristan" wiederzubeleben. Also: abermals eine Illusion.

Am 8. Mai. begibt sich Wagner nach Wien, um geeignete Sänger zu suchen. Hier hört er wenigstens endlich den
„Lohengrin", und es wird für und nicht gegen ihn demonstriert... Ander und Dustmann wären für Tristan bzw.
Isolde passende Sänger, der Generalintendant ist aber nicht
gewillt, sie nach Karlsruhe zu beurlauben; statt dessen
schlägt er vor, den „Tristan" in Wien zu geben.

16. Mai. Wagner an einen Züricher Freund:
Wien wird jedenfalls der Ausgangspunkt meiner künftigen
künstlerischen Unternehmungen werden, schon um seines Reichtumes
an künstlerischen Mitteln willen. Dabei halte ich meine Karlsruher
Niederlassung als das Zweckmäßigste dennoch fest...

22. Mai. An seinem achtundvierzigsten Geburtstag erscheint Wagner unerwartet bei Wesendonks in Zürich. Der
alte Freundeskreis — Sulzer, Semper, Herwegh, Keller —
feiert den Komponisten. Dann kehrt er zu Minna nach
Paris zurück.

Am 15. Juni an Mathilde:
Ich lebe bleiche, seelenlose Tage dahin; habe zu nichts in der

194

Welt Lust... Vollständige Ungewißheit — ist Alles, was ich andeutend ausdrücken kann!

9. Juli. Der Pariser Haushalt wird aufgelöst, die Möbel eingelagert. Zuerst geht Minna zur Kur nach Soden, dann kehrt sie heim — nach Dresden. Richard bleibt noch drei Wochen lang in Paris und wohnt als Gast auf der preußischen Gesandtschaft. Die beiden schwarzen Schwäne im Gartenteich geben die Inspiration zur kurzen Komposition „Albumblatt", die er der Gräfin Pourtalès widmet. Er überprüft die französische Übertragung des „Holländer" und ordnet seine Schulden. Die Aufgabe ist nicht leicht, da Ottos Vermögen durch den amerikanischen Bürgerkrieg gefährdet ist; Richard muß sich nach anderen Geldquellen umsehen.

5.—7. August. Nach zweijährigem Aufenthalt in Paris fährt Wagner über Karlsruhe zu Besuch nach Weimar. Hier hält der aus dem Dienst des Großherzogs scheidende Liszt die erste Tonkünstlerversammlung des von ihm vor zwei Jahren gegründeten Allgemeinen Deutschen Musikvereins ab. Wagner wird von den aus allen Richtungen herbeigeströmten Musikern — zumeist Lisztschülern — herzlich gefeiert.

Am 14. August trifft Wagner über Nürnberg und Salzburg wieder in Wien ein, wo ihn eine schlechte Nachricht erwartet. Der als Tristan ausersehene Ander wird von einem hartnäckigen Rachenkatarrh geplagt. — Auch hier fehlt es nicht an aristokratischen Gönnern, Wagner wird von Fürst Metternich, Fürst Liechtenstein und einigen ungarischen Magnaten wie Gräfin Bánffy und Graf Nákó eingeladen. Seinen künstlerischen Zielen aber kommt er dadurch nicht näher, und auch seine finanziellen Sorgen werden nicht wesentlich erleichtert. Selbst vor den Bindungen einer festen Stellung würde nun Wagner nicht zurückschrecken.

Am 26. September an Minna:

Hier ist jetzt seit Jahren eine Stelle vacant, die mir famos passen würde: nämlich die eines Kaiserl. Hofcomponisten mit 4000 Gulden Gehalt, wofür weiter nichts zu thun, als daß man seine Compositionen selbst aufführt.

Es gelingt ihm aber weder dieses Amt noch das in Karlsruhe, vom Großherzog von Baden erhoffte, wenn auch bescheidenere Amt eines musikalischen Ratgebers zu erlangen.

Am 19. Oktober an Minna, um sie durch Schilderung der momentanen Situation von ihren wieder aufgefrischten Vorwürfen wegen der alten Mathilde-Angelegenheit abzulenken:

Meine älteren Opern sind überall herum: mit meinen neuen Werken stoße ich auf fast unüberwindliche Schwierigkeiten. Ich bin mit meinen neuen Arbeiten meiner Zeit und demjenigen was unsre Theater leisten können, weit—weit vorausgeeilt. Bereits ist mir Karlsruhe für den Tristan schändlich gewesen... Dieses Unglück [Anders Krankheit] wird wieder benutzt, die Unausführbarkeit der Oper auf's Tapet zu bringen...

Am 30. Oktober an den Verleger Schott:

... von den Verdrießlichkeiten der langen Verzögerung der von mir betriebenen Aufführungen gepeinigt, verlangt es mich, etwas Künstlerisches zu unternehmen, was mich angenehm beschäftige und zerstreue. Zu meinem großen ,,Nibelungen"-Werke möchte ich in dieser Zeit und zu diesem Zwecke augenblicklich nicht zurückkehren und hierfür eine Periode erlangter äußerer Erfolge abwar-

196

ten... ich betrachte es somit als einen glücklichen, meiner Stimmung und meinen Verhältnissen sehr gut entsprechenden Einfall, sofort die Ausführung eines meiner früheren Pläne zu einer populären komischen Oper in die Hand zu nehmen, bereits habe ich dazu einen vollständigen Entwurf verfaßt. Die Oper heißt ,,Die Meistersinger von Nürnberg"... Ich verpflichte mich dieses Werk... bereits für nächsten Winter zur Aufführung vollkommen fertig zu liefern...

Um den 10. November. Auf Einladung des in Italien weilenden Ehepaars Wesendonk reist Wagner nach Venedig. In ihrer Gesellschaft besucht er zum erstenmal die Akademie der schönen Künste, in deren unmittelbarer Nähe er monatelang gewohnt hatte. Die beiden Gatten leben in ungetrübtem Glück und zeigen für Wagners Wiener Probleme geringes Verständnis.

...ich ... verließ nach vier äußerlich wahrhaft trübseligen Tagen zur Verwunderung meiner Freunde plötzlich Venedig und trat ... meine lange Rückreise nach Wien an. Während der Fahrt gingen mir die ,,Meistersinger", deren Dichtung ich nur noch nach meinem frühesten Konzept im Sinne trug, zuerst musikalisch auf; ich konzipierte mit größter Deutlichkeit den Hauptteil der Ouvertüre in C-Dur.

Unverzüglich arbeitet er den genauen Entwurf des Textes aus, den er Schott zusendet. Die Komposition des Vorspiels soll später an die Reihe kommen.

Am 20. November an Schott:

Sie ersehen daraus um was es sich handelt, und stimmen mir gewiß bei, wenn ich in der Ausführung dieser Arbeit einem meiner originellsten, jedenfalls meinem populärsten Werke entgegensehe.

Er meint, in einem Jahr damit fertig zu werden, wenn Schott ihn von allen finanziellen Sorgen befreite.

Wagners Lage wird inzwischen immer verzweifelter. Mit Ander ist nicht zu rechnen, und in Wien existiert kein anderer Tristan! In Dresden, wohin er noch immer nicht darf, gäbe es zwei: Tichatschek und Schnorr, doch Intendant Lüttichau gibt sie nicht frei.

Am 24. November schickt Wagner an Minna ein Telegramm: *Ruhe, Geduld, Vertrauen!* — das ist die ganze Gratulation zur silbernen Hochzeit, die von dem glücklosen Ehepaar tieftraurig begangen wird. — Minna fühlt sich vor allem durch den am gleichen Tag eintreffenden Brief verletzt, in dem ihr Richard mitteilt, daß er zu komponieren begonnen habe, und solange die Opera buffa nicht beendet sei, allein zu bleiben gedenke. Er lädt seine Frau zur Erstaufführung ein, die selbst seiner Schätzung nach vor einem Jahr nicht zu erwarten ist...

1. Dezember. Nach dem Scheitern seiner Wiener Pläne reist Wagner von neuem nach Paris. In Mainz unterbricht er die Fahrt, um seinen Verleger, Franz Schott, persönlich kennenzulernen und — einen höheren Vorschuß von ihm aufzunehmen. Dann — wie seinerzeit den „Holländer" — schreibt er den Text seines dem deutschen Publikum zugedachten Werks, der „Meistersinger" in Paris nieder. In der modernen französischen Weltstadt des 19. Jahrhunderts erträumt er die Begebenheit, die sich in den engen Gäßchen und einfachen Häusern einer deutschen Kleinstadt des 16. Jahrhunderts abspielt. Otto war seinerzeit nicht bereit, die Rolle des Königs Marke zu spielen, nun übernimmt Wagner die des Hans Sachs, um aller Welt zu beweisen, was es heißt, klug das Feld zu räumen.

Am 7. Januar schreibt Wagner an seine inzwischen nach Berlin verzogene Schwester Cäcilie Avenarius: *Mißlingen jeder meiner Unternehmungen — Abschlag von allen Seiten — Nichtwissen, was mit mir anfangen, überall! — Keine Sicherheit, keine Einnahmen, Noth und Sorge: keine Heimath, keine Familie, nichts! —* An Schott: *... es ist der letzte Kampf mit einer schrecklichen Vergangenheit, den ich zu bestehen habe. Stehen Sie mir nach Kräften bei!* Zuerst bittet er um dreitausend Frank, würde sich aber auch mit tausendfünfhundert begnügen als Vorschuß auf seine sämtlichen bereits geschriebenen und noch zu schreibenden Werke. — So beginnt das neue Jahr und mit ihm eine der schwersten Perioden im Leben Wagners. Der Kampf ist ein zweifacher: einerseits geht es um die Schöpfung seines heitersten Werkes, anderseits um die Erlangung irgendeines, wenn auch noch so bescheidenen, Einkommens.

Am 25. Januar beendet Wagner die Dichtung der ,,Meistersinger''. Das erste Exemplar sendet er Mathilde.

1. Februar. Mit der Reinschrift eilt Wagner nach Karlsruhe — wo er seinem großherzoglichen Gönner Bericht erstattet und ihn um nachdrückliche Förderung ersucht; dann fährt er zu seinem Verleger nach Mainz.

5. Februar. Bei den Schotts trägt Wagner die gesamte Dichtung vor. Der enge Freundeskreis — Cornelius ist eigens aus diesem Anlaß aus Wien herbeigereist und hat bei der Überfahrt über den Treibeis führenden Rhein sein Leben aufs Spiel gesetzt — hört begeistert zu. Allein der Vortrag ist eine ,,rhetorische Virtuosenleistung'', meint der junge Kapellmeister Weissheimer.

Am 13. Februar an Mathilde:

Ich bleibe nun bis zum Spätherbst zur hoffentlichen Vollendung der Komposition hier in Biebrich, beim Architekten Frickhöffer, wo ich mir auf ein Jahr ein paar hübsche, wunderschön gelegene Zimmer, dicht am Rhein, neben dem Schloße gemietet habe.

Am 14. Februar an Minna:

... ob uns beiden ein ruhiges behagliches Zusammenleben noch gegönnt ist, wer möchte darüber etwas Sicheres sagen?... Mühvoll und freudlos wird mir das Leben bis an's Grab sein. Es könnte mir wohl erleichtert werden; aber wer denkt daran?... Dir, gute Minna, sage ich daher dieses: — Gehe mit Dir zu Rathe! ... Unter diesen Umständen muß ich die Entscheidung ganz in Dein Herz gelegt sein lassen! Ich wage weder zu sagen: komm! noch könnte ich's über das Herz bringen Dir zuzurufen: bleib! Es hängt diess lediglich von Dir ab!

Minnas krankes, doch gutes Herz fühlt, daß ihr Mann leidet und ihrer bedarf.

20. Februar. Statt eines Antwortschreibens erscheint Minna unerwartet in Biebrich. Richard empfängt sie liebevoll und freut sich über ihr Kommen. Am nächsten Morgen beim Frühstück bringt der Postbote einen Brief von Mathilde... Minna schweigt unheilverkündend, Richard ist wütend und stößt Verwünschungen aus. Dann kommt noch eine Kiste von Mathilde mit verspäteten Weihnachtsgeschenken an... Nun bricht ein nicht enden wollendes Ungewitter los. Minna hilft ihrem Mann noch beim Einrichten der Wohnung, dann flüchtet sie wieder nach Dresden.

Am 4. März schreibt Wagner an Cornelius:

Diese Frau [ist] ganz und gar auf demselben Flecke wie vor vier

Jahren: Wort für Wort genau dieselben Ergüsse, derselbe gemeine Ton! Es waren 10 Tage der Hölle...

Am 6. März schreibt Minna an Natalie:

„...ich mag es nicht wiederholen, was ich wieder hören mußte..."

Am 9. März liest Wagner Großherzog Friedrich von Baden die „Meistersinger" vor. Es scheint ihm, daß in seiner Angelegenheit nichts unternommen wird. Er kehrt nach Biebrich zurück und beginnt an der Vertonung zu arbeiten.

Am 28. März wird Wagner vom König von Sachsen die völlige Amnestie erteilt. Nach fast dreizehn Jahren hat nun seine Verbannung — auf dem Papier — ein Ende gefunden, in seiner Seele aber bleibt er auch jetzt noch heimatlos. Er spürt, daß er die wahre Heimat nur dort finden könnte, wo ihm die Möglichkeit gegeben würde, seine früheren Werke aufzuführen und die neuen in Ruhe zu schreiben. In Dresden aber ist das nicht der Fall.

Am 3. April an Minna:

... was soll es da für einen so großen Freudeneindruck machen, wenn ich erfahre, daß ich eben nun wieder nach Sachsen zurück darf. Was habe ich dort zu suchen?... Wer wird mir einen Thaler dort geben?... Was ist mir unter solchen Umständen diese so abscheulich lang verzögerte Amnestie werth?... Ich für mein Theil habe viel zu überwinden bei dem Gedanken, mich in Dresden wieder niederzulassen, und jeder andere Ort, wo ich still für mich sein kann, ist mir im Grunde lieber.

So schwer es ihm auch fällt, sendet Wagner dem König und dessen Minister ein Dankschreiben. Mit seiner Arbeit kommt er gut vorwärts:

Bei einem schönen Sonnenuntergange, welcher mich von dem

Balkon meiner Wohnung aus den prachtvollen Anblick des „goldenen"
Mainz mit dem vor ihm dahinströmenden majestätischen Rhein in
verklärender Beleuchtung betrachten ließ, trat auch plötzlich das
Vorspiel zu meinen „Meistersingern", wie ich es einst aus trüber
Stimmung als fernes Luftbild vor mir gesehen hatte, nahe und deutlich
wieder vor die Seele. Ich ging daran, das Vorspiel aufzuzeichnen...
Von hier aus ging ich sogleich weiter im Texte vorwärts, um ganz
der Reihe nach die weiteren Szenen folgen zu lassen.

Am 8. Mai als Antwort auf Minnas neuerliche Vorwürfe:
...störe nicht ewig in die Stimmung Deines Mannes hinein,
der nicht Dir allein angehört ,sondern seiner Kunst, der Welt und
der Zukunft!

Am 21. Mai an Minna:
Wer Briefe von Dir bei mir vorfinden wird, wird darin geschrie-
ben lesen, daß meine Frau mich und mein Betragen gegen sie „herz-
los", „roh" und „gemein" nennt. So wird denn diess wohl auch
in meine Biographie kommen.

Am 22. Mai an Mathilde:
Heut ist mein Geburtstag... Ich war krank und bin erst gestern
wieder in den Park gekommen. — Plötzlich kam mir ein Einfall
zur Orchestereinleitung des dritten Aktes der Meistersinger. ...
Es ist mir nun klar geworden, daß diese Arbeit mein vollendetstes
Meisterwerk wird und — daß ich sie vollenden werde.

26. Mai. Wagner unternimmt einen kurzen Ausflug und
besucht in Frankfurt die kranke Friederike Meyer. Zu dieser
Zeit ist es diese hübsche Schauspielerin, für die er sich inter-
essiert. In Karlsruhe hört er seinen „Lohengrin", schließt
Freundschaft mit dem für Tristan und Isolde vorgesehenen
Ehepaar Schnorr, entzweit sich aber endgültig mit Direktor
Devrient, seinem ehemaligen Freund aus Dresden.

Am 12. Juni an Minna — auf erneute Ausbrüche hin:
Zwischen mir und Dir steht Niemand als Dein Argwohn und Dein Wahn, mit denen Du mich, wie Dich quälst.

Am 14. Juni wendet sich Wagner an Doktor Pusinelli, um sich über den Zustand seiner Frau zu erkundigen, und sich auch über die Unhaltbarkeit ihrer gegenseitigen Beziehung zu beklagen. Er spielt auch darauf an, wie schwer manchmal die Einsamkeit zu ertragen ist und wieviel leichter das Leben an der Seite eines sympathischen Geschöpfes wäre... — Der Arzt ist der Meinung, daß die Scheidung, als einziger Weg, der zu Ruhe und Frieden führt, auch für Minnas Gesundheitszustand vorteilhaft wäre. Davon will die Frau aber nichts hören und macht ihrem Mann die bittersten Vorwürfe.

Am 27. Juni an Minna:
Laß ab in den Alten Wunden zu wühlen! Du gehst daran zu Grunde, und ich — kann es ganz bestimmt nicht mehr ertragen!! Unsre Correspondenz schweige einige Zeit lieber ganz, sobald sie sich nicht vollständig frei von jenen gräßlichen Rückfällen erhalten kann... nimm bestimmt an, daß ich Pusinelli nicht gebeten habe, zu interveniren, sondern daß er diess aus reinem eigenen Ermessen gethan hat. Es thut mir leid, daß Dir ein so peinlicher Gedanke gekommen ist, welcher nimmermehr in mir noch aufgekommen ist. ...Aber daran muß ich Dich erinnern, daß trotzdem Du einzig von mir gelitten zu haben mich beschuldigen zu müssen glaubst, Du gegen mich dennoch eine Pflicht hast, diess ist: mir jetzt ebenfalls Ruhe zu geben oder zu lassen!

Juli. Das Ehepaar Schnorr kommt zu Besuch und studiert mit dem Meister den „Tristan" ein. Später erscheint das Ehepaar von Bülow und schließlich der unglückselige alte

Freund Röckel, der seine dreizehnjährige Kerkerhaft verbüßt hat. Abends wird musiziert, es findet sogar im Hause Schott eine private Erstaufführung der Wesendonk-Lieder statt, die der Verleger — zur Deckung der gezahlten Vorschüsse — nun auch erscheinen läßt. Ende des Monats erleidet Wagner einen Unfall. Der Hund des Hausherrn beißt ihn am rechten Daumen; Wagner ist über einen Monat arbeitsunfähig.

August. Die Gäste entfernen sich: Bülow nervös — aus Eifersucht? Cosima erregt — aus Verliebtheit? Wagner bleibt mit seinen Geldsorgen allein zurück. Schott gibt keine weiteren Vorschüsse, und auch Wesendonk wurde von Wagner schon zu sehr in Anspruch genommen. Nur der 28jährigen netten Mathilde Maier gelingt es, in Richards sorgenschweres Dasein etwas Sonnenschein zu bringen.

September. Ein geringfügiges Honorar aus Berlin — und in Frankfurt eine Kleinigkeit für die musikalische Leitung einer „Lohengrin"-Aufführung — das sind Wagners sämtliche Einnahmequellen... Für einen einzigen, bescheidenen Haushalt könnte es eben noch reichen, er aber unterhält zwei, und sparsam mit dem Geld umgehen kann nur Minna.

21. September. An Cosima: *Glaubt mir, ich lechze so kindhaft nach Liebe... Sei gut zu mir, und bewahre mich in Deiner Liebe.*

20. Oktober. Über Wagners Haupt schlagen die Wellen zusammen. Verzweifelt wendet er sich an seinen Verleger:

Sie irren sich, mein bester Herr Schott! Sie irren sich sehr in der Weise, wie ein Mensch meiner Art zu behandeln sei. Durch Hunger kann man viel erzwingen, aber nicht Arbeiten höherer Art. Oder glauben Sie, wenn mich des Nachts die Sorgen nicht schlafen ließen, werde ich tags Heiterkeit und gute Einfälle für meine Arbeit ha-

ben?... Seit Ende August ... lassen Sie mich geradezu in der Lage eines Ertrinkenden...

21. Oktober. Darauf antwortet Schott: „Überhaupt kann ein Musikverleger Ihre Bedürfnisse nicht bestreiten; dies kann nur ein enorm reicher Bankier oder ein Fürst, der über Millionen zu verfügen hat. Findet sich dieser nicht, so müßte man an das *deutsche Volk* appellieren."

1. November. Wagner nimmt die Gelegenheit wahr, daß der hilfsbereite Kapellmeister Weissheimer ein Konzert aus seinen Werken in Leipzig veranstaltet und fährt — zum erstenmal seit dreizehn Jahren — nach Sachsen. Seine Landsleute aber boykottieren ihn, und das Konzert geht in einem fast leeren Saal vor sich. Seine Verwandten, Freunde und schließlich auch die Mitglieder des Orchesters bringen ihm Ovationen dar. Eine neuerliche rührende Begegnung mit Cosima, dem ein kurzer Besuch in gespannter Atmosphäre bei Minna in Dresden folgt. Ihre endgültige Trennung ist besiegelt. Dann kehrt er nach Biebrich zurück, bezahlt aus der Unterstützung des Großherzogs von Weimar seine drückendsten Schulden und reist sogleich weiter.

Am 15. November trifft er in Wien ein, und zwar in Gesellschaft von Friederike Meyer. Sofort kommen sie ins Gerede, was recht peinlich und für die Wiener Pläne schädlich ist, da die als Isolde vorgesehene Frau Dustmann Friederikes Schwester ist. Vorläufig meint er, den „Tristan" im Januar auf die Bühne bringen zu können. Anstelle von Anders ruft er Schnorr, doch nachdem der sich für Januar freigemacht hat, ist die Premiere bereits auf Februar verschoben. — Wagners finanzielle Lage wird immer drückender, Nun gibt es schon niemanden, von dem er sich Geld borgen könnte.

Am 30. November an Minna:

... ich bestehe fortwährend darauf, daß die drei verwandten Herrschaften, von Baden, von Preußen und von Weimar zusammentreten, mir eine Pension von 3000 Thl. aussetzen, und dafür im Extrafalle alle drei mich haben sollten.

Anfang Dezember. Wagners Wiener Anhänger veranlassen ihn, ,,Die Meistersinger" vorzulesen. Wagner will es scheinen, als ob der hervorragende Kritiker Eduard Hanslick — ein Freund von Brahms — die Gesellschaft beleidigt verließe.

Meine Freunde wurden darüber einig, daß Hanslick diese ganze Dichtung als ein gegen ihn gerichtetes Pasquill ansähe... (Eine gewisse Tendenz kann wohl nicht ganz ausgeschlossen werden, zumal der nörgelnde, am Ende tüchtig blamierte Beckmesser im ersten Entwurf noch Veit Hanslich hieß...)

26. Dezember. Wenn schon der ,,Tristan" nicht im ganzen gegeben werden kann, möchte Wagner ,,Die Nibelungen" wenigstens teilweise zu hören bekommen. Er weiß sehr wohl, daß er aus Opportunismus so handelt, wollte er doch die Einheit des riesigen Werkes niemals verletzen. Er benötigt aber Geld, und vielleicht wäre das Publikum durch neue, nie gehörte Stücke leichter zu erobern. Das im Theater an der Wien gegebene Konzert endet mit einem Defizit. Schon die Akustik des Zuhörerraums ist für ein großes Orchesterkonzert nicht entsprechend. Wagner will jedoch unbedingt einen Erfolg erzwingen und läßt mit großen Kosten einen Echodämpfer bauen, um das Programm wiederholen zu können.

1. und 8. Januar. Neuerliche Konzerte — mit neuerlichen Defiziten. Inzwischen ruft er Mathilde Maier, bittet sie, sich über ihre bürgerlichen Vorurteile hinwegzusetzen und seinen Wiener Haushalt zu führen. Mathilde ist aber dazu nicht bereit.

Am 28. Januar an Minna:

Alles unternommen, um nur Etwas mir zu verdienen: und dafür noch mich in Schulden stürzen!!!

Dann wird ihm wieder auf die Beine geholfen, noch dazu wieder durch Unterstützung von Diplomatengattinnen.

8. Februar. Wagner gibt in Prag ein Konzert, das ihm endlich nicht nur einen moralischen, sondern auch einen recht annehmbaren pekuniären Erfolg bringt.

Auf Einladung der Petersburger Philharmonischen Gesellschaft reist Wagner gegen *Ende des Monats* in das weitentfernte Rußland. In Berlin besucht er nur kurz das Ehepaar von Bülow (Cosima erwartet gerade ihr zweites Kind), für seine Schwester Cäcilie und deren Familie aber findet er keine Zeit mehr. Auch in Königsberg hält er sich nur eine Nacht auf.

März. Innerhalb von zwei Wochen dirigiert Wagner zwei erfolgreiche Konzerte des ausgezeichneten, hundertzwanzig Musiker zählenden Orchesters. Die Einnahmen des dritten Abends — sie sollten zu seinen Gunsten sein — überläßt er den Häftlingen des Schuldgefängnisses. Er selbst erhält tausend Rubel Entschädigung und das Versprechen, im nächsten Jahr wieder eingeladen zu werden.

An Minna:

Sonderbar... daß ich hier in Rußland die Hilfe finden soll,
die ich so nahe eigentlich in Deutschland zu suchen hätte...

Das Moskauer Orchester ist nicht so vollkommen, aber auch hier hat Wagner günstige Ergebnisse zu verzeichnen. Nur trifft es sich sehr unglücklich, daß er, um den durch seine Erkrankung entstandenen Ausfall aufzuholen, drei Konzerte innerhalb von sechs Tagen abhalten muß, was ihn außerordentlich anstrengt: *Ich kann derlei Unternehmungen nicht wiederholen, ohne dabei zu Grunde zu gehen...*

Er kehrt nach Petersburg zurück, um von hier aus nach mehr als einmonatiger Abwesenheit nach Hause zu reisen. Er ist mit dem Erfolg zufrieden: Abgesehen von den reichlichen Einnahmen, die wie gerufen kamen, hatte er neue Verbindungen mit den Hofkreisen angebahnt und in der Künstlerwelt neue Anhänger gewonnen. Außer mit dem bereits aus der Schweiz bekannten Serow waren Anton und Nikolai Rubinstein seine Freunde geworden. Das Publikum, das noch vor vier Monaten aus Anlaß der Aufführung von ,,Die Macht des Schicksals" Verdi gefeiert hatte, begeisterte sich nun für die Teile aus den ,,Nibelungen"-Dramen, die es zu hören bekam.

Was aber hat wohl Wagner von der tieferen Wirklichkeit des künstlerischen und politischen Lebens in Rußland wahrgenommen? In Petersburg wirkt bereits eine der bedeutendsten Gruppen der Musikgeschichte, die der ,,Fünf"; das ,,Mächtige Häuflein" — Balakirew, Cui, Borodin, Rimski-Korsakow und Mussorgski —, Vorkämpfer der nationalen russischen Musik. Wagner aber kommt mit keinem von ihnen in Berührung. Es sind noch kaum zwei Jahre seit der Aufhebung der Leibeigenschaft vergangen, und es ist noch kein Jahr her, seit der letzte Aufstand der Polen im Blut erstickt wurde —, doch die für die Regierung Zar Alexanders II. so charakteristischen gegensätzlichen Erscheinungen fallen außerhalb von Wagners Interessenkreis. Ihn beschäftigen seine eigenen Sorgen, und die Bedeutung dieser Reise lag für ihn in erster Linie in deren pekuniären Ergebnissen.

April. Wagner eilt zu Bülows nach Berlin zurück. Cosima und ihr neugeborenes Töchterchen (dem sie zum Andenken an ihre vor einem halben Jahr verstorbene Schwester den Namen Blandine gab) erfreuen sich bester Gesundheit. — Wagner fährt nach Wien zurück. Er begleicht seine drückendsten Schulden und schickt Minna den ihr zugedachten Betrag. Es bleiben ihm noch rund viertausend Taler, für die er ein Haus in einem Ort am Rhein zu kaufen gedenkt. Diesen Plan läßt er zwar wieder fallen, doch mietet er in Penzing bei Wien das gesamte Obergeschoß einer eleganten Villa.

Am 12. Mai zieht er in das luxuriös eingerichtete neue „Asyl" ein.

22. Mai. Hier im neuen Heim empfängt er die Familie Standhartner und die Wiener Verehrer, die seinen fünfzigsten Geburtstag mit Lampionaufzug und Serenade feiern. Die Ovationen lassen ihn zunächst vergessen, daß vom „Tristan" immer weniger die Rede ist. Nach siebenundsiebzig Proben werden die Vorbereitungen abgebrochen. Anders' Krankheit ist anderer Natur, als man glaubte: Es zeigen sich Anfänge einer Sinnesverwirrung. Mit lokalen Kräften kann die Wiener Aufführung nicht zustande kommen. Wagner rechnet mit dem Ehepaar Schnorr; vielleicht in Weimar oder in Prag — noch in diesem Jahr oder erst im nächsten? An leeren Versprechungen — einmal hier, einmal dort — fehlt es nicht. Wagner möchte die Vertonung der „Meistersinger" fortsetzen, dazu aber hätte er Ruhe nötig.

Wie sehr ich... gerade jetzt einer gewissen weiblichen Pflege und Führung des Hausstandes bedürftig war, erhellte mir selbst, als ich an Mathilde Maier in Mainz den unbefangenen Wunsch aussprach, sie möge zu mir kommen, um mir das Fehlende in schicklicher Weise zu ersetzen... sie [erteilte] mit bürgerlichem Verstande und Präzision einfach mir den guten Rat, zunächst von meiner Frau mich scheiden zu lassen, wonach alles übrige dann leicht sich arrangieren lassen würde. Hierüber heftig erschrocken, nahm ich sofort meine Aufforderung als unüberlegt zurück...

Am 5. Juni an die gute Züricher Freundin Elisa Wille:

Ich will dieser Tage endlich einmal wieder Wesendonks schreiben. Allein — ich kann nur ihm schreiben... Wie mir's um das Herz ist, kann ich ihr... nicht schreiben, ohne Verrat an ihrem Manne zu begehen... sie ist und bleibt meine erste und einzige Liebe... Es war der Höhepunkt meines Lebens... Wie kann ich mit dieser Frau so reden, wie es jetzt sein soll und muß? — Unmöglich! — Ja, ich fühle sogar, ich darf sie nicht wiedersehen...

Am 20. Juni an Natalie (Wagner sendet ihr zur Weiterleitung die für Minna gedachte Summe):

...Glaube mir, gute Natalie, seit Jahr und Tag blutet mir das Herz: denn klar und deutlich sehe ich, daß ich mit Minna nicht mehr zusammen leben kann... Selbst unsre Briefe können nie ganz harmlos sein... Ich muß ernstlich glauben, es ist besser auch damit aufzuhören. ...ich erkläre dagegen, sie soll immer meine Frau bleiben. Ich werde nie daran denken, mich von ihr scheiden zu lassen. Ich werde allein bleiben und Niemand soll ihren Platz einnehmen.

Am 28. Juni an Mathilde:

Ich fliehe die Menschen... Nun richte ich mir eine schöne stille Wohnung ein...

23. und 28. Juli. Wagner gibt auf Grund einer Einladung ungarischer Freunde Liszts im Pester Nationaltheater zwei Konzerte. Lassen sich auch die Einnahmen mit denen in Petersburg nicht vergleichen — der moralische Erfolg ist kein geringerer. Die Gastfreundschaft der ungarischen Magnaten und Künstler bleibt ihm noch lange in Erinnerung.

3. August. In seine Wiener Einsamkeit zurückgekehrt, läßt Wagner wieder den Mut sinken. Er schreibt an Mathilde: *Ich habe keine Lust mehr — zu nichts. Mir fehlt jede Andacht, jede Sammlung: eine tiefe, ruhelose Zerstreutheit beherrscht mein Inneres. Ich hab' keine Gegenwart und ganz ersichtlich keine Zukunft. Von Glauben nicht eine Spur...*

9. August. Mathilde antwortet:

,,Wer Ihnen zu helfen vermöchte, müßte sehr glücklich sein! ...Mein Herz ruft Sie wohl immer in die Schweiz zurück, doch dieses Herz ist egoistisch und darf nicht gehört werden. Wäre ein Asyl in der Schweiz, außerhalb jenes ersten Asyls, undenkbar?"

Am 10. September an Mathilde:

...wo die Mitwelt mir helfen könnte, das wird die Nachwelt — vermutlich sehr bald — einsehen. Da wird's offen stehen, wie leicht mir zu helfen gewesen wäre, und was sie gewonnen haben würde, wenn mir meine letzten guten Schaffensjahre nicht so elend verkümmert worden wären. — Soll ich aber, um dieser zukünftigen Verwunderung abzuhelfen, jetzt für mich thun, was man dann für meine Denkmäler thun wird?

12. September. Die Darlehen der Freunde sind aufgebraucht, und Wagner kann sich nur mehr gegen Wechsel Geld verschaffen; die Wechsel laufen ab. — Er wendet sich an seinen Prager Freund, Heinrich Porges:

Bis 23em dieses Monates September muß ich um jeden Preis dreitausend Gulden haben... (Er ersucht ihn um Vorschuß auf seine abzuhaltenden Konzerte.)

An Franz Schott:

Stellen Sie mir, ich bitte Sie, ohne Zögern und sofort die gleiche Summe von 3000 fl., welche ich mir zuletzt erbat, jetzt noch zu... (Neuerlichen Vorschuß auf die „Meistersinger".)

November. Mit schwerer Mühe kommt wieder eine Konzerttournee zustande, deren erste Station Prag ist. Die Einnahmen entsprechen nicht den Erwartungen. Mit der Unterstützung eines Bankiers kann Wagner nach Karlsruhe weiterreisen. Hier gibt er zwei recht erfolgreiche Konzerte. Das Geschenk des Großherzogs ist bescheidener, als Wagner gehofft hatte. Er eilt nach Zürich zu Wesendonks. Sie zeigen für seine Klagen lebhafte Anteilnahme, gewähren ihm aber keine weiteren Unterstützungen. Dann reist Wagner nach Berlin zu Cosima und ihrer Familie:

Da Bülow Vorbereitungen zu seinem Konzerte zu treffen hatte, fuhr ich mit Cosima allein ... auf die Promenade. Diesmal ging uns schweigend der Scherz aus: wir blickten uns stumm in die Augen, und ein heftiges Verlangen nach eingestandener Wahrheit übermannte uns zu dem keiner Worte bedürfenden Bekenntnis eines grenzenlosen Unglücks, das uns belastete. Unter Tränen und Schluchzen besiegelten wir das Bekenntnis, uns einzig, gegenseitig anzugehören.

Wagner fährt am nächsten Tag weiter, da er in Löwenberg und Breslau Konzerte zu geben hat.

Am 9. Dezember trifft Wagner wieder in Wien ein — müde und niedergeschlagen. Die Ergebnisse der Tournee reichen nur dazu aus, die alten Wechsel durch neue, noch kürzer befristete einzulösen. Er möchte ja komponieren, kann aber keine Ruhe finden. Zur Ruhe ist Geld nötig, das aber kann er sich vorderhand nur durch Konzertieren verschaffen. Das wiederum bringt wenig ein und raubt ihm Kraft und Zeit, die er fürs Komponieren brauchte. Mit Schaudern merkt er, daß er diesem Circulus vitiosus nicht entrinnen kann. Sein einziger Trost, daß jemand existiert, der an ihn glaubt: Durch Cosimas Glauben wird auch sein eigenes Selbstgefühl gestärkt. Ob wohl die erhabene Empfindung des Zueinandergehörens einen Ausweg aus den Nöten weist oder nur zu neuen Verwicklungen führt?

1864

Januar. Das Gefühl der Unsicherheit steigert sich. Wagners Versuche, das unaufhaltsame Fiasko hinauszuschieben, scheitern einer nach dem andern. Er erkrankt und muß ärztliche Hilfe in Anspruch nehmen.

Am 15. Februar an Minna:

Täglich mache ich die Erfahrung mehr, wie wenig ich eigentlich begriffen werde, wie allein und verlassen ich stehe!

Am 16. Februar an seinen Schwager, Heinrich Wolfram:

Jetzt ist für mich eine vollständige letzte Lebensfrage, ob ich ungestört bei meiner Arbeit verbleiben, und die Meistersinger zu nächstem Winter für die Theater liefern kann. Ich bin darin auf das grausamste wiederholt unterbrochen worden, derart, daß ich schon

glaubte, die Arbeit ganz aufgeben zu müssen. ...Alles, alles —
wird mir aber so gräßlich schwer: ich habe nirgends mehr Hülfe,
und niemand bekümmert sich um mich.

14. März. In seiner äußersten Not wendet er sich an Elisa
Wille:

Ich bitte Sie, mit unsern Freunden [dem Ehepaar Wesendonk]
darüber Rücksprache zu nehmen, ob sie es für möglich halten, für
diesen Sommer mich bei ihnen aufzunehmen... Da ich jedenfalls
meine hiesige Niederlassung, wegen herausgestellter zu großer
Kostpieligkeit derselben aufzugeben mich genöthigt sehe, handelt
es sich zunächst darum, mir für die Zeit, welche ich noch zur Vollen-
dung meiner Meistersinger nöthig habe, ein hierzu dienliches ruhiges
und anständiges Unterkommen zu verschaffen. Nach Vollendung
meiner Arbeit, welche bei gänzlicher Ungestörtheit mit Ende des
bevorstehenden Sommers herbeigeführt werden kann, werde ich mich
nach Petersburg wenden, wahrscheinlich um gänzlich dort zu blei-
ben...

Über diese neueste Idee (Plan kann man es nicht nennen,
da darüber noch keinerlei Verhandlungen geführt wurden)
schreibt er am gleichen Tag auch nach Petersburg. Er beklagt sich bei der Hofdame Editha von Rhaden:

Ich bin in keiner Katastrophe, sondern in der Entwickelung
meines Endes begriffen.

Er wartet immer ungeduldiger auf Antwort, da er sich
durch die Wucherer bereits in seiner persönlichen Freiheit
bedrängt sieht. Die erste Abweisung kommt aus Zürich. —
Nun, wenn ihn die Wesendonks nicht zu sich rufen, wird
das Ehepaar Wille schon helfen: Wagner schreibt auch
sofort — diesmal dem Mann. François Wille aber hält sich
gerade in Konstantinopel auf.

23. März. Die Antwort abzuwarten, ist keine Zeit mehr. Auf Anraten des Advokaten entfernt sich Wagner insgeheim, mit finanzieller Unterstützung seiner Freunde, aus seinem vornehm eingerichteten Penzinger Heim. Mit Berührung von München, wo das Volk gerade das Hinscheiden König Maximilians II. betrauert und die Thronbesteigung Ludwigs II. feiert, flüchtet er über den Bodensee wieder in die Schweiz.

26. März. Krank und in trüber Stimmung trifft Wagner in Mariafeld ein und ersucht die Familie Wille um Unterkunft. Zwar ist die Frau mit ihren zwei großen Söhnen allein zu Hause, doch bleibt ihr nichts anderes übrig, als den völlig gebrochenen Mann bei sich aufzunehmen. — Wagner versucht zu arbeiten, ist aber außerstande, sich zu konzertrieren. Er klagt Elisa, daß er sich so vorkomme wie König Lear, den seine Töchter verstießen, nachdem er sein gesamtes Gut unter sie verteilt hatte:

Die Welt ist mir schuldig, was ich brauche! Ich kann nicht leben auf einer elenden Organistenstelle, wie Ihr Meister Bach!

Von Mariafeld aus führt Wagner eine umfangreiche Korrespondenz.

Am 3. April an Pusinelli:

Die Möglichkeit ist mir gegeben, hier bis zu nächstem Herbste ungestört und wohl verpflegt, und ohne mir dadurch Kosten für mein Leben zu verursachen, meine Arbeit zu vollenden. Die Einladung hierzu kam mir zur entscheidenden Stunde, und nahm ich sie unverzüglich an. Eines fehlte mir zu einiger Ruhe: meine Frau versorgt zu wissen. ...Einstweilen, ich bitte Dich, thue was in Deinen Kräften steht... Es giebt eine Grenze für alles Leiden, und ich bin hart daran. Denn alles Glück hat mich gänzlich verlassen!

215

Am 5. April an Mathilde Maier:

Die Nacht träumte ich (im Fieber), Friedrich der Große hätte mich zu Voltaire an seinen Hof berufen. So geht es mir mit meinem heimlichen Ehrgeiz.

Am 8. April an Cornelius:

Ein Licht muß sich zeigen: Ein Mensch muß mir erstehen, der jetzt energisch hilft — dann habe ich noch die Kraft, die Hilfe zu vergelten; sonst nicht, das fühle ich! . . . ein gutes, wahrhaft hilfreiches Wunder muß mir jetzt begegnen; sonst ist's aus!

Um den 10. April an Standhartner:

Mir könnte nur Einer helfen — nicht viele — nämlich der Rechte: Er existiert gewiß — aber wie ihn finden?

Auch aus Petersburg trifft eine abschlägige Antwort ein.

Am 27. April an Porges (da Wagner spürt, daß ihn der inzwischen zurückgekehrte Hausherr Wille nicht allzu gerne bei sich sieht):

Wo soll ich hin? Nirgends steht mir eine Aufnahme zu Gebote . . .

Die Gläubiger gehen daran, Wagners Penzinger Möbel versteigern zu lassen, die Wucherer bedrängen die für die abgelaufenen Wechsel bürgenden Freunde: Standhartner, Cornelius, Tausig . . .

29. April. Bis zum äußersten verbittert, verläßt Wagner Mariafeld. Obwohl ohne jede Hoffnung auf Erfolg, will er als Letztes versuchen, irgendeine seiner Opern bei irgendeinem beliebigen deutschen Theater unterzubringen. Vielleicht kann Kapellmeister Eckert in Stuttgart helfen.

Am 2. Mai an Porges — aus Stuttgart:

Seit heute vor 8 Tagen habe ich allen und jeden Schlaf verloren und mein Haar ist fast vollständig ergraut.

Ein Besucher läßt sich im Gasthof bei Wagner anmelden. In seiner düsteren Stimmung will er niemanden sehen und läßt den Fremden bitten, am nächsten Tage wiederzukommen.

3. Mai. Der Besuch, der von neuem vorspricht, ist Franz Xaver von Pfistermeister, Kabinettssekretär König Ludwigs II. von Bayern. Er sucht Wagner seit länger als einer Woche, ist schon in Wien und auch in Mariafeld gewesen, bis er ihn hier endlich erreichte. Er überbringt Wagner samt einem Rubinring und Lichtbild des Königs die Botschaft seines Herrn, der, als Verehrer von des Meisters Kunst, sein Gönner sein und es ihm möglich machen möchte, ohne Sorgen nur seiner schöpferischen Arbeit zu leben. Laut Auftrag hat Pfistermeister den Komponisten unverzüglich zum König zu geleiten... Rex ex machina....

Der Günstling
(1864-1872)

1864

Am 4. Mai stehen im Empfangssaal des Münchner Schlosses Wagner und Ludwig II. zum erstenmal einander gegenüber. Der Komponist ist einundfünfzig Jahre alt, der König neunzehn. — Den ersten Bericht erhält Elisa Wille:

Er ist leider so schön und geistvoll, seelenvoll und herrlich, daß ich fürchte, sein Leben müsse wie ein flüchtiger Göttertraum in dieser gemeinen Welt zerrinnen. Er liebt mich mit der Innigkeit und Gluth der ersten Liebe: er kennt und weiß alles von mir, und versteht mich wie meine Seele. Er will, ich soll immerdar bei ihm bleiben, arbeiten, ausruhen, meine Werke aufführen; er will mir Alles geben, was ich dazu brauche; ich soll die Nibelungen fertig machen, und er will sie aufführen, wie ich will. Ich soll mein unumschränkter Herr sein, nicht Kapellmeister, nichts als ich und sein Freund... wenn er nur leben bleibt; es ist ein zu unerhörtes Wunder!

5. Mai. Ludwig II. an Wagner:

„Seien Sie überzeugt, ich will alles tun, was irgend in meinen Kräften steht, um Sie für vergangene Leiden zu entschädigen. Die niedern Sorgen des Alltagslebens will ich von Ihrem Haupte immer verscheuchen, die ersehnte Ruhe will ich Ihnen bereiten, damit Sie im reinen Äther Ihrer wonnevollen Kunst die mächtigen Schwingungen

218

Ihres Genius ungestört entfalten können! — Unbewußt waren Sie der einzige Quell meiner Freuden, von meinem zarten Jünglingsalter an, — mein Freund, der mir wie keiner zum Herzen sprach, mein bester Lehrer und Erzieher. Ich will Ihnen alles nach Kräften vergelten!"

Um den 10. Mai. Die erste Aufgabe: Regelung der Schulden. Es liegt nicht am König, wenn das nicht völlig und auf einmal geschieht.

Magdeburg-Königsberg-Riga-Paris-Dresden-Zürich-Wien: Das sind die Hauptstationen am Wege Wagners, den die Gläubiger wie lebendige Meilensteine bezeichnen. Je aussichtsloser ihre Befriedigung erschien, desto mehr wiegte sich Wagner in der Hoffnung, den einen wohl vergessen, den andern überleben zu können. Die letzte und schmerzlichste Enttäuschung hatte ihm Wien bereitet. Vor allem eilt er also dorthin, um seine Angelegenheiten zu ordnen. Siegreich kehrt er in diese Stadt zurück, löst mit den aus der Privatkasse des Königs erhaltenen sechzehntausend Gulden seine Möbel wieder aus, regelt die Wechsel und brennendsten Schulden. — Dann eilt er zu seinem jugendlichen Herrscher zurück nach Starnberg, in das ihm zur Verfügung gestellte Schloß am Seeufer. Nun beginnt die Zeit der künstlerischen Pläne. Wagner hält es für ratsam, als erstes den „Fliegenden Holländer" in München auf die Bühne zu bringen, da mit den lokalen Kräften nur dieses Werk mustergültig aufgeführt werden kann. Danach könnte der „Tristan" mit dem Ehepaar Schnorr an die Reihe kommen. Der König ist mit den Plänen einverstanden. Der Meister kann mit Recht feststellen: *Alles ist möglich, weil Wille und Macht sich vereinen.*

219

24. Mai. Wagner sendet Minna Geld und sucht sie zu beruhigen:

Ich benehme mich mit großer Vorsicht, namentlich, um mir nicht den Vorwurf eines Mißbrauches des so sehr jungen Monarchen zu-zuziehen...

26. Mai. Elisa Wille schildert er seine Beziehung zum König detaillierter:

Er hält sich jetzt meistens hier in einem kleinen Schloß in meiner Nähe auf; in 10 Minuten führt mich der Wagen zu ihm. Täglich schickt er ein- oder zweimal [nach mir]. Ich fliege dann immer wie zur Geliebten. Es ist ein hinreißender Umgang. Dieser Drang nach Belehrung, diess Erfassen, diess Erbeben und Erglühen ist mir nie so rückhaltlos schön zu theil geworden. Und dann diese liebliche Sorge um mich, diese reizende Keuschheit des Herzens, jeder Miene, wenn er mir sein Glück versichert, mich zu besitzen; so sitzen wir oft Stunden da, Einer in den Anblick des Andren verloren... Allmällig wird mich Alles lieben; schon die nächste Umgebung des jungen Königs ist glücklich darüber, mich so zu finden und zu wissen, weil Jeder sieht, mein ungeheurer Einfluß auf das Gemüth des Fürsten kann nur zum Heil, Niemand zum Nachtheil ausschlagen. So wird täglich in uns und um uns Alles schöner und besser!... Ach, dieser Liebliche, Junge! Nun ist er mir doch wohl Alles, Welt, Weib und Kind!

6. Juni. Pfistermeister gegenüber drückt Wagner seine Dankbarkeit in der Weise aus:

...ich gehöre fortan bis an meinen Tod meinem König an und Niemand anderem: mein Schaffen und Wirken gehört ausschließlich Ihm und keinem andren mehr... meine fertigen, aber noch un-aufgeführten Werke, wie alle diejenigen, welche ich noch schaffen werde, stehen Ihm einzig zur Verfügung undzwar als wirkliches

220

Eigenthum... Des Weiteren hat mein theurer König das einzige Recht, über öffentliche Aufführungen dieser Werke zu verfügen.

Am 30. *Juni* an Elisa Wille:

Nicht so schnell, als Sie vermuthen könnten, werde ich wieder bei meiner Kunst sein... Meine Einsamkeit ist furchtbar...

Wagner ruft wieder Mathilde Maier zu sich, sie aber verharrt trotz der veränderten Umstände unverändert auf dem Standpunkt, den sie vor einem Jahr eingenommen hatte. Peter Cornelius und Heinrich Porges, die er als Mitarbeiter gewinnen möchte, weisen die Ehre gleichfalls zurück. Nur die Bülows kommen zu ihm; zuerst Cosima mit ihren beiden Töchtern, dann Hans, krank und sterbensmüde.

Im Sommer werden zwischen den beiden Schlössern begeisterte Briefe hin- und hergeschickt. Auf eine siebenstrophige Huldigungsdichtung antwortet der König mit einem dreistrophigen Vers. Der Meister komponiert als Geburtstagsgeschenk einen „Huldigungsmarsch" und schreibt, als sein junger Schüler ihn bittet, ihm seine Stellungnahme von 1849 zu erklären, einen Aufsatz „Über Staat und Religion":

Gewiß war es für meine Untersuchung charakteristisch, daß ich hierbei nie auf das Gebiet der eigentlichen Politik herabstieg... wer mir... die Rolle eines politischen Revolutionärs... zugeteilt hat, wußte offenbar gar nichts von mir, und urteilte nach einem äußeren Scheine der Umstände...

Dann entwickelt er seine von Schopenhauer (also um vieles später) beeinflußten Anschauungen über die Welt, den Staat, die Religion und die Kunst:

Das Wesen der Welt ist Blindheit... ein blinder Trieb von einzigster Macht und Gewalt... In dem Staate drückt sich das

221

Bedürfnis als Notwendigkeit des Übereinkommens des in unzählige,
blind begehrende Individuen geteilten, menschlichen Willens zu
erträglichem Auskommen mit sich selber aus... Die verkörperte
Gewähr für dieses Grundgesetz ist der Monarch... [Die] Grund-
lage [der Religion] ist das Gefühl der Unseligkeit des menschli-
chen Daseins... Ihr innerster Kern ist Verneinung der Welt...

So wurde aus dem protestantischen, sächsischen Revolutionär der Günstling des katholisch bayrischen Königs,
und der Künstler verlangt von der Kunst selbst nur so viel
Aufrichtigkeit, daß sie eingestehe, nur eine Illusion zu sein.

Am 30. August besucht Liszt in Starnberg seinen unglück-
lichen, kranken Schwiegersohn und zugleich seinen vom
Glück begünstigten Freund. Ihre Beziehung ist weniger
herzlich als früher, sie ist von der Ahnung überschattet,
daß Cosimas Ehe gerade wegen Wagner in eine Krise geraten ist. Doch gibt es keinen, der über „Die Meistersinger"
mehr entzückt wäre als Liszt. „C'est allègre et beau, com-
me Shakespeare!" (So lebendig, so schön wie Shakespeare)
schreibt er der Fürstin Wittgenstein.

Am 3. September reist Bülow mit Familie nach Berlin zurück.

Am 9. September an Elisa Wille:

Seit einiger Zeit bin ich wieder ganz allein, wie in einem ver-
wünschten Schloß... glauben Sie mir, es ist ein Elend, an dem ich
mich verbluten werde... Der arme Bülow...gerieth aus einem
Krankheitsfall in den andern. Dazu eine tragische Ehe: eine junge,
ganz unerhört seltsam begabte Frau, Liszt's wunderbares Ebenbild,
nur intellectuell über ihm stehend. — ...Mein junger König spart,
stellt väterliche Bauten ein u. s. w., um das Geld für die Aufführung
der Nibelungen zusammenzuhalten.

Die Sparsamkeit des Königs, noch mehr aber die Verschwendungssucht Wagners können in München, das trotz seiner hundertfünfzigtausend Einwohner den Charakter einer Provinzstadt trägt, nicht lange ein Geheimnis bleiben. In der Presse wird Wagners begünstigte Lage in etwas übertriebener Weise dargestellt. Wagner sieht sich zu einem Dementi veranlaßt.

Am 26. September an Ludwig II.:

Ich habe beschlossen... sofort die Vollendung der Composition meines großen Nibelungenwerkes in Angriff zu nehmen... ich ersuche Eure Majestät, mir den völligen Auftrag zur Vollendung meiner Tetralogie... allergnädigst ertheilen zu wollen.

30. September. Die Antwort lautet: „Mein größter Wunsch soll erfüllt werden!" Der König stellt Wagner ein in der Stadt gelegenes Haus mit Garten zur Verfügung und läßt ihm auf Grund des eiligst geschlossenen Vertrags dreißigtausend Goldgulden aus seiner Privatkasse anweisen. (Er ist nach Wesendonk und Schott der dritte, der das Werk ankauft.) Die Aufführung ist für den August 1867 vorgesehen. — Er gibt auch Bülow ein Amt, damit er sich samt seiner Familie in München niederlassen kann.

22. Oktober. Cäcilie Avenarius an Minna: „Durch Albert höre ich... wie sehr sich R[ichard] in München durch sein unerhört arrogantes Wesen schadet..."

20. November Bülow siedelt mit Familie nach München über.

Am 4. Dezember, am Tage der Münchener Erstaufführung des „Fliegenden Holländers", ernennt der König einen neuen Ministerpräsidenten. Bedauerlicherweise ist es Ludwig von der Pfordten — ein alter Bekannter, da er zur Zeit von Wagners Tätigkeit als Kapellmeister in Dresden sächsischer Minister war; von der Pfordten ist klerikal-konservativ eingestellt. — Um diese Zeit entsteht der erste Entwurf zum Festspielhaus des „Ring"; der zur Lösung der Aufgabe herbeigerufene Semper unterbreitet einen Kostenvoranschlag von sechs Millionen. Für die Privatkasse des Königs ist der Betrag viel zu hoch, seine Umgebung wiederum legt dagegen Einspruch ein, ein Theater auf Staatskosten zu bauen, das für München überflüssig ist. Nach Wagners Meinung, die auch von Ludwig II. geteilt wird, ist das der einzige Weg zur allgemeinen Erneuerung und Entwicklung der deutschen Kultur. Von der Pfordten aber erklärt: „Die Überhebung der Persönlichkeit, wie sie in Richard Wagner auftritt, ist das zerstörende Moment unseres heutigen Lebens und Staatswesens, und wenn die Fürsten nur ein wenig so zusammenhielten, wie die Demokraten es tun, so dürfte Wagnerische Musik nirgends aufgeführt werden." Die Öffentlichkeit erfindet für den Meister einen Spitznamen. Man nennt ihn Lolus oder Lolu, womit man auf die verschwenderische Favoritin Ludwigs I., des Großvaters des jetzigen Königs, die schöne Tänzerin Lola Montez, anspielt.

31. Dezember. Der König — an Wagner:

„Sie wissen, meine Liebe für Sie, meine Treue sind ewig."

Die Antwort lautet:

. . . Nun wanderte ich durch die Hölle, das Jahr des Purgatorio's ging zu Ende: aus den heiligen Flammen des Fegefeuers trete ich neu und verjüngt in die himmlischen Paradieses-Jahre!

5. *Januar.* Der König wünscht Wagners Schriften in
Druck erscheinen zu lassen. Zu diesem Zweck sollen zunächst die Manuskripte gesammelt werden. Wagner wendet
sich an Mathilde Wesendonk und erbittet die ihr geschenk-
ten Handschriften zurück.

6. *Februar.* Wagner wird vom König nicht empfangen.
Als dieser bald darauf in einer Aufführung des „Fliegenden
Holländer" und des „Tannhäuser" nicht im Theater erscheint, wird gemunkelt, der Meister sei in Ungnade gefallen — angeblich — weil er sein als Geschenk für den König
gemaltes Porträt von diesem bezahlen lassen wollte. Vermutlich aber handelt es sich darum, daß die Königinmutter
ihrem Sohn die ihrer Ansicht nach nicht wünschenswerte
Gesellschaft des Komponisten untersagte. — Wagner hat
sich bis dahin in München von jeder politischen Stellungnahme ferngehalten, doch ist sein Einfluß auf den König
so groß, daß ihn die einander bekämpfenden Parteien um
jeden Preis für sich gewinnen wollen.

12. *Februar.* Der erste Versuch wird von Fürst Thurn
und Taxis unternommen. Durch seine Gesandten möchte
er Wagner veranlassen, seine Pläne zu unterstützen, die
darauf hinzielen, mit Hilfe jesuitischer Bankmanipulationen
seinem erstgeborenen Sohn ein Königtum im Rheinland
zu verschaffen. Der erste Schritt dazu wäre, die Entlassung
Pfistermeisters zu erwirken, an seine Stelle sollte der mit dem
Plan sympathisierende Staatsrat Klindworth (der Wagner
übrigens aus Brüssel bekannt ist) gelangen. Der Antrag
klingt verlockend; Wagner werden für seine Mithilfe ein

Festspielhaus, eine Musikschule, Villa und Rente versprochen. Er lehnt trotzdem ab. An Röckel schreibt er:

Die Jesuiten ...haben mir die Wege zu allem, was ich nur begehrte, so eben gelegt, daß ich eigentlich einen Verrat an meinem Kunstideal begangen habe, nicht irgendwie mich gefügig zu zeigen...

19. Februar. Als nächster bittet Pfistermeister um Unterstützung, nicht nur zur Festigung seiner eigenen Position, sondern zur Erweiterung der königlichen Macht, was durch die Beschneidung der Verfassung von achtundvierzig erreicht werden sollte. Wagner läßt sich auch diesmal nicht von den verlockenden Versprechungen ködern.

20. Februar. Die Augsburger ALLGEMEINE ZEITUNG bringt einen Artikel ohne Unterschrift, in dem erstmals offen ausgesprochen wird, daß, durch den Einfluß und die Verschwendungssucht des Meisters veranlaßt, „immer düsterer eine Wolke sich lege zwischen die herzliche Liebe des bayrischen Volks und das hehre Bild seines jugendlichen Königs"...

22. Februar. Wagner dementiert, womit er, ohne das ernstlich zu wollen, einen Vorgang einleitet, den er später weder aufzuhalten noch zu seinen Gunsten zu wenden vermag.

Am 26. Februar an Elisa Wille:

Warum da, wo ich Ruhe und ungestörte Arbeitsmuße suchte, in eine Verantwortlichkeit verwickelt werden, in welcher das Heil eines himmlisch begabten Menschen, vielleicht das Wohl eines Landes, in meine Hände gelegt ist? — Wie hier mein Herz retten? Wie dann noch Künstler sein sollen? — Ihm fehlt jeder Mann, der ihm nöthig wäre? — Diess, diess ist meine wahrhafte Beklemmung.

Am 9. März an Ludwig II.:

Wäre hier nicht Alles so tief, edel und göttlich zart, wie erträg-
lich müßte es endlich dem vielgequälten lebensmüden Manne dün-
ken, dem holden Freunde zuzurufen: — „Mein König! — ich
bringe Dir Unruhe: — laß mich ziehen, dahin, wo mich der
Blick des Neides und des Unverstandes nicht verfolgt, in ein fernes
Land: — getrennt — wer mag uns scheiden?..." Nur der Be-
zauberte kann zaubern... nur Er kann mich entzaubern, — nur
Er mir sagen: „Ziehe fort." — — — Ich — kann es nicht! —
Was soll ich nun thun?...

10. März. Ludwig II. — an Wagner:

„...Daß meine Liebe bis in den Tod Ihnen treu bleiben
wird, daran werden Sie, ich weiß es, nie zweifeln"... —
Den Komponisten empfängt er aber auch jetzt nicht.

11. März. Seine neuerliche Antwort (auf Wagners Drängen hin) ist endlich eindeutig:

„Bleiben Sie, bleiben Sie hier, Alles wird herrlich wie
zuvor."

Beruhigt setzt der Meister seine Tätigkeit fort. Zu allererst arbeitet er einen „Bericht zu Seine Majestät den König
Ludwig II. von Bayern über eine in München zu errichtende
deutsche Musikschule" aus. Deren Aufgabe sieht Wagner
darin, für die musterhaften Aufführungen der Werke
„deutschen Stils" geeignete Vortragskünstler auszubilden.
— Inzwischen macht er sich mit Hilfe Bülows an die Vorbereitungsarbeiten für die „Tristan"-Aufführung. — Zur
selben Zeit bringt ein Münchener Blatt, der PUNSCH, giftige
Satiren über das „Morgenleben eines neudeutschen Komponisten", dessen Held, „Rumorhäuser", unverkennbar das
Abbild Wagners ist.

Am 10. April wird Cosimas dritte Tochter, Isolde, geboren, über die sich die Mutter so äußert: „...das erste Kind, welches ich als Kind der Liebe und Begeisterung begrüßte". Wagners Freude kennt keine Grenzen, er bedauert nur, deren Ursache nicht öffentlich bekanntgeben zu können.

Am 18. April über die Vorbereitungen und Bestimmung der nahen Aufführung des „Tristan" — an Friedrich Uhl:

Um mir den fördernden Überblick über die Leistungen der Gesamtheit zu erleichtern ist mir mein lieber Freund Hans von Bülow für die Leitung des Orchesters beigegeben... Ihm, der... meine Intentionen bis in ihre zartesten Nuancen in sich aufgenommen hat, dieses zweite Ich zur Seite, kann ich mit jeder Einzelheit der musikalischen wie szenischen Darstellung mich in der ruhig traulichen künstlerischen Stimmung befassen... Auf diese Weise... bereiten wir das Werk einer dramatischen Aufführung vor, die, rein als solche, bei allen, die ihr anwohnen werden, Epoche machen muß. Diese Aufführungen, für jetzt... vielleicht nur drei an der Zahl, sollen als Kunstfeste betrachtet werden, zu welchen ich von nah und fern die Freunde meiner Kunst einladen darf... Es handelt sich einzig darum, ob künstlerische Aufgaben, wie die von mir in diesem Werke gestellten, zu lösen sind, auf welche Weise sie zu lösen sind, und ob es sich der Mühe verlohne, sie zu lösen?

Am 11. Mai bei der Generalprobe — zu den Mitgliedern des Hoforchesters:

Schwierigkeiten, wie sie noch nie geboten wurden, sind überwunden: die Aufgabe ist gelöst, und die Erlösung des Künstlers ist erreicht — Vergessenheit! Vergessen seiner Person!

15. Mai. Die Erstaufführung unterbleibt wegen Isoldes (Frau Schnorrs) Erkrankung. Wagners Widersacher sorgen hingegen für eine andersgeartete Vorführung. Sie verschaffen sich einen vor langem ausgestellten, noch uneingelösten Wechsel Wagners, den sie gerade an dem Tage vorzeigen. Da er die zweitausendvierhundert Gulden nicht sofort auszahlen kann, werden seine Möbel gepfändet. Mit Hilfe der königlichen Kasse wird die Angelegenheit selbstverständlich bald bereinigt, trotzdem aber hatten Wagners Gegner ihr Ziel erreicht.

Anfang Juni. Wagner hat wegen des unfreiwilligen Aufschubs der Vorstellung erneuten Verdruß: Im Volkstheater wird dem Publikum ein neues Stück vorgeführt unter dem Titel „Tristanderl und Süßholde, dramatische Verslein mit Worten ohne Melodie, gegenwärtige Parodie von einer Zukunftsoper."

10. Juni. Nach langjährigem erbittertem Ringen geht endlich in mustergültiger Aufführung „Tristan und Isolde" in Szene, eine der bedeutendsten und vielleicht ebendeshalb meistumstrittenen musikalischen Schöpfungen aller Zeiten.

Ein einmaliges Werk, das nicht nur im Schaffen Wagners, sondern auch in der Geschichte der europäischen Musik eine zentrale Stellung einnimmt. Welcher Kunstgattung es angehört, ist schwer zu bestimmen. Der Meister selbst bezeichnete es mit dem Wort „Handlung". Und eben weil in dem Stück äußeres Geschehen kaum, aktives Handeln sozusagen überhaupt keines zu finden ist, müssen wir annehmen, daß Wagner es sich als Hinweis darauf dachte, daß der wahre Ort des Dramas die menschliche Seele, und die Handlung das ständige Auf und Ab der Gefühle sei. Im Vergleich mit der im „Ring" angestrebten Totalität bietet sich hier eine eingeengte Welt dar. Was aber das Stück an den zwei Dimensionen einbüßt, gewinnt es an der dritten. Noch in keinem seiner bisherigen Werke hatte

Wagner so tiefe Seelenregionen erschlossen, und das ist wohl der Grund, warum der „Tristan" unter ihnen allen am weitesten ins Zukünftige weist. Er beeinflußte nicht nur die zeitgenössischen Tonsetzer und ihre unmittelbaren Nachfolger — „Schule" zu machen ist übrigens gar kein so großes Verdienst, da dadurch der Welt meistens nur Epigonen geschenkt werden —, sondern wurde zur Basis der bis zum heutigen Tag andauernden Erneuerung der Musik und später zum gemeinsamen Ausgangspunkt gegensätzlicher Richtungen.

Das äußerliche Geschehen ist einfach. Tristan, der Neffe und getreue Ritter König Markes von Cornwall, holt mit seinem Schiff die irische Prinzessin Isolde seinem Onkel zur Frau. Zwischen den beiden bahnt sich eine verhängnisvolle Liebe an. Da sie auf Erden durch die Gesetze der „Tagwelt" geschieden werden, wählen sie freiwillig die ewige Nacht und vereinigen sich im Tode. — Die Motive der Handlung sind bei weitem verwickelter. Wodurch entstand diese Liebe? Das ist einer der Angelpunkte des bereits hundert Jahre währenden Streits. War es Irrtum oder Absicht, daß Brangäne, die Kammerfrau Isoldes, zwei Fläschchen miteinander vertauschte und statt des Todestranks den Kelch der Liebe darbot? Die zeitgenössische Kritik faßte das so auf, was eines ihrer größten Irrtümer war. Nach Hanslick ist es ein grundlegender Fehler des Dramas, daß man Tristan und Isolde nicht als tragische Helden ansprechen kann, da sie doch nur ihres freien Willens beraubte Sklaven eines auf chemischem Wege entstandenen Gefühls sind. Die Wagnerianer machten ihn sofort auf seinen Irrtum aufmerksam: Der Liebestrank sei nämlich bloß ein dichterisches Symbol. Der Streit ging aber weiter. Selbst Thomas Mann hatte noch nicht das letzte Wort gesprochen, als er den Liebestrank „...die dichterische Idee eines großen Psychologen" nannte. Seiner Meinung nach werden Tristan und Isolde seelisch nicht durch den Trank von den Moralgesetzen des Alltags entbunden, dies bewirkt „...nur ihr Glaube, den Tod getrunken zu haben". Wenn aber der Liebestrank bloß den Ausbruch einer bereits vorhandenen Leidenschaft verursacht, womit kann man begründen, daß Tristan nicht für sich selbst um Isolde wirbt, sondern für seinen, zur neuen Eheschließung nicht allzu bereiten Onkel, und wodurch ist zu erklären, daß die Macht des Liebestrankes in Markes Augen die Ehre seines Ritters wieder reinwäscht? Sein Vergeben, das ausschließlich damit begründet wird, verleiht dem vorher rein psychischen Faktor wieder übermenschliche Macht — oder zumindest chemische Wirkungskraft.

Zur richtigen Lösung gelangen wir nur, wenn wir an die Frage von der anderen Seite, von der Musik aus herangehen. Die Musik vermag die inneren Motive und unscheinbarsten Beweggründe der einfachen Begebenheit aufzudecken. In der Musik ist nicht allein die Motivierung enthalten — eigentlich erschließt und vollendet sich die ganze Tragödie nur in der Musik. Tatsächlich kennt die „Tristan"-Musik nur einen einzigen Helden: die himmelstürmende Leidenschaft. Vom ersten bis zum letzten Ton wird sie vom Dantischen „Amore" — „...Die da die Sonne rollt und andern Sterne" — oder von seinem irdischen Ebenbild belebt, von dem die Welt erfüllt ist und das die Menschheit nicht aussterben läßt. Es kennt weder Anfang noch

232

Ende, die Wagnerische „unendliche Melodie" findet eben-deshalb hier ihren im voraus erträumten Platz. Sie ist aber auch körperlos, sie schwebt überall und wechselt ständig ihre Gestalt. Wie wenn die Wagnerische „schwebende Tonalität" nur um ihr Ausdruck zu verleihen entstanden wäre. Die überquellende Chromatik, die stetige Modula-tion und das aus nur wenigen Motiven mit unerschöpflicher Erfindungskraft entwickelte Variationendickicht — machen gerade den Wechsel konstant. Die Musik ist die Kunst der ununterbrochenen Übergänge, also Verkünderin ewiger Erneuerung. So wird aus ihr und durch sie das von Tod und Verneinung der Welt handelnde Drama zu einem einzigen mächtigen Liebesduett. Die Verneinung der Gesellschaft (denn dies wird ja durch den Umsturz der Tonalitätsgesetze der Zeit ausgedrückt) ist zugleich eine Bejahung der auch in der Abgeschlossenheit zweier Menschen vollständigen Welt (und ist vielleicht auch Selbstbestätigung des verein-samten Künstlers). — Als aber die Umgebung auch in diesen engen Kreis einbricht, flüchten die Liebenden weiter — in den Tod. Das ist für sie der einzige Ausweg, die Er-füllung — die Erlösung. Der Ausklang der Tragödie ist dennoch erhebend, weil die Musik fühlen läßt, daß sich hier nur ein herausgerissener, auf *einen* Mann und *eine* Frau konkretisierter Teil der ewigen Liebe vor uns abgespielt hat. Die durch den Liebestrank angedeutete, gewissermaßen sichtbar, handgreiflich gemachte Liebe ist die Wirklich-keit, Tristan und Isolde dagegen nur Symbole — Sinn-bilder eines beliebigen Mannes und eines beliebigen Weibes — und nicht umgekehrt.

Nach Ansicht einiger ist „Tristan" Wagners nachträgliche

Rechtfertigung einer schon früher verkündeten Theorie und die künstlerische Formulierung der Lehre Schopenhauers. Nach der Meinung anderer ist seine Quelle — das um 1210 geschriebene Epos Gottfrieds von Straßburg (welches übrigens Wagner geradezu freudistisch umdeutete) — nur ein Vorwand, und die Wesendonkliebe nur ein Anlaß, die in ihm zum Leben erwachte Schöpfung in eine Form zu gießen. Ob wir all das nun sympathisch finden oder nicht, ist eine nebensächliche Frage. Die Musik schmilzt alles zusammen, noch dazu mit solcher Intensität, daß selbst die Spuren der Abkunft einzelner Teile verwischt werden und das einheitliche Ganze mit neuem und ganz persönlichem Zauber auf uns wirkt.

Das zur Erstaufführung geladene Publikum brachte dem Meister und dessen Künstlern Ovationen dar. Die Kritiker aber wußten nicht, was sie mit diesem trotz sechsjähriger Verspätung zu früh erschienenen Werk anfangen sollten. Eben erst waren sie soweit, daß sie Wagners romantische Opern verdauen konnten, und da war in den eineinhalb Jahrzehnten seit dem „Lohengrin" ein neuer Komponist erstanden, mit dem man sich noch schwerer befreunden konnte. In ihren Theaterberichten behelfen sie sich mit Ausdrücken wie: „Exzentrizität, Disharmonien, lärmender Spektakel... Chaos von Tönen, wie Phantasien eines Rasenden mit luziden Intervallen... Schamlosigkeit..." — Ihnen widerspricht das Lager der begeisterten Anhänger, an der Spitze Ludwig II., der Wagner so begrüßt: „Einziger! — Heiliger! — Wie wonnevoll! — *Vollkommen*. So angegriffen von Entzücken... Göttliches Werk! — Ewig treu — bis über den Tod hinaus! —"

Am 20. Juni (nach der dritten Vorstellung) an das Ehepaar Schnorr:

So! nun ruht Euch aus! Das Unvergleichliche ist gethan...

Am 1. Juli findet auf Wunsch des Königs noch eine außerordentliche Vorstellung statt, dann fährt das Ehepaar Schnorr nach Dresden zurück.

Am 15. Juli an Schott:

Der Punkt ist jetzt gewonnen, von welchem aus der neue Styl als eine Wahrheit auf Deutschland wirken soll...

17. Juli. Auf Wunsch Ludwigs II. beginnt Wagner seine Autobiographie zu diktieren — in die Feder Cosimas.

Am 21. Juli stirbt Schnorr plötzlich in Dresden. In Begleitung Bülows reist Wagner sofort hin, um von seinem Helden, dem zum Siegmund, zum Siegfried Auserkorenen, am Grabe Abschied zu nehmen.

Am 2. August an Pusinelli:

Tristan wird nie wieder aufgeführt. Das wird meines edlen Sängers Denkmal sein!

4. August. Der König tröstet den tiefbetrübten Meister: „...Und wenn wir Beide längst nicht mehr sind, wird doch unser Werk noch der spätern Nachwelt als leuchtendes Vorbild dienen, das die Jahrhunderte entzücken soll, und in Begeisterung werden die Herzen erglühen für die Kunst, die gottentstammte, die ewig lebende!..." — Gleichzeitig löst er das alte Konservatorium auf, um Wagners neuer „Deutschen Musikschule" Platz zu machen.

Anfang August trifft Liszt auf der Durchreise in München ein. Hinter ihm liegen Monate wichtiger Entscheidungen. Nach Aufgabe seiner Weimarer Stellung ließ er sich in Rom nieder, und als sich der Plan, mit der Fürstin Wittgenstein die Ehe zu schließen, als undurchführbar erwies, trat er einem Priesterorden bei. Zwischen den beiden Freunden hat sich die Entfremdung noch vertieft, etwas Unausgesprochenes trennt sie. Liszt weiß schon, daß die Ehe seiner Tochter in Gefahr ist, und er nimmt Cosima und Hans am 8. August auf ein paar Wochen nach Ungarn mit. Wagner zieht sich mit Diener und Hund in ein Jagdhaus in den Bayrischen Alpen zurück, dort erwartet er Cosimas Wiederkehr.

18. August.

O Cosima! Du bist die Seele meines Lebens! ... Nichts, nichts mehr ohne Dich!

20. August.

Bleibe bei mir, geh' nicht wieder. Sag's dem armen Hans offen, daß ohne Dich es mit mir nicht mehr geht. O Himmel, könntest Du ruhig vor der Welt mein Weib sein!...

25. August. Wagners Geschenk zum zwanzigsten Geburtstag Ludwigs II.: das von den Wesendonks zurückerbetene Manuskript des „Rheingold". — Das Gegengeschenk des Königs: Wagner erhält das Recht, das Haus in der Stadt, das er bewohnt, bis zum Lebensende unentgeltlich zu benutzen; die Zinsen eines vierzigtausend Gulden betragenden Kapitals werden ihm zugesichert und seine Jahresrente wird verdoppelt, sie beträgt von nun an achttausend (!) Gulden. — Zum Dank arbeitet Wagner den detaillierten dramatischen Entwurf des „Parsifal" aus.

30. August. Der König — an Wagner:

„Innig Geliebter! — Mein Alles!... Ja, ich will Ihnen treu bleiben bis zum letzten Athemzuge, will Sie schirmen mit mächtigstem Schutz! Feierlich gelobe ich Ihnen diess auf's neue! — Mit Ihnen nur lebe ich, mit Ihnen will ich sterben!..."

September. Den „Parsifal" beiseite lassend, feilt Wagner an dem zweiten Akt des „Siegfried"; die „Meistersinger" bleiben auch unberührt liegen. — Auf seinen Vorschlag hin erhält Bülow von Ludwig II. fast eine „musikalische Vollmachtstellung". Semper arbeitet weiter am Entwurf des Festspielhauses.

19. Oktober. Als neuerliches Zeichen königlicher Huld erhält Wagner vierzigtausend Gulden zum Geschenk. Die Hofbeamten fügen sich zähneknirschend dem Befehl, so viel erlauben sie sich aber doch, der an der Kasse erscheinenden Cosima die Hälfte des Betrags in — Kleingeld auszuzahlen. Die junge Frau muß die schweren Säcke in zwei Mietwagen nach Hause bringen lassen.

Oktober. Ist es ein Wunder, wenn unter solchen Umständen sich wieder mehrere Zeitungen mit der Person Wagners befassen? Die eine verrät, daß der Theaterbau ungefähr 16 Millionen Goldgulden kosten wird. Eine andere, der Neue Bayerische Courrier, greift den Komponisten seiner Vergangenheit wegen an: „Der bezahlte Musikmacher, der Barrikadenmann von Dresden, der einst an der Spitze einer Mordbrennerbande den Königspalast in Dresden in die Luft sprengen wollte... [beabsichtige nunmehr] den König allmählich von seinen Getreuen zu trennen, deren Plätze mit Gesinnungsgenossen zu besetzen, den König zu isolieren und für die landesverräterischen Ideen einer rastlosen Umsturzpartei auszubeuten..." — Wagner hatte dem König bis jetzt nur einen neuen Sekretär zur Erledigung der künstlerischen Angelegenheiten zur Anstellung empfohlen. Tatsache aber ist, daß ein ihm nahestehendes Blatt bereits auf die Auflösung der Kabinettskanzlei drängte...

11. November. Auf Einladung Ludwigs II. verbringt der Meister eine Woche beim König auf Schloß Hohenschwangau und schmiedet mit dem in einer Traumwelt Lebenden neue künstlerische Pläne.

27. November. Auf die wiederholten Angriffe des klerikalen VOLKSBOTEN hin gibt Wagner seine bisher geübte Zurückhaltung auf. Er schreibt an den König:

...*mein energischer Rath* [heißt] *unverändert: sofortige Entlassung Pfistermeisters, und gleichzeitige Berufung Neumayr's zur Berathung wegen Bildung eines neuen Cabinets...*

29. November. Die MÜNCHENER NEUESTE NACHRICHTEN bringen einen nicht gezeichneten Artikel von Wagner (oder Cosima?), der den König aus seiner Untätigkeit aufrütteln möchte;

,,...ich wage Sie zu versichern, daß mit der Entfernung zweier oder dreier Personen, welche nicht die mindeste Achtung im bayerischen Volke genießen, der König und das bayerische Volk mit einem Male von diesen lästigen Beunruhigungen befreit wären."

1. Dezember. Von der Pfordten — an Ludwig II.:

,,...Eure Majestät stehen an einem verhängsnisvollen Scheidewege und haben zu wählen zwischen der Liebe und Verehrung Ihres treuen Volkes und der Freundschaft Richard Wagners..."

6. Dezember. Nachts kehrt der König aus seinem Traumschloß in die Hauptstadt zurück und hält einen Ministerrat ab — in Angelegenheit Wagners. — Der päpstliche Nuntius in München meldet nach Rom:

„...Wagner genießt die besondere Huld des Königs...
All das erzeugte im Königtum eine gewisse Unzufriedenheit,
wodurch die Verehrung und Liebe für den König Abbruch
erleidet. Gerade das ist der Zweck, den die Revolutionäre
mit Hilfe Wagners erreichen wollen..." — Am Abend
spricht bei Wagner Pfistermeisters Stellvertreter Lutz vor
mit der Aufforderung, München unverzüglich auf einige
Monate zu verlassen. Wagner will der Botschaft keinen
Glauben schenken.

7. *Dezember.* Ludwig II. schreibt dem Meister:

„Mein teurer Freund! — So leid es mir ist, muß ich Sie
doch ersuchen, meinem Wunsch Folge zu leisten, den ich
Ihnen gestern durch meinen Sekretär aussprechen ließ.
Glauben Sie mir, ich mußte so handeln. Meine Liebe zu
Ihnen währt ewig; auch ich bitte Sie, bewahren Sie mir
immer Ihre Freundschaft; mit gutem Gewissen darf ich
sagen, ich bin ihrer würdig. — Getrennt — wer darf Uns
scheiden? Es ist ja nicht für immer. Bis in den Tod Ihr ge-
treuer Ludwig."

Wagners verbitterte Antwort:

*Gewiß täuschen auch Sie sich nicht über die Dauer meiner Ent-
fernung. Ich bitte Sie daher, mir einige wenige Tage zu gönnen,
um mein Haus und meine Angelegenheiten in würdiger Weise zu
ordnen.*

An Pusinelli:

*Ich stehe jetzt im Begriffe, mich für einige Monate nach Vevey
am Genfersee zurückzuziehen, da das hiesige Klima mich sehr
belästigt...*

8. *Dezember.* Ein neuerliches Schreiben Ludwigs II.:

„...Um Ihrer Ruhe willen mußte ich so handeln. Verkennen Sie mich nicht, selbst nicht auf einen Augenblick, es wäre Höllenqual für mich."

10. Dezember. In den frühen Morgenstunden verläßt Wagner München. Er wendet sich wieder nach der Schweiz. — In der Einsamkeit der Genfer Umgebung kann er die Bilanz seines sechzehnmonatigen Münchner Aufenthaltes ziehen. Die Summe der vom König erhaltenen Geschenke und Bezüge beträgt über hunderttausend Gulden. Das bedeutet, daß Ludwig II. fast ein Viertel des zu seiner Verfügung stehenden Geldes für Wagners persönliche Zwecke verbrauchte. Er dagegen hatte die ganze Zeit über fast gar nichts geschaffen. Außer der Instrumentierung des zweiten Akts des „Siegfried" war seine einzige künstlerische Leistung die „Tristan"-Aufführung gewesen, und nun besteht die Hoffnung, daß später auch die neuen Werke in München aufgeführt würden, falls es nicht seine nun triumphierenden Widersacher verhinderten.

1866

Am 3. Januar an seine Schwester Luise — bezüglich seiner Autobiographie, in der er nun bei seinem einundzwanzigsten Lebensjahre hält: *...von da ab ...wird mein Leben ernst und bitter... es kommt meine Heirath! Von ihr weiß kein Mensch, was ich durch sie gelitten habe! ... Mein Fortgang von München wurde eigentlich jeden Tag von mir erwogen: Der König wußte, daß es mir eine Wohltat erweisen hieß, mich nicht mehr zu halten... Für jetzt bestehe ich dringend auf einige Jahre gänzlicher Zurückgezogenheit zum einzigen Arbeiten...*

Am 8. Januar an Ludwig II. — über Pfistermeister und von der Pfordten:

Sie alle hassen Sie, weil sie Sie nicht begreifen und weil Sie allen unbequem sind. Sie wünschen Ihre Thronentsagung und quälen Sie deshalb mit ausgesuchten Martern ... Ich bin der Meinung, daß unser constitutionelles Staatswesen etwas Ungesundes und Unfruchtbares ist. Ich bin durch und durch königlich. Nur der König kann wollen und wirken: nur die deutschen Fürsten können Deutschland retten...

12. Januar. Ein neuer Bericht des päpstlichen Nuntius aus München:

„... Der König beschloß, den erwähnten Wagner aus seinem Reich zu entfernen — da er das Vertrauen und die Liebe seines Volkes, wie er betonte, höher hielte als alles andere. Diese Tat fand bei seinen Anhängern Gefallen, empörte jedoch die Partei, die sich liberal und fortschrittlich nennt. Als Folge dessen wurden in einigen bedeutenderen Städten Bayerns, wie in Nürnberg und Augsburg Volksversammlungen abgehalten, bei denen glühende demokratische Reden erklangen und den neuen liberalen Geist verkündende Beschlüsse gefaßt wurden...“

16. Januar. Das Münchner Blatt, der VOLKSBOTE veröffentlicht eine Erklärung Minnas. Die in Dresden lebende kranke Frau möchte wenigstens eine der gegen ihren Gatten ausgestreuten Verleumdungen richtigstellen: „...erkläre ich hiermit der Wahrheit getreu, daß ich bis jetzt von meinem abwesenden Manne Richard Wagner eine Sustentation erhielt, die mir eine sorgenfreie Existenz gewährt.“

Am 19. Januar an Ludwig II.: *Erwachen Sie, mein herrlicher*

Freund... seien Sie ein königlicher König: nur diesem ist es beschieden, der Welt noch meine Werke zu schenken!

Am 25. Januar stirbt Minna im siebenundfünfzigsten Lebensjahr an ihrem Herzleiden. Sie vermacht alles ihrer Tochter Natalie, die sie selbst im Testament als ihre Schwester bezeichnet.

26. Januar, Wagner hält sich eben in Marseilles auf, wo ihn die Verständigung Pusinellis vom Ableben seiner Frau erreicht. Wagners Antwort lautet:

Arbeitsruhe finde ich jedoch in diesem unmittelbaren, so furchtbar dem Neide und Hasse ausgesetzten Verkehr mit einem Könige unmöglich. Dies jetzt mein Kampf. So trifft denn immer und zu jeder Zeit alles zusammen, mein Herz zu quälen und zu ängstigen! Wohl muß es gesund und kräftig gemacht sein, um alles auszuhalten. Meine arme Frau erlag, da sie jedenfalls organisch hierfür weniger gut ausgestattet war. Welche Noth! Welches Elend! Oh, sie die endlich schmerzlos den Kampf abbrach, ist zu beneiden! Wann, wann finde — ich — Ruhe?

Am 28. Januar Ludwig II. — an Wagner:

,,...Ich kann Ihnen nicht schildern, wie ich Sie liebe, das arme Wort reicht nicht aus; vor Ihrer Büste... knie ich anbetend, ich vergieße Tränen, bittere Tränen, soll ich denken, daß Sie einst nicht mehr sein werden! Bei Gott, ich will an Ihrem Todestage auch hinüber; o dann trennen sich unsere Seelen nie, nie!..."

Februar—März. In Genf nimmt Wagner die Vertonung der ,,Meistersinger" wieder auf.

Am 2. April an Natalie:

Wie ich versprochen, werde ich Dir vierteljährlich 30 Thaler... zukommen lassen, und beginne heute damit.

242

Er bittet sie um Rückgabe seiner an Minna gerichteten Briefe. Einen Teil von ihnen aber hält Natalie zurück — da sie im Namen ihrer Mutter auf Cosima eifersüchtig ist.

4. April. Wagner — mit Cosima — die Umgebung des Vierwaldstätter Sees durchstreifend, findet in dem neben Luzern gelegenen Tribschen einen entsprechend stillen Platz. Dort mietet er für ein Jahr ein geräumiges Haus (mit herrlichem Park und Aussicht auf den Vierwaldstätter See), in dem er sich behaglich einrichtet — zur großen Betrübnis des Königs. Ludwig will dem Thron entsagen, um in der Nähe seines Idols leben zu können. — Tatsächlich stellt der preußisch-österreichische Krieg nicht nur den unerfahrenen Jüngling, sondern auch erfahrene Staatsmänner vor eine schwierige Situation. Die Preußen — von Bismarck geführt — streben die Hegemonie an. Nach langem Zaudern stellt sich der bayrische Ministerpräsident von der Pfordten an die Seite der Österreicher.

29. April. An Ludwig II. — über Bismarck:

...ein ehrgeiziger Junker [der] *seinen schwachsinnigen König auf das frechste betrügt... Mit Deutschland steht und fällt mein Kunstideal, leben oder sterben meine Werke ...,* schreibt Wagner in demselben Brief als Warnung für seinen königlichen Freund.

12. Mai. Cosima siedelt mit ihren drei Töchtern nach Tribschen über.

15. Mai. Der König befragt Wagner telegraphisch, ob er abdanken solle oder nicht. Die Antwort lautet nüchtern: *Ein halbes Jahr Geduld!*

22. Mai. Zum dreiundfünfzigsten Geburtstag des Meisters findet sich ein unerwarteter Gast in Tribschen ein:

Walther Stolzing... mit seinem richtigen Namen Ludwig II.

Am 1. Juni an den König:

> *Sie entsagen der Krone, und — die Absicht der Feinde ist erreicht;*
> *ich habe geholfen, die letzte Hoffnung Deutschlands zu zertrümmern;*
> *ein furchtbarer Vorwurf, zu Ihrem Verderben diese Liebe in Ihnen*
> *geweckt und gepflegt zu haben, treibt mich selbst zur Verzweiflung*
> *und läßt mein Leben mich enden! — Vor dieser Wahl stehe ich;*
> *denn ich sehe, wo Sie, edler Geliebter ach! noch blind sind!*

11. Juni. Gleichsam als Bestätigung dieser Behauptung unterschreibt Ludwig II. jenen an Bülow gerichteten, für die Öffentlichkeit bestimmten Brief, der den Zweck verfolgt, die über die Beziehungen zwischen Wagner und Cosima verbreiteten Gerüchte einzudämmen. Der Brief wurde von beiden gemeinsam abgefaßt — in Tribschen, wo inzwischen auch Bülow eingetroffen war.

23. Juni. Die Kriegslage wird bedenklich, die preußischen Truppen marschieren vorwärts. Bayern verhandelt. Wagner schreibt an seinen revolutionären Freund Röckel:

> *Um Gottes Willen lassen wir beide die Politik... Freund!*
> *Willst und mußt Du noch Politik treiben, so — halte Dich an*
> *Bismarck und Preußen...*

Röckels Antwort an den zum Renegaten gewordenen Freund: „...Dir steht es zu, außer Deiner Zeit zu leben, zu fühlen, zu denken; Du wirkst doch für Deine Zeit und für alle späteren Zeiten. Wem aber nicht das Gleiche gegeben ist, wem vielmehr eine ganz concrete Aufgabe ward..., der hat sie zu erfassen... Die von Dir so verachtete Politik bestimmt das Los von mehreren hundert Millionen Lebender und ungezählter Millionen Kommender; das ist denn doch nicht so gleichgültig..."

3. Juli. Bei Königgrätz erringen die Preußen einen entscheidenden Sieg über die Österreicher.

10. Juli. Bei Kissingen verlieren auch die Bayern eine
Schlacht gegen die Preußen. — Am gleichen Tage schreibt
Ludwig II. an Cosima:

„Als König kann ich nicht mit ihm vereinigt sein...
Ich bitte Sie, bereiten Sie den Geliebten auf meinen Entschluß vor, die Krone niederzulegen...“ — Es bedarf
dreier Briefe von Wagner, um ihn von seinem Entschluß
abzubringen. Zuletzt versucht der Meister ihn auf die Weise
zu beeinflussen: *Königtum — glauben Sie! ist eine Religion!
Ein König glaubt an sich, oder er ist es nicht.* Sein Vorschlag:
Er soll über die Lage mit Fürst Hohenlohe beratschlagen,
und was sie gemeinsam beschließen, dem will er sich auch
selbst unterwerfen.

25. August. Zwei Tage nach dem Berliner Friedensschluß
trifft zum Geburtstag des Königs Wagners Geschenk ein,
die von den Wesendonks zurückerbetene Handschrift der
„Walküre“. — Übrigens löst der Meister zu dieser Zeit
seinen Münchener Haushalt vollständig auf. Bülow kehrt
nach dem in Tribschen gemeinsam verbrachten Sommer
in die bayrische Hauptstadt zurück, löst sein Heim auf und
zieht nach Basel.

Oktober. Der zweite Akt der „Meistersinger“ wird vollendet. Hans Richter, der begabte junge Kapellmeister ungarischer Abstammung, trifft ein, um dem Meister die Sorge
des Reinschreibens der Partitur abzunehmen. — Aus
München kommen ermutigende Nachrichten. Zuerst tritt
der Kassierer Hofmann, dann Pfistermeister von seinem Posten zurück; die Reihen der Gegner lichten sich.

6. Dezember. Ludwig II. pilgert nach Nürnberg zum Hans-Sachs-Haus. Aus dem Städtchen schreibt er an Wagner: „...mich beseligt einzig der Gedanke, Sein Werk zu fördern zu helfen, ,Seinen' Willen zu erfüllen. Wie selig macht mich die Aussicht, mir die ,Meistersinger' bis zum Frühling vollendet denken zu dürfen! Dann werden wir wieder vereint leben können... wenn... in München nie und nimmer Heil Unsrem Wirken erblühen kann, so will ich den größten Teil des Jahres in Zukunft hier zubringen, hier im geliebten Nürenberg, das mir täglich teurer wird. ...Hier muß dereinst der große Kunsttempel sich erheben, hier wollen Wir die deutsche Kunstschule errichten... hier wollen Wir gemeinsam den schönen, den kühnen Traum verwirklichen."

11. Dezember. Die Antwort klingt etwas kühl:

Erwägen Sie, mein König, auf welch elendem Boden wir stehen... Mit tiefer Trauer erkenne ich eben, wie selbst unter dem Zepter meines begeisterten königlichen Freundes auch noch kein Blatt des Baumes gegrünt hat, unter dessen Zweigen mein Kunstwerk sein einzig schützendes Asyl finden soll.

Das Jahr endet mit einem Triumph: Ministerpräsident von der Pfordten tritt zurück, sein Nachfolger ist der auch von Wagner empfohlene liberale Preußenfreund Fürst Chlodwig Hohenlohe.

1867

Januar. Noch an den „Meistersingern" arbeitend, beschäftigt sich Wagner bereits mit deren Aufführung. Er beabsichtigt nach München zu fahren, um die Vorbereitungen in die Wege zu leiten. – Ludwig II. an Cosima: „...ich rase vor Entzücken über die Kunde der Ankunft des einzig Theuren, ich weine, ich juble! Er ist der Herr meines Lebens, es ist sein Eigen, nicht meines..."

Am 17. Februar wird in Tribschen Cosimas und Wagners zweites Kind, Eva, geboren.

9. März. Der Meister trifft in München ein. Während seines kurzen Aufenthalts kommt er nur ein einziges Mal mit dem König zusammen und wird von Ministerpräsident Hohenlohe nur einmal empfangen. Die Atmosphäre ist kühler als erwartet.

Am 18. März kehrt er nach Tribschen zurück.

16. April. Bülow kehrt als ernannter Hofkapellmeister und Musikschuldirektor in Cosimas Begleitung nach München zurück.

22. April. Kapellmeister Esser, ein scharfäugiger und objektiver Beobachter, schreibt an den Verleger Schott: „...Wagner... scheint jetzt ganz in den Händen der Frau Bülow zu sein, und diese wird seinen ohnedies schon ziemlich bedeutenden Ehrgeiz nur noch mehr aufstacheln und seinen Egoismus auf die höchste Spitze treiben..."

Am 7. Mai an Pusinelli: *In Kurzem gehe ich zum Besuch meines jungen edlen Freundes nach Starnberg. Im Oktober wollen wir zur Feier seiner Vermählung die Meistersinger aufführen. Ich hab' noch viel an der Partitur zu arbeiten.*

Mai–Juni. Wagner verbringt längere Zeit in Starnberg. Einmal wird er vom König aufgesucht – des Nachts, zu Pferde. Sein Benehmen wird immer merkwürdiger. Statt sich mit Staatsgeschäften abzugeben, beschäftigt er sich mit dem Entwickeln und Kopieren von Lichtbildern — wohl als einer der ersten Fotoamateure. — Während der Vorbereitungen zur Aufführung des „Lohengrin" entzweit sich der König mit Wagner. Der Meister besteht auf Tichatschek, dessen Stimme noch ihren früheren Glanz bewahrt hat, dessen Falten aber keine Schminke mehr verdecken kann — ist er doch sechzig Jahre alt. Der König will auch in der äußerlichen Erscheinung einen Helden. Wagner reist beleidigt ab.

Juli. Ludwig ruft ihn zurück — diesmal zur Aufführung der Pariser Fassung des „Tannhäuser". Wagner kommt aber nicht, sondern sendet ihm nur ein Schreiben:

Längst hätte ich einsehen sollen, daß es selbst bei Ihnen sich um etwas anderes handelt, als um das Richtige in meinem Sinne zur Geltung gebracht zu wissen. Und nun wollen Sie, Teuerster, ich solle zum Tannhäuser kommen! O, wüßten Sie, wie bitter mich das dünkt... Um Gottes willen retten wir die Erhabenheit unserer Beziehungen!... Sie wünschen mich fern und verlangen nichts als meine Arbeiten von mir. Und — dabei lassen Sie mich nun bleiben!

Übrigens erlebt Wagners „Tannhäuser" unter der Leitung Hofkapellmeisters von Bülow vorbildliche Aufführungen.

September. Bülow übernimmt auch faktisch die Leitung der Münchner Musikschule. Cosima kehrt — vorübergehend — zu ihm zurück. Gemeinsam empfangen sie Liszt, der versucht, die Ehe zu retten, oder — wenn das schon nicht mehr möglich ist — den Schein zu wahren.

9. Oktober. In dieser Mission sucht er Wagner in Tribschen auf. Bald muß er einsehen, daß seine Bemühungen vergeblich sind; ein halbtägiger Besuch überzeugt ihn von der Entschlossenheit seines Freundes, ohne Rücksicht auf den treuen Bülow, Cosima zur Frau zu nehmen. Selbst in den erbetenen Aufschub willigt er nur sehr schwer ein. Das Scheitern der Ehe seines nunmehr einzigen Kindes trifft Liszt besonders schmerzlich. Trotz seiner Bitternis ist er voll Bewunderung für Wagners Genialität. Die ihm aus den „Meistersingern" vorgespielten Teile erwecken seine Begeisterung.

Das neue Münchner, nun schon wagnerfreundliche Regierungsblatt, die SÜDDEUTSCHE PRESSE bringt in Fortsetzungen den Aufsatz des Meisters „Deutsche Kunst und deutsche Politik". Darin entwickelt er sein neues politisches Glaubensbekenntnis, huldigt Konstantin Frantz — dem „Mann der Theorie" — und dem Kanzler Bismarck — dem „Mann der Tat". Hier zeigt sich Wagner erstmals als Anhänger des großdeutschen Gedankens. Die Lage der Künste erörternd, verurteilt er die Fürsten, bei denen sie keine entsprechende Unterstützung finden; die Bedeutung des Theaters betonend, tritt er für die Verwirklichung seiner bereits bekannten Idee, der Errichtung eines Festspielhauses, ein.

24. Oktober. Wagner beendet die Instrumentation der „Meistersinger". Zwischen dem ersten Gedanken an dieses Werk und seiner Verwirklichung liegt ein Zeitraum von zweiundzwanzig Jahren.

13. Dezember. Dem König kommen über die Beziehung Cosimas und Richards neue Gerüchte zu Ohren. Frau Schnorr, die in Tribschen zu Gast war, berichtet entrüstet über ihre dortigen Erfahrungen. Wagner leugnet, doch das Vertrauen des Königs in seinem Freund ist erschüttert. Er schreibt an Sekretär Düfflipp:

„... es wundert mich, daß Sie meinen, die Angelegenheit zwischen Wagner, Frau Bülow, Frau Schnorr sei nicht koscher — sollte das traurige Gerücht also doch wahr sein, welchem Glauben zu schenken ich mich nie entschließen konnte, sollte also wirklich Ehebruch mit im Spiele sein? — Dann wehe!" — Er selbst hatte erst vor kurzem seine Verlobung aufgelöst, da er sich mit dem Gedanken an eine Heirat nicht befreunden konnte.

19. Dezember. Vielleicht ist es dem erschütterten Vertrauen des Königs zuzuschreiben, daß er die neuerliche Fortsetzung des Aufsatzes „Deutsche Kunst und deutsche Politik" mit kritischeren Augen liest, oder liegt es daran, daß dieser Teil ein heikleres Thema berührt — den Kampf zwischen Staat und Kirche um die Schule —, der König findet sich veranlaßt, einzugreifen. Er befiehlt der Redaktion, das Erscheinen weiterer Fortsetzungen sofort einzustellen. Wagner, der sich seit der Entfernung seiner Gegner in vollkommener Sicherheit fühlt und gerade in München weilt, trifft die Verfügung des Königs wie ein Blitz aus heiterm Himmel. Im Briefwechsel mit dem König tritt eine Pause ein.

1868

23. Februar. In der Einsamkeit in Tribschen beendet Wagner die Instrumentierung des zweiten Akts von „Siegfried". — Nach einer mehr als zehnjährigen Unterbrechung ist die Rückkehr zum „Ring" nicht so leicht:

Diese Ausführungsarbeit diente denn nun aber auch dazu, durch anhaltende Beschäftigung damit mich gänzlich erst wieder

*so heimisch zu machen, daß ich eben nur fortfahren kann, als ob ich
nie darin unterbrochen worden wäre.*

9. März. Ludwig II. bricht das Schweigen, meldet sich
wieder bei Wagner und erkundigt sich nach seiner Arbeit.

18. März. Der König — an Bülow:

„...es wäre entsetzlich, blieben die ‚Nibelungen' Fragment."

April. Statt an „Siegfried" weiterzuarbeiten, entwirft
Wagner Szenen zum Thema „Romeo und Julia" und den
Plan einer Gesamtausgabe der Prosaschriften.

Ende Mai begibt sich Wagner von neuem nach München,
um die Aufführung der „Meistersinger" vorzubereiten.
Der König empfängt ihn wieder.

Am 1. Juni bringt sich Wagner mit dem Klavierauszug
der „Meistersinger„ bei Otto Wesendonk in Erinnerung:

*Der alte treue Sachs soll sich gut anstellen, um die Erinnerung
Ihnen angenehm zu erfrischen; keinen besseren Boten wüßte ich
Ihnen zu senden, um Ihnen Kunde auch von mir, von meinem ernst-
lichen, klar erwägenden, herzlich erkenntlichen Angedenken an die
Freunde zu bringen.*

Die Zeit der Proben zu den „Meistersingern" ist auch die
der Prüfungen des Ehepaars Bülow. Hans, in gutem Glauben
einen an Cosima gerichteten Brief Wagners öffnend, wird
sich eindeutig klar darüber, daß er seine Frau endgültig
verloren hat. Das erklären Wagners bittere Tagebuch-
aufzeichnungen:

*Klavierproben: schwere, dumpfe Empfindung von der tiefen
Feindseligkeit und Entfremdung des Hans... Orchesterproben:
tiefe Noth mit Hans...*

21. Juni. Allen unliebsamen Umständen zum Trotz ist

die Erstaufführung ein großer Erfolg. Die mustergültige Vorstellung ist außer Kapellmeister von Bülow auch Hans Richter zu danken, der sechsundsechzig Proben mit dem Chor abhielt, außerdem den hervorragenden Solisten Betz — Hans Sachs, Nachbaur — Walther, Hölzel — Beckmesser, Schlosser — David und Mathilde Mallinger — Eva. Ist „Tristan" die Verneinung des „Ring", sind die „Meistersinger" das Gegenstück zu „Tristan" — die Verneinung der Verneinung. Die beiden Werke stellen gleichsam ein

zweiteiliges Intermezzo, die notwendige Ruhepause während der sich lang hinziehenden Arbeit am „Ring" dar. Tatsächlich ist es schwer, sich einen größeren Gegensatz zu denken als den, der zwischen den beiden unmittelbar hintereinander entstandenen Werken besteht. Die todestrunkene Musik des einen beschwört — einmal mit unterdrückter, ein andermal mit entflammter Leidenschaft — die Schatten der Nacht herauf. Die heitere, lebensfrohe Musik des andern überstrahlt die zankenden oder scherzenden, lebenswahren, echt menschlichen Figuren mit ihrem Glanze. Das im Nebel Schwebende hier wird durch die sich qualvoll windende Chromatik, die von Kadenzen nicht einzuengende unendliche Melodie veranschaulicht. Das Mit-beiden-Füßen-auf-der-Erde-Stehen wird dort durch sichere Diatonik und die vielen geschlossenen Formen offenbar. Hier werden wir Symbolen aus der zeit- und raumlosen, der übermenschlichen Welt des Mythos gegenübergestellt, dort den überaus real geschilderten Nürnberger Bürgern des 16. Jahrhunderts. Der extrem individualistischen Einstellung des „Tristan" gegenüber sind die „Meistersinger" ein Lob der Gemeinschaft. Deshalb ist auch die Rolle des Chors so unbedeutend in der einen und so beherrschend in der anderen Oper. Sollte der „Tristan" bereits von seiner ersten Konzeption an die ideale Illustration der Wagnerschen Theorie sein, so sind die „Meistersinger" die vollwertige Bestätigung der Ausnahmen. Das Großartige daran ist, daß die Ausnahmen nicht die Aufgabe der Prinzipien bedeuten, alles ist dramaturgisch begründet. Die so gut geglückte Schöpfung ist quasi die musikalische Erfüllung der Worte Goethes:

Grau, teurer Freund, ist alle Theorie,
Und grün des Lebens goldner Baum.

Nirgends sonst gelang es Wagner, etwas so Lebensnahes zu schaffen, in keinem einzigen seiner übrigen Werke die mannigfaltige Welt des Alltagslebens so farbig darzustellen. Bereits das Vorspiel entspricht nicht Wagners Theorie von einer Ouvertüre, sie beinhaltet das ganze Drama, so wie auch die „Tannhäuser"-Ouvertüre. Dann die schön abgerundeten, geschlossenen Nummern — Marsch, Tanz, Lied (einige von ihnen können Romanze, aber auch Arie genannt werden), Barform (zwei Stollen, ein Abgesang), das herrliche Quintett und schließlich die „richtigen" Finali! Rückkehr zur Opernschablone? Nein, Entfaltung der in ihr verborgenen Möglichkeiten auf weitaus höherer Stufe als je bisher. — Auch das Thema erinnert an das des „Tannhäuser" (der erste Entwurf aus dem Jahr 1845 war als Satire auf ihn gedacht): Es ist von einem Sängerkrieg die Rede, dessen Preis die Hand eines Mädchens ist. Nur daß der Wettstreit nicht von einem Markgrafen in der prächtigen Halle seines Schlosses veranstaltet wird, sondern von den Bürgern, draußen auf der Wiese. Das Herz des Mädchens gehört hingegen (sowohl hier wie dort) noch vor dem Wettbewerb dem kühnen Sänger. Der Sänger, der strahlende junge Ritter Walther, hat hier nur einen Rivalen, Beckmesser, den ältlichen Stadtschreiber. Ein dritter tritt nicht auf, denn der Witwer Hans Sachs, der beliebte Schuhmacherpoet — der Hauptheld des ganzes Werks — ist zu klug, um nach König Markes Glück zu streben, Er hat Eva, die Tochter des Goldschmieds Pogner, zwar sehr gerne, will ihrem Glück aber nicht im Wege stehen, sondern hilft sogar als väterlicher

Freund dem jungen Paar. — Im allgemeinen hält man die „Meistersinger" für ein „autobiographisches" Werk. Wenn das wirklich der Fall ist, war es das nicht von Anfang an, sondern wurde es höchstens erst im Verlauf seiner Ausarbeitung. Noch dazu in der Weise, daß das bis zum Elegischen gereifte Sachsische Humanum und die mit jugendlichem Schwung revoltierende Walthersche Lyrik die beiden Gesichter von Wagners Gemüt darstellen: Sachs — den Wesendonks gegenüber und Walther — für Cosima. Vom künstlerischen Standpunkt aus ist der Schuhmacherpoet Anhänger der bewußten Schaffensweise, ein Hüter der Theorie und Tradition, der Ritter aber der instinktiv schöpferische, praktische Neuerer. Der Bund der beiden, den der Tonsetzer in sich selbst verwirklicht und zur Hauptlehre dieses Werkes macht, ist einer der positivsten Gedanken Wagners. — Eine biographische Parallele könnte man noch zwischen Pogner, dem kunstfreundlichen, biederen, wohlsituierten Bürger, und Otto Wesendonk sowie zwischen Beckmesser und Eduard Hanslick ziehen. Der Schreiber figuriert als doppelte Karikatur — als Merker ist er nicht nur eine bestimmte Person, sondern das Zerrbild der verzopften Kritik im allgemeinen, ja, noch allgemeiner des engherzigen Spießbürgers überhaupt; als Sänger aber, der sich um den Preis bewirbt, soll er den italienisch-internationalen Koloraturstil verhöhnen. Übrigens charakterisiert Wagner den Schreiber auch dadurch besonders geistreich, daß er das Motiv seines Werbelieds von dem Preislied Walthers ableitet, womit er darauf anspielt, daß der Kritiker über keine eigenen Gedanken verfügt und sie sich deshalb von seinen „Gegnern", den wahren Künstlern, entleihen

255

muß. — Die „Meistersinger" sind Wagners harmonischste Schöpfung. Von Erlösung ist darin nicht die Rede. Eine komische Oper, doch nicht im gebräuchlichen Sinne des Wortes. Trotz ihrer ausgezeichneten Buffo-Figuren fehlt ihr die Leichtigkeit, der selbstvergessene Frohsinn. Ihre Heiterkeit wird manchmal von Resignation, ihr Humor von Pathos überschattet. Auch ist sie von gewisser Weitschweifigkeit nicht frei, vielleicht, weil die Musik dasselbe ausdrückt wie der Text aussagt oder ahnen läßt. Sie kann nicht über den Text hinausgehen, weil im Text nichts verschwiegen wird. Dadurch wird eine gewisse Parallelität unvermeidlich. Die Musik ist bewundernswert reich und mannigfaltig — wie das Leben selbst, das sie darstellt. Die Wagnersche Deklamation kann tatsächlich Wunder wirken: Sie löst das Problem der Ansprachen, Versammlungen, Plaudereien, ja sogar der Prügelei — mit Gesang. Letztere (im Finale des zweiten Akts) durch einen glänzenden Einfall, indem Wagner die ungebundenste Bewegung, den vollständigen Wirrwarr, die Prügelszene auf der Straße, in die am allerstrengsten gebundene, vollkommen geordnete Form gießt — in die einer Doppelfuge, und noch dazu auf das Thema von Beckmessers Serenade, wodurch angedeutet ist, daß letzten Endes der Schreiber den Anlaß zur Schlägerei gab. Übrigens endet der Akt nicht beim Höhepunkt des Stimmorkans, sondern erst, nachdem das schmetternde Horn des Nachtwächters die Menge auseinandergetrieben hat und die stille Frühsommernacht auf das Städtchen herabsinkt. Ein Kunstgriff, mit dem ein Begnadeter aus einem effektvollen Opernfinale einen noch effektvolleren, einen poetischen Abschluß machen kann. — In den „Meistersingern" preist Wagner —

in erster Linie durch die Rolle des Walther, aber auch durch die des Sachs — die instinktive Genialität. Zugleich ist aber diese Schöpfung selbst mit ihren beinahe vierzig Leitmotiven und der aus ihnen entwickelten miteinander verwobenen „dramatischen Polyphonie" — gleichsam als Bestätigung der unvergleichlichen Begabung Wagners — der Triumph bewußter Konstruktion.

Wagner hört sich die Aufführung in der königlichen Loge an, von dort aus dankt er dem Publikum für die Ovationen.

Am 22. Juni an Ludwig II.:

Nun war es denn ein König selbst, der den Dichter sich zur Seite erhob und seinen eigenen wahrhaften Purpur über ihn warf. Was nie geschah, nun ward es erlebt, schöner und bedeutungsvoller, als es sich ahnen ließ. Es ist unmöglich, daß dieser König und dieser Dichter nicht der Unsterblichkeit geweiht wären, sei es nur durch diese eine unvergleichliche Tat! Nun habe ich mein demütiges Sühnungswerk zu verrichten. In die stillste Einsamkeit kehre ich von heute an zurück: von der Seite des großen Königs in den Schutz des holden Freundes, umwebt von Seiner Liebe, tiefgeborgen in dem Schoße Seines Herzens. ...Weniger als je werde ich in irgend etwas mich mischen... Stiller und zurückgezogener als je, werde ich nur meinem Schaffen leben: bald soll einzig mein neuvollendetes Werk Ihnen von meinem Dasein melden! So sei jeder Waffe des Neides die Spitze abgebrochen: denn nie, nie darf mein göttlicher König die königliche Tat bereuen, die, wie unvergleichlich sie ist, ebenso einzig und unwiederholt bleiben soll!

Wagner sieht wohl: Höher kann sich ein Günstling vor der Öffentlichkeit nicht erheben. In einem Münchner Zeitungsartikel kann man folgendes über die allgemeine Stimmung lesen: „Der Eindruck, den diese königliche Huld auf das hiesige Publikum machte, war überwältigend. Man blickte empor zum glänzenden Plafond, ob er nicht Miene mache, einzustürzen. Wagner, der Verketzerte, Verbannte, welchen vor wenigen Jahren des Königs Huld nicht zu schützen vermochte vor der Gehässigkeit des hohen und niederen Pöbels unserer Kunstmetropole — sitzt jetzt rehabilitiert in derselben Kaiserloge, in der man sonst nur gekrönte Häupter und deren Deszendenz zu sehen gewohnt war!"

Juli. Vor äußeren Angriffen wird Wagner durch die Tribschene Einsamkeit geschützt, den inneren Kämpfen kann er nicht entfliehen. Aus seinem Tagebuch:

Eintretende große Klarheit über meinen Zustand und die Lage der Dinge. Tiefste Mutlosigkeit zu irgendwelcher Bewegung: in dem Schicksal meines Verhältnisses zu Cosima und Hans den Grund der Unfähigkeit alles Wollens erkannt. Sofort Entschluß zu Cosimas Fortgang von München gefaßt. Ihre verzögerte Ankunft. Spannung. Sie kommt 20. Juli ... Schwierige Mitteilungen über Entschluß ... Über die Hauptsache einverstanden.

Cosima und Richard verbinden nun endgültig und offen ihr Leben miteinander; Wagner überläßt den unglückseligen Bülow seinem Schicksal und — setzt seine königliche Jahresrente aufs Spiel.

Am 21. Juli an Richter:

...ich bin fest entschlossen, nicht wieder nach München zu kommen...

17. August. Liszt nimmt die Geschehnisse tieftraurig zur Kenntnis. Er schreibt der Fürstin Wittgenstein:

,,Ich versuche nicht einmal Ratschläge zu geben — die Tat seelischer Barmherzigkeit besteht nicht darin, jenen Rat zu erteilen, die ihrer Überlegenheit mehr als sicher sind, sondern den Zweifelnden."

In der Tiefe seiner Seele zweifelt aber vielleicht auch Wagner. Das Thema läßt es ahnen, mit dem er sich zu dieser Zeit beschäftigt. Er entwirft eine Skizze unter dem Titel „Luthers Hochzeit". In den inneren Kämpfen des Reformators sollte wohl seine eigene Krise dargestellt werden, doch er läßt den Plan fallen.

1. September. Entwurf zu einem „Lustspiel in 1 Akt" skizziert „gegen ernste Verstimmung".

10. September. Wagner publiziert drei Sonnette, Spottgedichte gegen Heinrich Laube. Der Jugendfreund hatte sich nämlich treulos gegen ihn gewandt und ihn in seinen Kritiken angegriffen.

Am 14. September reist Wagner mit Cosima nach Italien. — Daraufhin unterbricht Ludwig II. zum zweiten Mal den Briefwechsel mit ihm.

14. Oktober. Cosima begibt sich nach München, um mit ihrem Mann die Auflösung ihrer Ehe zu besprechen.

8. November. Wagner hält sich in Leipzig auf. Bei seinen Verwandten lernt er Friedrich Nietzsche kennen. Der erste Eindruck des vierundzwanzigjährigen Professors vom Meister: „... Er ist... ein fabelhaft lebhafter und feuriger Mann, der sehr schnell spricht, sehr witzig ist und eine Gesellschaft dieser privatesten Art ganz heiter macht..." — Die Basis ihrer gegenseitigen Sympathie, daß sie beide Bewunderer Schopenhauers sind.

13. November. Rossini stirbt in seiner Villa in der Umgebung von Paris. Wagner widmet ihm einen Nekrolog, in dem er seiner Begegnung mit Rossini im Jahr 1860 gedenkt.

16. November. Cosima zieht zu Wagner nach Tribschen. In ihr Tagebuch schreibt sie kurz darauf für ihre Kinder: „1868 ist der äußere Wendepunkt meines Lebens. In diesem Jahre wurde es mir vergönnt, das zu betätigen, was seit fünf Jahren mich beseelt... Eine Wiedergeburt, eine Erlösung, ein Ersterben alles Nichtigen und Schlechten in mir ward mir meine Liebe, und ich schwor mir, sie durch den Tod, durch heftigste Entsagung oder durch gänzliche Hingebung zu besiegeln... Als die Sterne es fügten, die Ereignisse den einzigen Freund, den Schutzgeist meiner Seele, den Offenbarer alles Edlen und Wahren, einsam, verlassen, freudlos, freundlos in die Einsamkeit getrieben, rief ich ihm zu: Ich komme zu Dir und will mein höchstes, heiligstes Glück darin finden, Dir das Leben tragen zu helfen. Da trennte ich mich auch von meinen zwei ältesten teuren Kindern. Ich habe es getan, und ich würde es noch jeden Augenblick tun, und doch entbehre ich Euch und denke Eurer Tag und Nacht... alles hätte ich Euch aufgeopfert — nur das Leben des Einen nicht. Die Trennung wird vorübergehend sein..."

Bülow über Wagner:

„...der ebenso erhaben in seinen Werken, wie unvergleichlich abstoßend in seiner Handlungsweise ist..."

Über Cosima an den König:

„...[meine Frau] zog vor, ihr Leben der höheren Rücksicht auf den Schöpfer unsterblicher Meisterwerke im Dienste Euer Majestät zu widmen..."

Am 6. Dezember an seine Schwester Ottilie — aus Tribschen: *Es geht mir jetzt ganz erträglich... Auch mit dem Arbeiten geht es vorwärts.*

1. Januar. Als Frucht dieser Arbeit erscheint — zu einer Broschüre erweitert und jetzt bereits unter dem eigenen Namen — der Artikel aus dem Jahr 1850 „Das Judentum in der Musik"... Die zweite Fassung ist in noch größerem Maße beleidigend und persönlich, ungerecht und aggressiv als die erste. Jeder gutgesinnte Mensch von Geschmack verurteilt Wagner deshalb. Liszt, ein Vorbild für Geduld und Verständnis, schreibt darüber der Fürstin Wittgenstein: „...Loin de confesser sa coulpe, il l'aggrave par un avant-propos et un épilogue..." (Weit entfernt seine Schuld einzugestehen, macht er sie durch ein Vor- und Nachwort noch größer...) — Die Schrift hat heftige Diskussionen zur Folge und — verständlicherweise —, Wagners Person und Werke werden von seinen Gegnern nicht geschont.

21. Januar—5. Februar. Innerhalb zweier Wochen werden die „Meistersinger" von drei Theatern — Dresden, Dessau und Karlsruhe — auf den Spielplan gesetzt.

25. Februar. Ludwig II. bittet Bülow um eine Intervention in Tribschen wegen einer Neuinszenierung des „Tristan" im Frühling und der Erstaufführung des „Rheingold" im Sommer. Dem ersteren Vorhaben stimmt Wagner mit Freuden zu, dem letzteren nur sehr ungern. Er hält diese separate Aufführung des Vorabends der noch unfertigen Tetralogie für ein Aufgeben der mit dem König gefaßten gemeinsamen Pläne, für einen übereilten Schritt. Jetzt, da er endlich wieder am „Siegfried" arbeitet und die Hoffnung besteht, das Gesamtwerk in absehbarer Zeit zu beenden, schmerzt ihn des Königs Ungeduld besonders.

April. Aus dem Tagebuch Cosimas (nachdem auch Daniela und Blandine nach Tribschen gekommen sind): „In den Kot werden sie uns ziehen... Gerne will ich alles erleiden, nur um an seiner Seite zu stehen. Bis in die späteste Nachwelt sollen sie mich verunglimpfen, habe ich nur ihm geholfen, habe ich nur ihm die Hand reichen und ihm sagen dürfen: ich folge dir bis in den Tod..."

Aus Paris kommt die erfreuliche Nachricht, daß der „Rienzi" im Théatre Lyrique Erfolg hatte.

15. Mai. Zum erstenmal ist Nietzsche, nun bereits als neuernannter Professor für klassische Philologie an der Universität Basel, Gast in Tribschen. Seine Besuche bei Wagner werden von nun an immer häufiger. Seine Verehrung für den Meister kann sich an Intensität mit der Ludwigs II. messen, übertrifft aber jene an Inhalt und Tiefe. Die Freundschaft der beiden ist auf der gemeinsamen Begeisterung für die griechische Kultur und natürlich auf der bedingungslosen Vergötterung Schopenhauers aufgebaut.

Am 6. Juni wird Cosimas und Richards drittes Kind, Siegfried geboren.

Was für mich darin liegt, mir zu sagen: ich habe einen Sohn, ist unbeschreiblich!... Nun hat natürlich mein Leben eine ganz andere Bedeutung gewonnen... Und nun habe ich ein weises Weib, die alles das mir ordnet, belebt und vergeistigt. Sie hat den Druck des Tagelebens von mir genommen, und hält die Wache vor meiner Ruhe...

20. Juli. Mit der Wiederaufführung des „Tristan" verabschiedet sich Bülow von München. Seelisch gebrochen fährt er nach Berlin, um die Scheidung einzuleiten. Die Proben zum „Rheingold" übernimmt Hans Richter.

Am 13. August an Richter:

Scene — dramatisches Talent — alles das gebe ich auf: aber die Musik soll untadelig sein; dann ist denn doch die Hauptsache gerettet!

21. August. Wagner beendet den Kompositionsentwurf für den letzten Akt des „Siegfried".

27. August. Über die Mängel verstimmt, die sich im Verlauf der Proben zum „Rheingold" zeigen, kündigt Richter seine Münchener Stellung. Trotzdem bleibt der König bei seinem Vorhaben und vertraut das Stück Kapellmeister Wüllner an.

31. August. Liszt, der sich in München aufhält, berichtet der in Rom lebenden Fürstin Wittgenstein:

„Das, was die Deutschen ‚allgemeine Stimmung' nennen, ist für Wagner ungünstig... Überall in der Stadt wird vom ‚Rheingold' gesprochen, doch nicht, um das Werk oder seinen Autor zu loben. Was mich betrifft, gehe ich auf keinerlei Details ein — und bin einfach der Ansicht, daß der ‚Ring der Nibelungen' der großartigste künstlerische Versuch unserer Epoche ist."

Anfang September eilt Richter nach Tribschen, um über die Münchener Vorgänge zu berichten. Wagner sendet Wüllner ein Telegramm:

Hand weg von meiner Partitur! Das rat' ich Ihnen, Herr; sonst soll Sie der Teufel holen. [Mögen Sie] in Liedertafeln und Singvereinen taktieren oder wenn es durchaus Opern sein müßten, die Werke Perfalls dirigieren: Diesem schönen Herrn sagen Sie auch, wenn er dem Könige nicht offen seine persönliche Unfähigkeit, mein Werk zu geben, bekenne, ich ihm ein Licht anzünden wolle, das ihm alle seine vom Abfall der Rheingoldkosten bezahlten

Winkelblattskribenten nicht ausblasen können wollen. Ihr beiden
Herren habt bei einem Manne wie ich erst lange in die Schule zu
gehen, ehe Ihr lernt, daß Ihr nichts versteht.

Am 22. September wird im Münchener Hoftheater — unter
der Leitung von Wüllner — ,,Das Rheingold" zum ersten
Male aufgeführt.

2. Oktober. An Cornelius — als Epilog zur Aufführung:
[Der König] *liebt meine Musik: wie sie ihm vorgeführt wird,*
ist ihm ganz gleich.

Zur näheren Erläuterung seiner Gedanken schreibt Wagner einen ausgezeichneten Aufsatz: ,,Über das Dirigieren".
Ein künstlerisches Glaubensbekenntnis des Dirigenten
Wagner — zur Belehrung solcher und ähnlicher Leute wie
Wüllner. — Er faßt den Plan, seine gesammelten Werke
herauszugeben und stellt den Stoff für den ersten Band
zusammen.

November. Nietzsche wird häufiger Besucher zu den Wo-
chenenden, und zwischen den beiden Männern entsteht
ein immer tieferes Verständnis. Der junge Professor vergöt-
tert den Meister beinahe wie ein schwärmerischer Schüler:
,,Es gibt keinen lehrreicheren Moment als Wagners
Erscheinen... Ich erkenne die einzige Lebensform in der
griechischen: und betrachte Wagner als den erhabensten
Schritt zu deren Wiedergeburt im deutschen Wesen."

1870

9. Januar. Während er ,,Siegfried" instrumentiert, beginnt
Wagner mit der Vertonung der ,,Götterdämmerung".

Am 14. Januar an Cäcilie Avenarius, die ihm die Kopien von den Briefen Ludwig Geyers gesandt hatte:

Das Beispiel vollständiger Selbstaufopferung für einen edel erfaßten Zweck tritt uns im bürgerlichen Leben wohl selten so deutlich vor das Auge, als es hier der Fall ist... Ganz besonders ergreift mich auch der zarte, feinsinnige und hochgebildete Ton in diesen Briefen, namentlich in denen an unsere Mutter... Mir ist es, als ob unser Vater Geyer durch seine Aufopferung für die ganze Familie eine Schuld zu verbüßen glaubte.

27. Februar. Die „Meistersinger" werden in Wien aufgeführt und finden großen Beifall.

März. An Richter, der in Brüssel den „Lohengrin" einstudiert:

Mit München habe ich wieder großen Ärger: Gott weiß, was sie dort nun thun werden. Ich bin entschlossen, in gar keinem Falle dorthin zu gehen. Unter solchen Umständen sehe ich einen Bruch mit dem König endlich doch voraus, 's ist eben ein Elend!

Wegen der Aufführung des „Rheingold" hatte Ludwig II. den Meister noch zu besänftigen versucht: „...Ich sage Ihnen ganz offen, daß ich meinen Fehler einsehe und bereue... O schreiben Sie mir und verzeihen Sie..." Jetzt aber setzt er „Die Walküre" direkt gegen den Willen des Meisters auf das Programm. Das trägt auch dazu bei, Wagner in seinem Entschluß, das Festspielhaus woanders aufzubauen, zu festigen. Cosima macht ihn auf einen Lexikonartikel aufmerksam, der ein stilles, altes oberfränkisches Städtchen, Bayreuth, für diesen Zweck sehr vorteilhaft erscheinen läßt. Wagner entsinnt sich, einmal, zu Beginn seiner Laufbahn als Kapellmeister, selbst dort gewesen zu sein — gerade vor fünfunddreißig Jahren.

1. April. Die Erstaufführung der „Meistersinger" in Berlin führt beinahe zu einem Skandal. Hier hat Wagner die meisten Gegner. Ihre Demonstration übertrifft fast den Lärm, den vor neun Jahren die Mitglieder des Pariser Jockeiklubs entfesselten. Kapellmeister Dorn, der ehemalige Kollege in Riga, nennt das Werk eine „Schusterbubenoper", in der „Katzenmusik" gemacht wird. Von der zweiten Vorstellung an aber gewinnt der verständigere Teil des Publikums die Oberhand, und das Stück setzt sich durch.

Mai—Juni. Die Komposition der „Götterdämmerung" nimmt zwar auf Grund der ursprünglichen Entwürfe ihren Fortgang, wird aber immer reicher ausgestattet. Auch die Autobiographie macht Fortschritte, das Material für den ersten Band geht bereits in die Druckerei. Der Baseler Buchdrucker Bonfantini wird beauftragt, im ganzen achtzehn Exemplare zu drucken. Wagner verlangt strengste Geheimhaltung; die Korrekturabzüge müssen vernichtet werden.

26. Juni. In München findet die Erstaufführung der „Walküre" statt — Wagner, Bülow und Richter sind nicht zugegen. — Einer der späteren Vorstellungen wohnt Liszt bei, der auf der Durchreise nach München kam. Er äußert sich hingerissen über das Werk, und bringt damit die Gegenseite in Verlegenheit, die wohl weiß, daß er seit einem Jahr die Beziehungen mit seiner Tochter und deren Lebensgefährten abgebrochen hat.

Am 2. Juli beendet Wagner die Vertonung des ersten Akts der „Götterdämmerung".

15. Juli. Unter dem Vorwand konstruierter persönlicher und dynastischer Gegensätze spitzt sich der preußisch-französische Konflikt zu. Napoleon III. erklärt den Krieg, Bismarck mobilisiert; Bayern — seinen vertraglichen Verpflichtungen zufolge — greift an der Seite Preußens zu den Waffen. — Für Wagner ist Berlin — die Hochburg seiner Gegner; die Preußen sind in seinen Augen die Unterdrücker der Revolution von 1848 in Sachsen, sie haben seinen Gönner, Ludwig II., im Krieg von 1866 gedemütigt. Andererseits war Paris der Schauplatz seines Elends, der Ort des Tannhäuser-Skandals. Auf wessen Seite soll er sich nun stellen? Möglich, daß er von den raschen preußischen Erfolgen geblendet wird, dennoch fällt seine Wahl nicht in erster Linie deshalb auf die Preußen, sondern weil er von dem unter ihrer Führung zu gründenden, starken, einheitlichen deutschen Reich eine tatkräftige Unterstützung seiner Kunst — gewissermaßen ihre Erhebung zur ,,Staatsreligion" erwartet. Immer mehr wird das zu einem sein ganzes Sein erfüllenden, seine Handlungsweise bestimmenden Beweggrund. Deshalb vergißt er mit einem Male, wieviel ihm einst der derzeitige französische Ministerpräsident, Emile Ollivier, Cosimas Schwager, geholfen hat. Deshalb belehrt er seine Pariser Freunde, Catulle, Mendès und dessen Frau Judith Gautier: ... *vor allem Selbsteinkehr [tue den Franzosen not]. Verzicht auf einen falschen Ruhm...*

18. Juli. Das Berliner Stadtgericht spricht Cosima — wegen treulosen Verlassens — schuldig und löst aus ihrem Verschulden die Ehe der Bülows auf.

25. August. Am Tag des Geburtstags König Ludwigs II. schließen Cosima und Wagner in der Luzerner evangelischen Kirche den Ehebund. Liszt erfährt, in Ungarn bei seinen Szekszárder Freunden weilend — aus der Zeitung —, von der Hochzeit seiner Tochter.

1. September. Bei Sedan erringen die Preußen einen entscheidenden Sieg über die Franzosen. Wagner ist äußerst zufrieden. Selbst in einem Aufsatz, den er zu Beethovens hundertstem Geburtstag verfaßt, nimmt er Gelegenheit, den Ruhm der deutschen Waffen herauszustreichen. Eigentlich dient ihm in dieser Arbeit Beethoven nur als Vorwand, um Hanslicks Ansichten in Frage zu stellen, seine eigene Kunst auf Grund der Schopenhauerschen Philosophie neu zu bewerten, und zwar mit besonderer Rücksicht auf Nietzsche. Als Gegenleistung legt der junge Baseler Professor die Ideen Wagners, vor allem seine 1849 skizzierten und dann beiseite gelegten Einfälle dar und entwickelt sie nun weiter.

November. Noch eine Dichtung entsteht in Tribschen, und zwar ein „Lustspiel in antiker Manier", es trägt den Titel „Eine Kapitulation". Gemeint ist nicht die Waffenstreckung der Franzosen vor den Preußen, sondern die kulturelle Kapitalation der Berliner vor Offenbachs Operette „Pariser Leben", die selbst mitten im Krieg vor vollen Häusern gespielt wird. Wagners französische Freunde nehmen ihm den Spaß übel, kapituliert doch Paris bald darauf tatsächlich vor den Waffen der Deutschen — Berlin aber lehnt das Stück mit der Begründung ab, im Siegesrausch nicht über die eigenen Fehler scherzen zu wollen. — Ende des Monats unterzeichnet Ludwig II. das von Bismarck entworfene Schreiben, in dem er den preußischen König Wilhelm ersucht, die deutsche Kaiserkrone anzunehmen.

Dezember. An Ludwig II.:

Schweigen umgibt mich nach jeder Seite... das Schicksal des

tauben Beethoven erlebe ich bei hellem Gehör... Dieser so seltsame
Bann scheint mir völliges Abstehen von jedem ferneren Kunstschaffen
als Notwendigkeit auferlegen zu wollen... Ein Wunder wird es
einst einem jeden dünken müssen, daß mir, dem jede Freude an seinen
Werken ertötet worden ist, es immer wieder möglich war, doch einzig
nur dem Schaffen neuer Werke nachzuleben. So darf ich denn wohl
auf etwas Ewiges schließen, das in mir lebt und ernährt wird, ein
Ewiges, welches der höchsten Liebe wert ist, die mir zuteil geworden.

25. Dezember. An Cosimas dreiunddreißigstem Geburtstag
erklingt zu ihren Ehren im Tribschener Haus zum erstenmal
das „Siegfried-Idyll". Die während der Vertonung des
„Siegfried" aus Freude über die Geburt des Sohnes komponierte Schöpfung ist ein Dankgesang des glücklichen Gatten
und stolzen Vaters.

1871

18. Januar. König Wilhelm von Preußen wird im Spiegel-
saal des Versailler Schlosses zum Kaiser ausgerufen. –
Paris ergibt sich, Napoleon III. fällt in Gefangenschaft.
Damit ist der Krieg zu Ende und das neue Deutsche Reich
entstanden. Wagner begrüßt die Sieger mit einem Gedicht
„An das deutsche Heer vor Paris" und sendet den von natio-
nalistischem Selbstbewußtsein strotzenden poetischen Er-
guß an Bismarck. Der Eiserne Kanzler spricht ihm dafür
brieflich seinen Dank aus.

5. Februar. Die vollständige Partitur des „Siegfried" ist
fertiggestellt.

März. Wagner komponiert zu Ehren Wilhelm I. einen

„Kaisermarsch". — Er überläßt ihn nicht Schott zur Veröffentlichung (obwohl er ihm seine sämtlichen Werke zugesagt hat), sondern dem Verlag Peters. Der Grund dafür
ist, daß Schott für das Werk höchstens einen Abstrich von
Wagners Schulden zubilligen würde, während Peters in
Bargeld zahlt. So sichert ihm der „Kaisermarsch" nicht
nur die Huld des neuen Kaisers, sondern bringt ihm auch
etwas ein.

Am 14. April nach London, an Praeger:

Morgen reise ich mit meiner Frau in's „Reich", wo ich einmal
nachsehen will, wie die Sachen stehen.

Vor allem hält er zuerst in Bayreuth Umschau und ist
mit den Ergebnissen zufrieden. Um so mehr verblüfft ihn
König Ludwigs Plan, den dieser ihm durch seinen Sekretär
mitteilt: Er will die ersten zwei Akte des „Siegfried" aufführen lassen. Wagner erklärt, er wolle die Partitur eher verbrennen... Er trifft nach einem kurzen Leipziger Aufenthalt
in Berlin ein.

28. April. Auf der preußischen Akademie der Künste,
die ihn zum auswärtigen Mitglied gewählt hat, hält Wagner
eine Antrittsrede. Sein Vortrag, „Über die Bestimmung der
Oper", ist im Grunde eine gekürzte Zusammenfassung
seiner früheren Arbeit „Oper und Drama", zugleich aber
die Verkündigung der Bayreuther Idee. — Durch den
königlichen Sekretär Düfflipp teilt er seinen Plan Ludwig
II. mit und läßt ihn gleichzeitig wissen, daß er nichts anderes von ihm erbitte als die Erlaubnis, die ihm früher überlassenen Werke nun in Bayreuth aufführen zu dürfen, und
die Übernahme der Baukosten für sein endgültiges Wohnhaus. Der König zeigt sich nicht allzu erfreut, daß Wagners

Wahl auf das alte Hohenzollernnest Bayreuth gefallen ist, doch läßt er ihm für den Hausbau fünfundzwanzigtausend Taler answeisen, da er fürchtet, Wagner zu verlieren.

3. Mai. Bismarck empfängt Wagner im Kreise seiner Familie. Der kurze Besuch erfüllt nicht die in ihn gesetzten Erwartungen, weitere Einladungen bleiben aus. — Die wahre Hilfe kommt durch Karl Tausig. Der ausgezeichnete Pianist entpuppt sich als glänzender Organisator und begeisterter Agitator: Er bringt in Berlin den ersten „Patronatverein" zustande. Jedes Mitglied nimmt ein Tausendstel der Gesamtkosten des Theaterbaus auf sich, wofür der Betreffende einen Freiplatz bei der Eröffnung und für die erste Vortragsreihe der Tetralogie erhält. Da die Kosten voraussichtlich 300 000 Taler betragen, werden tausend Stück „Patronatscheine" im Wert von dreihundert Talern ausgegeben. Die Einweihung des Festspielhauses — verbunden mit dreimaliger Aufführung der Tetralogie — ist für 1873 vorgesehen. — Den Gedanken an ein Theater ohne Eintrittsgeld hält Wagner auch weiter aufrecht, obwohl dadurch, daß der Zutritt an so erhebliche materielle Opfer gebunden ist, ein Großteil des Publikums von vornherein ausgeschlossen wird.

11. Mai. An Dr. Landgraf, einem der führenden Persönlichkeiten der Stadt Bayreuth:

Ich werde mich demnach, ganz wie jeder andere Unternehmer, auch zu den Stadtbehörden von Bayreuth zu verhalten haben, auf deren gute Bereitwilligkeit ich jedoch rechnen zu können glaube, wenn bedacht wird, welche Beachtung und Bedeutung ich dadurch Bayreuth zuführe.

10. Juni. Wieder meldet sich ein vergessener Wiener

Gläubiger, der seit sieben Jahren auf die Bezahlung der Tapeten und Teppiche der Penzinger Wohnung wartet. Wagner verpflichtet sich aus den ihm zukommenden Tantiemen der Wiener Hofoper, die zirka zwölftausend Gulden betragende Schuld abzuzahlen. — Um sich selbst von der anwachsenden Administrationsarbeit frei zu machen, betraut er die Mainzer Firma Batz und Voltz, mit den Theatern Verhandlungen zu führen und fällige Autorenhonorare einzuheben.

24. Juni. Wagner beginnt mit der Vertonung des zweiten Akts der „Götterdämmerung".

Juli. Er schreibt ein Vorwort zu der geplanten neunbändigen Ausgabe seiner „Gesammelten Schriften". In Leipzig erscheint der erste Band.

17. Juli. Der Organisator des „Patronatvereins", die Seele der Bewegung, Karl Tausig, stirbt im Alter von dreißig Jahren an Typhus. — Die anfängliche Begeisterung kühlt ab.

29. August. Kapellmeister Esser (mit der Anfertigung des Klavierauszugs von „Siegfried" befaßt) schreibt an Schott:

„...Ich begreife nicht, daß sich tausend Personen in Deutschland finden sollen, von welchen jede 300 Thaler bezahlt, um vier Wagnersche Opern nach einander zu erleiden; ebenso wenig ist mir erklärlich, wie Wagner... die ganze Geschichte in Bayreuth mit Theaterherrichtung, Sängern, Chor, Orchester, Statisten (Ballett) und Arbeiten mit dieser Summe bestreiten will...“

Schott ist aber nicht so kleinmütig. Im Interesse des großen Plans ist er zu weiteren finanziellen Opfern bereit.

Auf den Vorschlag Wagners organisiert er ein richtiges Kopierbüro zum Herausschreiben der einzelnen Stimmen.

Oktober. In Bayreuth gelingt es wegen der spekulativen Ablehnung eines der Besitzer nicht, das für den Theaterplan ausersehene Grundstück zu erwerben. Auch die Unterbringung von zweihundert Angestellten und zweitausend Zuschauern sowie deren Verpflegung sind ungelöste Fragen. All das spricht sich sofort herum, und schon melden sich Baden-Baden und Darmstadt, die den Plan gerne übernehmen wollen. Wagner aber beharrt auf dem seinen Vorstellungen besser entsprechenden bayrischen Städtchen. Hier findet er in der Person des Bankiers Friedrich Feustel einen neuen Mithelfer, der ein anderes Grundstück verschafft und bald die finanzielle Leitung des gesamten Unternehmens in die Hand nimmt. — Auch in Mannheim findet Wagner tatkräftige Unterstützung: Der Musikalienhändler Emil Heckel gründet den ersten „Wagner-Verein", der den geteilten Kauf der Patronatscheine fördern und durch Konzertveranstaltungen für Bayreuth Geld sammeln will. Bald entstehen nach diesem Vorbild im ganzen Land, ja sogar in der ganzen Welt solche Wagner-Vereine. Der Kreis der zu materiellen Opfern bereiten Verehrer Wagners wird immer größer. Nur in Leipzig, Dresden und München will die Sache nicht recht gehen — gerade dort, wo man den Meister persönlich kennt...

Am 3. November an Schott: ... *ich denke, daß die Grundsteinlegung im nächsten März... einen letzten, entscheidenden Impuls zur Ausführung eines Vorhabens geben wird, welches in Wahrheit darauf angelegt ist, einen unberechenbaren Einfluß auf ein wirkliches Gebiet der deutschen Geistescultur auszuüben...*

19. November. Wagner beendet die Vertonung des zweiten Akts der ,,Götterdämmerung". — Trotz aller fieberhaften Anstrengungen muß Wagner einsehen, daß die Festspiele im Sommer 1873 noch nicht abgehalten werden können. — Große Freude bereitet ihm der Erfolg von ,,Lohengrin" in Bologna. Damit beginnt der Triumphzug seiner Werke in Italien.

15. Dezember. Der Stadtrat von Bayreuth faßt den Entschluß, das zum Bau des Theaters nötige Grundstück Wagner unentgeltlich zur Verfügung zu stellen.

18.— 20. Dezember. Der Wagner-Verein hält in Mannheim sein erstes Konzert ab. Außer einem Werk von Beethoven und einem von Mozart, dirigiert der Meister Stücke aus seinen eigenen Schöpfungen.

1872

Am 2. Januar schreibt Ludwig II. an Wagner;

,, . . . Seien Sie versichert, daß ich innerlich der schalen Welt keine Konzessionen mache, das Heiligtum der idealen Anschauung bewahre, vielleicht das große Nibelungenwerk gerade dadurch indirekt Ihnen ermöglicht habe. Halten Sie das ja nicht etwa für Prahlerei."

Am 4. Januar an Nietzsche, der dem Meister ein Exemplar seiner Arbeit ,,Die Geburt der griechischen Tragödie aus dem Geiste der Musik" zusandte, in der er Wagners Theorie entwickelt und bestätigt:

. . . Schöneres als Ihr Buch habe ich noch nicht gelesen! Alles ist herrlich!

An diesem Tage beginnt Wagner mit der Vertonung des letzten Akts der „Götterdämmerung".

Februar—März. Er kommt damit nur langsam vorwärts, nicht selten muß ihn Cosima zur Fortsetzung der Arbeit anhalten. Der Theaterbau, die mannigfachen Probleme und Sorgen der Wagner-Vereine lenken seine Aufmerksamkeit von der schöpferischen Arbeit ab. Überdies ersucht König Ludwig — mit Bezug auf ihren 1864 abgeschlossenen Vertrag — um die Partitur des „Siegfried". Wagner hat ihm nämlich — aus Vorsicht — nur den Klavierauszug zukommen lassen.

22. April. Die Situation erfordert, daß er beim Beginn des Baues persönlich anwesend sei und die Vorbereitungen zu den Aufführungen von Bayreuth aus leite. Gerührt verabschiedet er sich von seinem Schweizer Asyl:

Wie unter lauter Trümmern gingen wir umher . . . Wir packten die Manuskripte, Briefe und Bücher zusammen — ach, es war trostlos! — Er, der in seinem Leben so oft umzog, fühlt, daß es sich nun um etwas anderes handelt als die früheren Male. Jetzt tritt er aus dem stillen, traulichen Familienheim hinaus vor die Weltöffentlichkeit. Was hier zum Abschluß kommt, war die große Schaffensperiode seines Lebens. Was ihn dort erwartet, ist der Höhepunkt seiner Laufbahn. Erfüllung — und Endstation. . .

Bayreuth
(1872-1883)

1872

Am 18. Mai an Liszt — nach einer beinahe fünfjährigen Pause:

Cosima behauptet, Du würdest doch nicht kommen — auch wenn ich Dich einlüde... Dich aber einzuladen, kann ich nicht unterlassen... Du trenntest Dich von mir — vielleicht weil ich Dir nicht so vertraut gewesen war, wie Du mir. Für Dich trat Dein wiedergeborenes innigstes Wesen an mich heran — und erfüllte meine Sehnsucht, Dich mir ganz vertraut zu wissen. Zu einem zweiten höheren Leben bin ich ,,Ihr" nun vermählt — und vermag, was ich nie allein vermocht hätte.

20. Mai. Liszt — an Wagner:

,,...ich [hoffe] *sehnlich*, daβ alle Schatten, Rücksichten, die mich ferne fesseln, verschwinden werden — und wir uns *bald* wiedersehen. Dann soll Dir auch einleuchten, wie unzertrennlich von Euch meine Seele verbleibt..."

21. Mai. Am Vorabend der Feier dirigiert Wagner die IX. Symphonie im alten Bayreuther Theater.

22. Mai. Am Tage der neunundfünfzigsten Geburtstagsfeier des Meisters findet die Grundsteinlegung des Festspielhauses statt. Wagner versenkt einen enigmatischen Vers in den Stein und sagt mit bewegter Stimme: *Sei gesegnet, mein*

Stein, stehe lang und halte fest! ... Dann wendet er sich an die mehrere Tausende zählende Menge seiner von nah und fern herbeigeströmten Anhänger: *Durch Sie bin ich heute auf einen Platz gestellt, wie ihn gewiß noch nie vor mir ein Künstler einnahm.*

Es ist der Augenblick, der Wagner für die vielen Mühen und Enttäuschungen der Vergangenheit entschädigt. Der kühne Plan ist in das Stadium der Verwirklichung getreten. Der zum völligen Sieg führende Weg aber ist noch lang und steinig. Nun beginnt die Jagd nach dem Geld. Der Verkauf der Patronatscheine beginnt nach dem anfänglichen Elan merklich abzuflauen. Es bedarf außerordentlicher Überzeugungskraft, um außer den Anhängern auch die Gleichgültigen zu Spenden zu veranlassen und den Unverständigen verständlich zu machen, warum sie unbekannten Opern zuliebe in ein unbekanntes Städtchen kommen sollen.

22. Juli. Wagner wird mit der Vertonung des letzten Akts der ,,Götterdämmerung'' fertig.

3.—6. September. Wagner und Cosima besuchen Liszt in Weimar.

15.—21. Oktober. Liszt erwidert den Besuch in Bayreuth. Die frühere Freundschaft ist also wiederhergestellt, wenn auch nicht mit derselben Intensität wie zwanzig Jahre vorher. — Als Zeichen seiner auch im Ausland anwachsenden Popularität wird der Meister von der Stadt Bologna zum Ehrenbürger ernannt. — Er läßt eine umfangreiche Arbeit mit dem Titel ,,Über Schauspieler und Sänger'' und mehrere kürzere Aufsätze erscheinen.

31. Oktober. Cosima tritt zum protestantischen Glauben über.

10. November—15. Dezember. Wagner macht eine längere Konzerttournee durch Deutschland; er stattet den einzelnen Wagner-Vereinen Besuche ab, gibt Konzerte und wählt für sein Theater geeignet scheinende Sänger aus.

1873

Am 21. Februar bezüglich einer Mainzer Einladung an Schott:

Ich habe allen den Vereinen, welche mich hierzu aufforderten, erklärt, daß ich keine Konzerte mehr gebe, erstlich: weil sie mir zuwider sind, und zweitens: weil sie mich unverhältnismäßig anstrengen, so daß, wollte ich den mir nöthigen Patronatfonds durch Concerte à 1000 oder selbst 2000 Thaler zusammenbringen, ich zugrunde gehen müßte, ehe ich nur zur Hauptsache käme. Etwas anderes ist es nun, wenn in ausnahmsweisen Fällen mir unter gewissen Begünstigungen der Umstände eine Bareinnahme von mindestens 5000 Thlr, in sichere Aussicht gestellt würde, wogegen ich mich dann bisher verpflichtet gefühlt hätte, dem Zweck zu lieb eine Ausnahme zu machen.

Nun entfalten sich Wagners hervorragendes Organisationstalent und glänzender Geschäftssinn in vollem Umfang. Er versteht es, seine Anhänger ständig zu begeistern und zu stets aktiverer Mitarbeit anzuspornen, seine eigene Anteilnahme knüpft er an immer größere Erfolge, hält aber die Leitung der Vereine geschickt in Händen. — Der türkische Sultan spendet für Bayreuth neuntausend, der Khedive von Ägypten zehntausend Mark.

3. Mai. Nachdem sich Wagner von seinen Rundreisen

278

ausgeruht hat, macht er sich an die Instrumentation der vor zehn Monaten beendeten „Götterdämmerung".

29. Mai. Es folgt ein neuer Besuch in Weimar anläßlich der Erstaufführung von Liszts „Christus"-Oratorium.

24. Juni. Wagner läßt Bismarck seine Studie „Das Bühnenfestspielhaus zu Bayreuth" zukommen. Der Kanzler würdigt diese als Annäherungsversuch gedachte Sendung nicht einmal einer Antwort. — Bayreuth beginnt sich zu bevölkern. Immer mehr Gäste treffen im Städtchen ein, und auch die von Wagner ausgewählten Künstler erscheinen zwecks Besprechung ihrer Aufgaben.

2. August. Die Baumeister des Theaters feiern das Richtfest. Auf Einladung Cosimas kommt auch Liszt. — Von neuem melden sich die materiellen Sorgen. Die Quellen sind versiegt, für den weiteren Bau ist kein Geld mehr vorhanden.

Am 11. August an Ludwig II.:

...auf nichts späht man begieriger aus als auf ein Bekenntnis meinerseits über diese Schwierigkeiten, um mich und mein ganzes Unternehmen als ein übermütiges Unterfangen hinzustellen. Dies ist die Unterstützung, welche mir von meiner Mitwelt zuteil wird!... Die Fürsten erweisen sich entweder ganz ablehnend, oder ihre Hilfe ist über alle Maßen spärlich. Unsere Millionäre von der Börse wollen aber gar nichts von mir wissen...

Vorläufig ist auch der König nicht geneigt, neuerliche Opfer für Bayreuth zu bringen, da er selber baut. Er läßt sonderbare Schlösser errichten, in die er sich zurückziehen kann, um seinen Liebhabereien nachzugehen. Wie es sich später herausstellt, fühlt er sich auch beleidigt, weil Wagner die **Bitte eine**s schlechten Reimemachers abgeschlagen hatte, sein an den König gerichtetes Huldigungsgedicht zu vertonen.

27. September. Wagner bittet Schott wieder um Vorschuß, um sein eigenes Haus einrichten zu können. Der Verleger sendet ihm zehntausend Franken.

Dezember. Ludwig II. zeichnet den Meister mit dem Maximilianorden aus. — Die finanziellen Sorgen scheinen unlösbar. Wagner wendet sich in einem ergreifenden Schreiben an den Gründer des ersten Wagner-Vereins, Emil Heckel:

Ich will die noch offenen Seiten des Festspielhauses mit Brettern zuschlagen lassen, damit sich doch wenigstens die Eulen nicht darin einnisten, bis wieder weitergebaut werden kann.

Das Ergebnis des Aufrufs ist kläglich: Von den Studenten der Göttinger Universität fließen sechs Taler ein...

1874

1. Januar. Als Vorschuß auf sechs später zu schreibende Orchesterwerke verlangt Wagner von Schott neuerdings einen Vorschuß von zehntausend Gulden. Auch diesmal will sich der Verleger einer Hilfeleistung nicht verschließen, verlangt aber zur Deckung der Summe nähere Garantien. Die Vereinbarung kommt schließlich zustande. Bayreuth verschlingt auch diese Summe.

Am 19. Januar an Heckel:

...gerade jetzt, wo allerspätestens die bestimmten Aufträge für die Herstellung der Bühnenmaschinerie und der Dekorationen zu erteilen waren, sind die Kräfte der bisherigen Förderer der Unternehmung erschöpft, der Fortgang derselben ist nothwendig aufgehalten

und sie selbst somit einem bedenklichen Loose verfallen, wenn keine entscheidende Macht hilfreich hierfür eintritt.

25. Januar. Ludwig II. an Wagner:

„Nein! Nein und wieder nein! So soll es nicht enden; es muß geholfen werden!"

20. Februar. Er läßt Wagner als Kredit für die Patronatscheine, die stets geringer werdenden Einnahmen der Wagner-Vereine, hunderttausend Taler aus seiner Privatkasse überweisen. Zu dieser Zeit beginnt Nietzsches Entfremdung: er schreibt die Schuld an den Mißerfolgen nicht den Umständen zu, sondern der schlechten Natur Wagners — nennt ihn einen Schauspieler und zugleich einen Tyrannen.

5. März. Der Kredit trifft aus München ein, die Arbeit in Bayreuth wird wieder aufgenommen. Der Unterbrechung wegen erleidet jedoch die Einweihung einen weiteren Aufschub.

Am 7. März an den Bayreuther Stadtrat Feustel:

...es ist ganz unmöglich, das ungeheure viertheilige Werk... in der jetzt mir noch gelassenen Zeit von heute an bis über's Jahr zur Aufführung zu bringen.

1. April. Wagner ersucht Richter, der um die Zeit als Dirigent des Budapester Nationaltheaters tätig ist, die Proben zu leiten. Er soll in diesem und im folgenden Jahre je vier Monate dem Einstudieren widmen.

28. April. Wagners eigenes Haus wird fertig, sie ziehen ein. Diese luxuriös eingerichtete einstöckige Villa mit prächtigen Empfangsräumen, bequemem Arbeitszimmer und separaten Appartements ist bereits kein provisorisches „Asyl" mehr. Sie erhält den Namen „Wahnfried", ist aber eigentlich ein Hauptquartier, wo der Befehlshaber einer künstlerischen

Großmacht residiert. Die Statue Ludwigs II. draußen im Park bewacht gleichsam den Frieden des kleinen Reiches. Und drinnen im Haus sorgen sieben Bedienstete für Bequemlichkeit und Ruhe der sieben Mitglieder zählenden Familie (die fünf Kinder sind meist beisammen).

Ende Mai. Im Musiksaal der Villa beginnen die Proben. Unter der persönlichen Leitung Wagners studiert Richter mit den Sängern die Rollen ein; nicht selten haben die Künstler, die sich hier gegen beinahe symbolische Gagen um den Meister versammeln, glänzende Verträge gelöst.

Im Sommer. Fast drei Monate dauert die fieberhafte Tätigkeit, geht die Auswahl der Sänger vor sich, wird das endgültige Programm zusammengestellt.

1. Oktober. Wagner an Ludwig II.:
Die Sänger sollen bereits für nächstes Jahr für die zwei Monate Juli und August zusammenkommen, um in dem ersten Monate am Klavier, im zweiten Monate jedoch bereits auf der mit den wichtigsten Dekorationen ausgestatteten Bühne ihre Partien durchzustudieren, um ihre Aufgaben hiermit so genau kennenzulernen, daß sie im darauffolgenden Jahre sogleich zu den sogenannten Generalproben übergehen können. Im Jahre 1876 soll nun unmittelbar mit den vollständigen Hauptproben aller vier Abende begonnen werden...
Jede Aufführung soll nachmittags um vier Uhr beginnen; der zweite Akt folgt um sechs Uhr, der dritte um acht Uhr, so daß zwischen jedem Akt eine bedeutende Erholungspause eintritt, welche die Zuhörerschaft zur Ergehung in den das Theater umgebenden Parkanlagen, zur Einnahme von Erfrischungen in freier Luft und reizender Gegend benutzen soll, um vollkommen erfrischt sich im Zuschauerraum auf das Zeichen der Posaunen von der Höhe des Theaters mit derselben Empfänglichkeit wie zum ersten Akte wieder zu versam-

meln. Ich denke, daß dann der Sonnenuntergang vor dem letzten Akte weihevolle Stimmung geben wird.

Wagner bemerkt noch, daß er bei der Auswahl der Sänger außer auf stimmliche und dramatische Begabung auch auf eine schöne Erscheinung Gewicht legt:

Meine Götter, Riesen und Helden sind alle von ausgezeichneter Statur, so daß auf dem hiesigen Bahnhofe, wenn ein solcher Riese ankam, es immer gleich hieß: ,,Da kommt wieder ein Nibelunge!"

10. Oktober. Die Witwe und Rechtsnachfolgerin des inzwischen verschiedenen Franz Schott, Betty Schott, gibt Wagner einen neuerlichen Vorschuß. Im Sinne ihres Gatten unterstützt sie Bayreuth so tatkräftig, daß sie zur Deckung der Kosten sogar eine Lotterie organisiert.

November. Wagner bestellt in München für sein Orchester besondere Blechblasinstrumente, vor allem Tuben.

Am 21. November tritt ein feierlicher Augenblick ein, der siegreiche Abschluß eines sich durch ein Vierteljahrhundert hinziehenden, oft aussichtslos scheinenden Kampfes: Wagner beendet die vollständige Partitur der ,,Götterdämmerung". Am Schluß steht der kurze Vermerk: *Vollendet in Wahnfried; ich sage nichts weiter.*

1875

Am 2. Februar sendet Wagner an Betty Schott das seit Jahren versprochene ,,Albumblatt", die beste seiner Gelegenheitskompositionen.

10. März. Zwischen zwei Wiener Konzerten gibt er — unter der Mitwirkung Liszts — ein Konzert in Budapest zugunsten Bayreuths. Bei diesem Anlaß führt Liszt seine Schöpfung, „Die Glocken von Straßburg" vor, deren Motiv Wagners Aufmerksamkeit erregt. Das ist ihr zweites und gleichzeitig letztes gemeinsames Konzert.

Am 5. April stirbt Betty Schott.

Um den 20. April gibt der Meister zwei Konzerte in Berlin und erklärt sich bereit, die Vorbereitungen zu der in der nächsten Saison geplanten „Tristan"-Aufführung zu leiten.

Am 26. Juni an Brahms, den er anstelle des von ihm zurückerhaltenen Teils des „Tannhäuser"-Manuskripts nun mit der „Rheingold"-Partitur beschenkt:

Man hat mir manchmal sagen lassen, daß meine Musiken Theaterdekorationen seien [das ist die Ansicht von Brahms' Freund Hanslick]: *das Rheingold wird stark unter diesem Vorwurf zu leiden haben. Indessen dürfte es vielleicht nicht uninteressant sein, im Verfolg der weiteren Partituren des Ringes der Nibelungen wahrzunehmen, daß ich aus den hier aufgepflanzten Theatercoulissen allerhand musikalisch Thematisches zu bilden verstand.*

2. August. Nach mehrwöchigem Korrepetieren werden im Festspielhaus die ersten Gesamtproben abgehalten. Im Zuschauerraum türmt sich noch ein Wald von Gerüsten, doch auf der Bühne stehen schon die „Rheingold"-Kulissen. Das Gesamtensemble wartet vereint auf den Meister. Und als er an der Seite Cosimas und Liszts eintritt, empfängt ihn Betz mit Wotans Worten: „Vollendet das ewige Werk... Wie im Traum ich ihn trug, wie mein Wille ihn wies, stark und schön steht er zur Schau: hehrer, herrlicher Bau!"

Nach den Generalproben gibt Wagner im Park der Villa Wahnfried für seine Künstler einen Empfang, an dem hundertfünfzig Gäste teilnehmen. Wagner spricht ihnen für ihre hingebungsvolle Arbeit seinen Dank aus und gibt von neuem seiner Überzeugung Ausdruck, daß sämtliche Zweige der Kunst des 19. Jahrhunderts in der Musik einst neu erstehen werden.

Oktober. Wagner wendet sich, damit die Arbeiten rechtzeitig beendet werden können, um finanzielle Hilfe an Kaiser Wilhelm. Das Kanzellariat rät Wagner, ein Gesuch beim Reichstag einzureichen. Der Meister ist mißtrauisch und befolgt den Rat nicht, den er für eine verkappte Zurückweisung hält — und doch handelte es sich diesmal um einen gutgemeinten Vorschlag Bismarcks...

22. November. „Tannhäuser"-Reprise in Wien.

15. Dezember. „Lohengrin"-Reprise in Wien. — Die Einstudierung beider Werke wurde unter der persönlichen Aufsicht des Autors und Komponisten vom neuen Dirigenten der Hofoper, Hans Richter, durchgeführt. Die authentischen — ungekürzten — Aufführungen ermüden und reizen Hanslick zu neuen Angriffen:

„Seine Persönlichkeit saugt wie ein Schwamm alle musikalische Thätigkeit auf, entmuthigt die Sänger durch Mißhelligkeiten und Ueberanstrengung, drängt das Publikum in Parteihader und die Direktion in eine schiefe Stellung nebst sehr aufrechtem Defizit. Zu diesen Uebelständen und Opfern steht, meines Erachtens der Gewinn in keinem richtigen Verhältnis, den uns die Neuerungen im ‚Tannhäuser' und ‚Lohengrin' gebracht haben."

Daraufhin regt sich auch das Münchner gegnerische Lager wieder. Lügenhafte Gerüchte werden verbreitet, die geeignet sind, an Bayreuths Erfolgen Zweifel aufkommen zu lassen. Einer hat an der Feuersicherheitseinrichtung des Festspielhauses etwas auszusetzen und prophezeit ein Massenunglück, ein anderer — ein Irrenarzt — gibt seinem Bedauern darüber Ausdruck, daß Wagner an Senilität leidet. — Die Besuche Nietzsches in Wahnfried werden immer seltener. Der Schwärmer von Tribschen wird zum Gegner Bayreuths. Für ihn bedeutet das Festspielhaus ein Symbol für Opportunismus und Dekadenz.

1876

4. Februar. Wagner bemüht sich um die endgültige Rollenverteilung. Mehrere Abänderungen erweisen sich als notwendig. Die größte Sorge verursacht ihm aber, daß von den ausgegebenen Patronatscheinen kaum mehr als ein Drittel verkauft werden konnte. *Unsere Sorgen sind groß, und schließlich muß ich den Vorsatz, die Aufführung in diesem Jahre noch statt finden zu lassen, für tollkühn ansehen.*

2. März. Wagner dirigiert den „Lohengrin" in Wien, und zwar unentgeltlich, zum Besten des Opernpersonals. Es ist die letzte Gelegenheit, bei der er eine ganze Oper dirigiert. — Von Wien eilt er direkt nach Berlin.

20. März. Auf Wunsch Kaiser Wilhelms wird in Berlin der „Tristan" gegeben. Die Einnahmen gehören Bayreuth. — Gleichfalls im Interesse Bayreuths erklärt sich Wagner bereit, zum hundertsten Jahrestag der amerikanischen Unabhängigkeitserklärung eine Gelegenheitskomposition zu schreiben. Im Telegramm, das über den Erfolg des Werks berichtet, bemerkt er: *Wissen Sie, was das Beste an dem Marsch ist? Das Geld, das ich dafür bekommen habe.* Die New Yorker

Gesellschaft, die ihm den Auftrag erteilte, hatte fünftausend Dollar bezahlt.

Juni. Nun beginnt der letzte Abschnitt der Proben. Wagner befaßt sich auch mit den geringsten Details selbst; er erklärt und spielt unermüdlich vor.

1. August. Zuerst wird eine in der Nachbarschaft des Theaters eröffnete Gastwirtschaft eingeweiht. Wagner huldigt in seinem Trinkspruch dem anwesenden Liszt: . . . *ohne [ihn würden] Sie heute vielleicht keine Note von mir gehört haben. . .*

5. August. In der Dunkelheit der Nacht trifft Ludwig II. mit einem Sonderzug ein. Er steigt im Schloß „Eremitage" ab. In der ersten Nacht unterhält er sich bis zum Morgen mit Wagner, den er seit acht Jahren nicht mehr gesprochen hat.

10. August. Nach der Generalprobe der Tetralogie kehrt der König sofort nach München zurück. — Wagner veranstaltet zwei Empfänge: einen für seine Freunde, den andern für die Kritiker.

13. August. Kaiser, Fürsten, berühmte Künstler, Gelehrte, Anhänger und Gegner sind versammelt, um auf das Zeichen der Posaunen ihre Plätze im Zuschauerraum einzunehmen. Auf der Probetafel des Theaters ist Wagners Botschaft zu lesen:

Letzte Bitte an meine lieben Getreuen! Deutlichkeit! Die großen Noten kommen von selbst; die kleinen Noten und ihr Text sind die Hauptsache. Nie dem Publikum etwas sagen, sondern immer dem andern; in Selbstgesprächen nach unten oder nach oben blicken, nie gerad' aus! Letzter Wunsch: Bleibt mir gut, ihr Lieben!

Sieben Uhr abends. Die Darsteller des „Rheingold" stehen auf der Bühne, das Orchester hat seinen Platz in der Versenkung eingenommen. Gespannte Erwartung im Zuschauerraum, doch jeder fühlt, daß die Aufmerksamkeit der gesamten Künstlerwelt auf Bayreuth gerichtet ist. Es stellt die absolute Erfüllung dar, einen in der Geschichte der Musik niemals und von keinem noch je erreichten Höhepunkt seiner Laufbahn. Auch in der Kunstgeschichte wäre nur Michelangelos Sankt-Peters-Kirche damit vergleichbar, wenn sein Schöpfer deren Vollendung erlebt hätte, doch mit dem Unterschied, daß sich Wagner in seinem Bayreuther Kunsttempel die Messe von seinen eigenen Priestern zum eigenen Ruhm zelebrieren läßt. — Dann überfluten auf den Wink von Richters erzpriesterlichem Stab die Wellen des Rheins die Bühne und reißen das Publikum mit sich fort.

Das Wasser, die Fluten des Urelements, stellt das Morgenrot der Welt, die erwachende Natur dar. Damit beginnt diese mächtige Schöpfung, deren Aufführung — ohne Pausen — sechzehneinhalb Stunden dauert. Dann zeigt sich das Leben. Die ersten Geschöpfe, die Rheintöchter, die Schatzhüterinnen, erheben ihre noch kaum menschlichen Stimmen. Und in der „Götterdämmerung" nehmen sie am Ende des Werks in selbstvergessener Gleichgültigkeit Abschied von der untergehenden Welt, welche dem anderen Urelement, dem Feuer zum Opfer fällt. Alles wird von den Flammen vernichtet, allein über die Wellen des Rheins hat das Feuer keine Macht. Und aus dem Wasser wird vielleicht wieder neues Leben erstehen... — Das wäre also die „Weltgeschichte aus der Sage", die der naturalistische Symbolismus des Wagnerschen Werks ausströmt. Naturalistisch in den Einzelheiten — die Naturbilder arbeitet Wagner mit der Genauigkeit eines Miniaturmalers aus, sein Orchester vermittelt sozusagen visuelle Eindrücke (Feuerzauber, Waldweben usw.); und symbolisch — in seiner Gesamtheit betrachtet. Schon im Titel kommt das zweifach zum Ausdruck: Einerseits ist „Der Ring" das Sinnbild des ewigen Kreislaufs von Geburt und Tod, andererseits verkörpert er das Symbol der Macht. So erhielt das Grundproblem der Tetralogie Allgemeingültigkeit: Liebe oder Macht? — Der die Liebe wählt, kann nicht Herr über der Welt sein; der jedoch die Macht erstrebt, muß auf das wahre Glück verzichten.

Wagner faßt in diesem Werk die gesamte Mythen- und Sagenwelt der germanischen Vorzeiten konzentriert zusammen. Die außerordentlich vielverzweigten Fäden der Handlung spinnen sich um den Konflikt zwischen Wotan und Alberich. Wotan ist das Oberhaupt der Götter, Alberich Herr der Nibelungen. Ihr Streit versinnbildlicht auch den Zweikampf zwischen der Tag- und Nachtwelt. Alberich, die Liebe verfluchend, entreißt der Natur ihren Schatz: das Gold des Rheins. Als Wotan den Ring des Nibelungen durch List entwendet, verflucht der geprellte Alberich jeden, in dessen Besitz das Gold gelangt. Die Verwünschung, im Grunde nur äußere Bekräftigung des im Gold an sich verborgenen Fluches, zeigt bald ihre Wirkung. Wotan überläßt unwillig den Ring den Erbauern Walhallas, den beiden Riesen. Sofort entbrennt der Streit, und Fasolt wird von Fafner erschlagen, der in einen häßlichen, den Schatz behütenden Lindwurm verwandelt wird. Siegfried tötet ihn, und der Ring gehört nun dem naiven Helden, der nichts von dessen Bedeutung weiß und für den er nur die Erinnerung an einen Sieg darstellt. Er schenkt den Ring Brünnhilde. Für die Tochter Wotans (die mit ihrer Göttlichkeit auch ihr allumfassendes Erinnerungsvermögen einbüßte) ist er nur ein Liebespfand. Sie beide sind also unschuldig und müssen dennoch zugrunde gehen. Der um die Macht kämpft — ist bereits deren Sklave, und hat sein eigenes Urteil gesprochen. Der aber nicht um die Macht kämpft, kann gleichfalls nicht seinem Schicksal entgehen. Gerade Siegfrieds und Brünnhildes Opfer erschließt den ideellen Inhalt: Der Fluch muß gebrochen, die tückische Macht des Goldes überwunden werden. Der Schluß zeigt dennoch keinen Ausweg. Wotan verleugnet seinen Willen, verzichtet auf Macht, auf das Leben und sucht die Erlösung in der Vernichtung. Ein von Schopenhauer suggeriertes Ende, obwohl die Dichtung, als Wagner mit dessen Lehren bekannt wurde, schon vollendet war. Sein Pessimismus entstammt demnach seiner eigenen Desillusion: Dem Gedanken des begeisterten Revolutionärs von 1848/49 gab der Verbannte des niedergeschlagenen Freiheitskampfes seine endgültige Form. — Allein für sich könnten die widerspruchsvolle Philosophie und auch die dramatische Dichtung nicht bestehen. Nur dank der Musik werden die im einzelnen fragwürdigen Elemente zu einem unvergänglichen Ganzen geschmiedet — durch die Musik, die von Anfang bis zum Ende von wahrer Leidenschaft, von edlem Pathos durchdrungen ist.

So beschwingt klingt im ersten Akt der „Walküre" Siegmunds Lied, mit dem er den Frühling, die erwachende Liebe begrüßt. Und obzwar diese Art des Aufbaus, die auch geschlossenere Teile verträgt, nach der langen Unterbrechung, die die Vertonung der Tetralogie erlitt, kaum je wieder zurückkehrt und in der Zwischenzeit sich auch Wagners Orchesterbehandlung stark geändert hat, die Instrumentation komplizierter geworden ist — erkennen **wir** dennoch im Helden, der in der Schlußszene des „Siegfried" mit Brünnhilde vereint in verzücktem Gesang sein Glück preist, Siegmunds Sohn wieder.

Die Einheitlichkeit dieses vier Abende füllenden Werkes, dessen Vollendung sich über ein Vierteljahrhundert hinauszog, zu gewährleisten, war wohl die schwierigste Aufgabe und deren Gelingen die größte Tat. Diesem Zwecke dient die archaisierende Sprache des Textes und die reichlich angewendeten Stabreime, die Alliteration. In der Musik

wohl, pran - - - - - gen - de

leuch - - - - tet!

Göt - ter-pracht! End'

Heil der Son - - - ne, die uns be - scheint!

wendet Wagner zur Verwirklichung der Einheit ein noch
originelleres und in der Form gänzlich neues Mittel an, indem er aus etwa hundert Grundthemen ein System auf-
baut, das der gesamten Schöpfung als festes Gerüst dient.

Jene kurzen, oft nur einige Töne beinhaltenden (einmal melodischen, ein andermal harmonischen) Leitmotive stellen Personen oder Gegenstände dar oder drücken Gefühle und Gedanken aus. Der dramatischen Situation entsprechend, verändern sich die Leitmotive auch selbst, aus dem einen entsteht das andere, sie verschmelzen miteinander, so erwecken sie Vergangenes, weisen auf Kommendes hin: so gestalten und malen sie die Gegenwart. Dadurch wird dieses „Bühnenepos" zu einer Fundgrube von Charaktervariationen und gleichzeitig, indem sie nichts verschweigen und noch mehr ahnen lassen, zu einer Sammlung von Anspielungen und Beziehungen. Die Kenntnis der Hauptmotive steigert den Genuß, doch jene „musikalischen Baedeker", die sämtliche Motive in Tabellenform bringen, verwirren den Hörer eher, als daß sie ihm den richtigen Weg weisen. „Das Rheingold" und „Die Walküre" führen sehr viele neue Themen ein, ohne überladen zu wirken. Der „Siegfried" bringt schon weniger, die „Götterdämmerung" kaum einige, und doch werden beide Werke nicht als inhaltslos empfunden. Ein größerer Unterschied (was eher auf die während der langen Pause eingetretene Stiländerung rückführbar ist) macht sich im Wagnerschen Sprechgesang und in der Begleitung der Deklamation bemerkbar: In den beiden ersten Werken wird das stark rhythmisierte Rezitativ hier und da von den Instrumenten durch Harmonien eher nur gestützt — in den zwei letzteren aber muß der Sänger seinen eigenen Part in das komplizierte, polyphone Gewebe des Orchesters sozusagen „dazwischenweben". Diese Entwicklung wirkt gleichfalls nicht störend, sondern beinahe eigengesetzlich. Und das Orchester, dessen Ausdrucksfähigkeit sozusagen schrankenlos ist, dieser durch Spezialinstrumente ergänzte Apparat — ob man ihn nun als den Chor der griechischen Tragödien oder aber als den Narrator moderner Dramen auffassen will — läßt jeden Einwand vergessen, es spricht mit seinem verführerischen Zauber jeden für erhabene Größe und aufrichtige Poesie Empfänglichen an. — Alles in allem stellt „Der Ring" eine bewunderungswürdige Leistung schöpferischen Geistes und unerschütterlicher Willenskraft dar. Ein solches Werk wirkt immer erhebend. Wagner selbst, obwohl die Schlußszene der gewaltigen Tragödie völlige Vernichtung zeigt, vermag mit dem letzten Ausklang der Musik (doch *nur* mit diesem Mittel) Glauben zu erwecken, daß trotzdem Hoffnung besteht, alles von neuem zu beginnen — und das Geschehene nicht vergeblich war. Deshalb ertönt zum Abschied dieses Motiv, das im dritten Aufzug der „Walküre", im Gesang der vom Schicksal verfolgten Sieglinde erklingt, als sie erfährt, daß sie von Siegmund einen Knaben gebären wird, Siegfried, den Held der Helden. In ihrem zum Sterben entschlossenen Herzen erwacht neue Hoffnung. Sie ist bereit, ihr Los zu tragen, denn ihr derzeitiges Leiden ist das Unterpfand für eine verheißungsvolle Zukunft.

12. August. Ludwig II. an Wagner: „Mit welchen Eindrücken ich von dem Besuche des über alle Maßen beseligenden Bühnenfestspiels zu Bayreuth und dem glücklichen Wiederzusammensein mit Ihnen, angebeteter Freund, zurückkehrte, dies Ihnen zu beschreiben ist mir unmöglich. Mit großen Erwartungen kam ich hin, und so hochgespannt dieselben noch waren, alle wurden *weit, weit* übertroffen.

Ich war so tiefergriffen, daß ich wohl recht wortkarg Ihnen
erschienen mag!"

17. August. Nach Beendigung des ersten Zyklus bringt das
Publikum den Mitwirkenden Ovationen dar (die Darsteller
waren: Wotan — Franz Betz, Siegmund und Siegfried —
Georg Unger, Brünnhilde — Amalie Materna) und begrüßt
den Meister mit tosendem Beifall. Wagner dankt Liszt für
sein Vertrauen, seine ausdauernde Unterstützung und verabschiedet sich trotz seiner Rührung mit den stolzen Worten:

Sie haben jetzt gesehen, was wir können: nun ist es an Ihnen, zu
wollen. Und wenn Sie wollen, so haben wir eine Kunst...

Diese Erklärung wird von der Kritik sofort zurückgewie-
sen: „Was haben wir denn bis jetzt gehabt?...", fragt im

Namen von vielen Paul Lindau. Wagner fügt am nächsten Tag seinen Worten eine Erklärung hinzu: das Deutschtum hatte eine Kunst, aber keine *nationale* Kunst, mit der sich Italiener und Franzosen brüsten können. Trotzdem beginnt eine Flut von Angriffen und Einwänden. Viele finden Mängel an der individuellen Charakteristik der handelnden Personen. Götter, Riesen, Zwerge und Menschen — wird behauptet — seien gleichrangig und reden in völlig gleichem Ton. Louis Ehlert zum Beispiel findet sie nicht genug plastisch: „Knochen... lassen sich durch kein noch so fein ausgebildetes Nervensystem ersetzen." Hanslick ist vor allem mit Siegfried unzufrieden: „Er ist kein ‚Helde', sondern eine Puppe." Der Zaubertrank des Vergessens und Erinnerns aber „... ist eigentlich ein Lustspielmotiv." Da Ensembles fehlen und Monologe überwiegen, nennt er das Werk einen „... gesungenen Gänsemarsch", und auf den Gedanken im „Kunstwerk der Zukunft" anspielend, stellt er fest: „Wagners Opernstil bewegt sich nur mehr in Superlativen; kein Superlativ hat aber eine Zukunft, er ist das Ende, nicht der Anfang."

Zwischen dem 20.—24. und 27.—30. August wird die Tetralogie noch zweimal gegeben, (zum drittenmal wieder im Beisein von König Ludwig), dann schließt Bayreuth seine Pforten — plangemäß für ein Jahr.

Am 14. September reist Wagner mit seiner Familie zur Erholung nach Italien. Ruhe findet er aber auch hier nicht.

Am 21. Oktober an Ludwig II.:

Leider wird mir die Stimmung immer noch widerwärtig gestört durch Nachrichten von Daheim, wo nun das „Defizit" an der Tagesordnung ist, für dessen Deckung ich nun sorgen soll, während kein

Mensch mich frägt, wie denn etwa nun mir eine Anerkennung für das Geleistete zu erzeigen wäre... Ich bin fast schon soweit gebracht worden, das Ende! das Ende! zu beschließen und meinen Herren Verwaltungsräten aufzugeben, in Bayreuth aufzuräumen.

Der König spricht ihm Mut zu: „Keine Zugeständnisse mehr! Durch! — und koste es das letzte Blut!" — Feustel aber stellt zuerst ein Defizit von hundertzwanzigtausend, dann endgültigerweise von hundertfünfzigtausend Mark fest. Zur Aufbringung der fehlenden Summe tauchen verschiedene Ideen auf: Sich von neuem an die Patronatvereine zu wenden; das Festspielhaus dem Deutschen Reich anzubieten; alles zu verkaufen, um die Gläubiger zu befriedigen und zuletzt — ein Jahr auszulassen, um neue Kräfte und Geld zur Weiterführung der Unternehmung zu sammeln.

Am 9. Dezember an Emil Heckel:

Hier, lieber Freund, hören meine Kräfte auf. Mein bisher durchgeführtes Unternehmen war eine Frage an das deutsche Publikum: „wollt ihr?" — Nun nehme ich an, daß man nicht will, und bin demnach zu Ende...

Die dreimonatige Italienreise hatte also keine Auffrischung gebracht. Zu den Unannehmlichkeiten von daheim gesellt sich in Sorrento noch eine weitere Kränkung, der Bruch mit dem kränkelnden Nietzsche. Obwohl der Beginn der Entfremdung schon weiter zurückliegt, fühlt sich Wagner durch die offene Feindschaft des alten Freundes, die bei dem krankhaft empfindlichen Philosophen angeblich durch die Bayreuther Atmosphäre verursacht wurde, schmerzlich berührt.

1. Januar. Der Meister richtet an die Präsidien der Richard-Wagner-Vereine einen Aufruf: *Aufforderung zur Bildung eines Patronat-Vereines zur Pflege und Erhaltung der Bühnenfestspiele in Bayreuth.* — In seinem Rundschreiben wirft er auch den Gedanken auf, eine Hochschule für Stilbildung ins Leben zu rufen.

25. Januar. Auf Grund früherer Skizzen beginnt Wagner die Parsifal-Dichtung zu schreiben.

Am 11. Februar an Heckel: *Die Aufführungen sind für dieses Jahr bereits unmöglich geworden, aus inneren und äußeren Gründen... Einstweilen habe ich für die Deckung des Defizits zu sorgen: ich gedenke daher in England ein paar Monate lediglich hierfür Konzerte zu geben. Wenn ich davon dann heil zurückkomme, wird hoffentlich niemand mehr von mir verlangen, daß ich noch an etwas anderes denke, als mich — zu erholen und — zu vergessen!*

März. Es reift in ihm der Entschluß, die Aufführung der Tetralogie nicht noch einmal auf eigene Kosten und Verantwortung zu veranstalten. Deshalb überträgt er die Rechte dem Leipziger Theaterdirektor Dr. Förster und dessen musikalischem Leiter Angelo Neumann.

Am 19. April ist die Parsifal-Dichtung beendet.

7.— 29. Mai. Wagner dirigiert acht Konzerte in London. Der vollständige erste Akt des „Fliegenden Holländer" und der „Walküre" werden aufgeführt. Mit Hans Richters Hilfe hält er neunzehn Proben ab. Das Resultat bestätigt den Aufwand: großer künstlerischer Erfolg und — zehntausend Mark Reingewinn. — Mit der Summe leitet Wagner eine Sammlung ein und wie er an Feustel schreibt:

Sollte auch dieser Weg fehl schlagen, so bin ich entschlossen, mit Ullmann für Amerika abzuschließen, dann aber auch mein Bayreuther Grundstück zum Verkauf zu geben, mit meiner ganzen Familie über das Meer zu gehen, und nie wieder nach Deutschland zurückzukehren.

5. Juni. Der Meister begibt sich zur Behandlung seines Magenleidens auf eine vierwöchige Kur nach Ems.

Am 2. Juli an einen jungen Verehrer, Hans v. Wolzogen, der sich dem Meister angeschlossen hat:

Ich gedenke noch in diesem Monat den letzten Versuch zu machen, die ganze Angelegenheit dem Münchener Hoftheater aufzubinden, um dann — vorläufig — an „Bühnenfestspiele" (in meinem Sinne) gar nicht mehr denken zu dürfen.

Auch Ludwig II. deckt er seine Lage auf, wobei er auch seine Auswanderungsabsichten nicht verschweigt. Der König antwortet umgehend:

„...geben Sie diesem *entsetzlichen* Gedanken keinen Raum mehr; eine nie zu tilgende Schmach wäre es für alle Deutschen, wenn sie ihren größten Geist aus ihrer Mitte scheiden ließen..." Zu Lasten der Tantiemen der Wagner-Aufführungen des Münchener Theaters nimmt er etwas später die Begleichung der fast hunderttausend Mark betragenden Schulden auf sich.

15.—16. September. Wagner ruft in Bayreuth die Vertreter der Wagner-Vereine zusammen. Er liest ihnen die Parsifal-Dichtung vor und macht sie mit den Statuten des Patronatvereins sowie mit dem Lehrplan der Schule für Stilbildung bekannt. Hier würde er Sänger, Musiker und Dirigenten innerhalb von sechs Jahren in den Stand versetzen, seine eigenen Schöpfungen und andere Werke „deutschen Stils" mit Verständnis vorzutragen. — Diese Pläne werden auf der Gegenseite nicht ohne Kommentare hingenommen. Hanslick tituliert den Verein als ein „Versorgungshaus für invalide Nibelungen", das die Funktion erfüllt, „halb Lehramt, halb Gottesdienst" zu sein. — Da sich alles in allem ein Sänger für die Schule meldet, ist der Plan ohnehin zum Scheitern verurteilt.

November. Wagner vermag seine bei der Firma Schott bestehenden Schulden durch Überlassung mehrerer kleinerer, vorwiegend aus seiner Jugendzeit stammender Werke sowie der Parsifal-Dichtung zu regeln. Cosimas Verhandlungen führen zum Ergebnis, daß die ihm früher gewährten Vorschüsse fast zur Gänze gestrichen werden. — Dank der Fürsorge seiner Frau, die vielleicht manchmal schon übertrieben ist *(Così ma* non troppo — so, aber nicht zu sehr —, sagen die Gäste des Hauses Wahnfried), kommt Wagner mit der Vertonung des „Parsifal" rasch vorwärts.

1878

Januar. Zur Verbreitung seiner Ideen und Popularisierung seiner Werke ruft Wagner eine BAYREUTHER BLÄTTER genannte Zeitschrift ins Leben. Mit der Schriftleitung betraut er seinen unerschütterlichen Gefolgsmann Wolzogen, die geistige Führung aber behält er sich selbst vor. In den seiner Verherrlichung dienenden Blättern erscheinen auch mehrere Artikel aus seiner Feder. Die neue Periode der publizistischen Tätigkeit ist leider eine des Niedergangs. Nicht im geistigen Sinn — der Einstellung nach. Seine früheren

Schriften sind vom Glauben an eine Sache durchdrungen, die jetzigen hingegen vom Glauben an den, der sie verwirklichte — an sich selbst. Zumeist sind es ex cathedra Offenbarungen, was immer sie für ein Gebiet der Kunst, der Wissenschaft, des öffentlichen Lebens berühren. Im ersten Jahrgang der Zeitschrift beschäftigen sich zwei von Wagners Artikeln mit seiner eigenen Lage: „Zur Einführung" entwickelt das Programm der Zeitschrift, „Ein Rückblick auf die Bühnenfestspiele des Jahres 1876" bewertet die Ergebnisse Bayreuths. Zwei weitere Aufsätze, „Publikum und Popularität" sowie „Das Publikum in Zeit und Raum", behandeln allgemeinere kunstsoziologische Fragen — indem sie die auf das Publikum wirkenden Faktoren kritisieren. Während Wagner in seinen Schriften „Modern" und „Was ist deutsch?" Nietzsche angreift, beginnt er im wesentlichen selbst dessen Anschauungen zu verkünden. Vom Übermenschen aber ist es nur ein Schritt bis zum Rassendünkel. Wagner tut auch diesen, und sein Antisemitismus erweitert sich im Sinne Gobineaus, den er vor zwei Jahren in Rom kennenlernte, zum Rassenhaß. Natürlich versuchen ihn dann seine Anhänger noch zu übertrumpfen, so daß die BAYREUTHER BLÄTTER bald zum Organ des Deutschnationalismus und Rassenmythos werden. Treffend bemerkt gerade Nietzsche: „Der Wagnerianer war Herr über Wagner geworden! — Die *deutsche* Kunst! Der *deutsche* Meister! Das *deutsche* Bier!..."

März. Leipzig — als erstes Theater nach Bayreuth — setzt den gesamten „Ring" auf den Spielplan. Die beiden ersten Stücke werden zur Zeit der Frühjahrsmesse aufgeführt, die beiden andern sind für den Herbst geplant.

31. März. Wagner unterschreibt einen Vertrag mit München; gegen einen Vorschuß auf die Tantiemen verpfändet er den in Arbeit befindlichen „Parsifal".

14. Mai. Das Interesse der Theater beschränkt sich im allgemeinen auf ein einziges Stück des „Ring", auf „Die Walküre". Cosima teilt daher dem Verlag Schott die Vorschriften des Meisters mit:

„1. Beginn mit ‚Rheingold' und wo möglich ‚Rheingold' und ‚Walküre' hintereinander, wie in Leipzig, worauf nach einem Jahre ‚Siegfried' und ‚Götterdämmerung' und dann das gesamte Werk. 2. Zehn Prozent der Einnahmen. 3. 6000 Mark Vorschuß als Garantie, daß das Gesamtwerk aufgeführt wird, welcher Vorschuß durch 5% Tantièmen zurückbezahlt wird."

22. Mai. Der Herr von Wahnfried feiert seinen fünfundsechzigsten Geburtstag. Cosima veranstaltet lebende Bilder und läßt — auf die Musik Wagners — die Kinder Gelegenheitsverslein aufsagen. Die Villa, die zur Zeit der Festspiele ein Hauptquartier war, wird langsam zum Zentrum des Wagnerkults, zum Heiligtum der Wagnerverehrung. Der Festverderb ist mit Nietzsches Namen verbunden: sein neues Buch („Menschliches-Allzumenschliches") ist eine scharfe Kritik der Auffassung Wagners, der Bayreuther Idee.

12. Juni. Die Vertonung des „Parsifal" erleidet eine Unterbrechung, da der Meister wieder auf sechs Wochen in einen Kurort reist.

11. Oktober. Wagner beendet den zweiten Akt, von dem er sagt: *... hier sind zwei Welten mit sich im Kampfe um die letzte Erlösung.* Er beginnt sofort mit der Vertonung des dritten

Akts und fängt gleichzeitig mit der Instrumentation des ersten an.

↝ *November*. München führt — Leipzig überholend — den vollständigen „Ring" auf.

1879

Januar. In Bayreuth beginnt ein stilles Arbeitsjahr, die Vertonung des „Parsifal" macht gute Fortschritte. Draußen in der Welt aber reift der Erfolg des „Ring". Leipzig, dann Wien, später Braunschweig und Mannheim erfüllen den Wunsch des Meisters und führen die Tetralogie in einem auf.

26. April. Eine ausführliche Skizze der gesamten „Parsifal"-Komposition wird fertiggestellt. Auch die BAYREUTHER BLÄTTER werden durch mehrere neue Artikel bereichert. Die kunsttheoretischen Schriften — „Über das Dichten und Komponieren", „Über das Operndichten und Komponieren im Besonderen" und „Über die Anwendung der Musik auf das Drama" — zeigen einen mit der Welt zerfallenen Meister.

Je mehr ihn die Welt anerkennt, um so bitterer urteilt er über sie. Seine Voreingenommenheit steigert sich bis zum Haß und trübt den klaren Blick. Wenn Wagner den Quellen der Übelstände nachgeht, gerät er stets in die Sackgasse des Rassendünkels. — Eine einzige Ausnahme bildet sein Aufsatz „Wollen wir hoffen?", in dem er seiner Besorgnis über die zunehmende Auswanderung Ausdruck verleiht und die Regierung für die Verelendung der Arbeiterklasse verantwortlich macht. Derselbe Wagner, der früher

304

die gegen Kaiser Wilhelm verübten Attentate verurteilte, greift jetzt heftig das Sozialistengesetz Bismarcks an.

Am 25. August auf das Gerücht umfassender Arbeiterentlassungen hin an Ludwig II.:

...tagelang glaubte ich, nicht anders tun zu dürfen, als mit Konzertgeben herumzuziehen, um diesen Arbeitern Hilfe zu schaffen; schon hatte ich einen ganzen Plan hierfür entworfen und konnte erst beschwichtigt werden, als man mich über das Los jener Leute gründlich zu beruhigen vermochte.

Eine andere Frage erregt gleichfalls sein Mitgefühl: Die an lebendigen Tieren durchgeführten Versuche lösen sein Mitleid aus. In dem Falle beruhigt er sich aber nicht so schnell und veröffentlicht in seinem Blatt einen in leidenschaftlichem Ton gehaltenen offenen Brief gegen die Vivisektion.

Im Herbst. Wagner kränkelt von neuem, seine frühere Gesichtsrose flammt wieder auf. Er glaubt, die Ursache liege im ungesunden Klima, dem stets bedeckten Himmel Bayreuths.

1880

Am 1. Januar fährt Wagner zu einem längeren Erholungsurlaub nach Neapel. Er richtet sich samt seiner Familie und seinem „Hof" in einer prächtigen Villa auf dem Posilippo ein. — Neue Anhänger gesellen sich ihm zu: Der phantasiebegabte russische Maler Schukowski — der später die Dekorationen des „Parsifal" entwirft; der junge Komponist Humperdinck — der spätere Korrepetitor des „Parsifal",

und der materialistisch gebildete Schriftsteller von Stein —
der später Siegfrieds Erzieher und einstweilen Diskussions-
partner des Dichters von „Parsifal" wird. Wagner arbeitet um
diese Zeit an einer „Religion der Kunst" betitelten Studie.
Seine Ansichten, genauer gesagt, die unkritisch von seinen
Lieblingsschriftstellern (Gobineau und neuestens Gleïzès)
übernommenen, seinem ganzen Lebenslauf diametral entgegengesetzten Ansichten führt er in einem so autoritären,
keinerlei Gegenmeinung aufkommen lassenden Ton aus, daß
sich von Stein bald zurückzieht. Die Schrift erscheint in den
BAYREUTHER BLÄTTERN und verursacht jedem, außer seinen
unmittelbarsten Anhängern, Ärger oder entlockt ihm ein
Lächeln. Wagner beklagt hier nämlich die Entartung der
Menschheit, deren Ursache er auf den — Fleischgenuß zu-
rückführt. Der Verfall der Kultur, vor allem der europäischen
Künste aber sei die Folge des Niedergangs der Religion, der
Kirche. Eine Erneuerung und Reinigung sei durch die vege-
tarische Lebensweise mit Hilfe der auf der moralischen Basis
Glaube-Hoffnung-Liebe fußenden — hochwertigen — deut-
schen Kunst zu erreichen.

4. März. Wieder beschäftigt Wagner der Gedanke an eine
Auswanderung. Er schreibt an Feustel:

*...meine tiefe Überzeugung vom Verfall der europäischen Kultur
[kann mich] nur dazu antreiben... ernstlich und entschieden...
noch jetzt diesen Ausweg zu beschreiten.*

29. März. In einer Sitzung des neuen Patronatvereins wird
der Beschluß gefaßt, die Erstaufführung des „Parsifal" für
den Sommer 1882 anzusetzen.

22. Mai. Wieder eine von Cosima arrangierte Geburtstagsfeier: Eine Fahrt in fünf, mit bunten Fackeln beleuchte-

ten Barken unter den Klängen von Volksweisen mit Mandolinbegleitung im mondbeschienenen Golf von Neapel; danach Empfang bei Wagners in der Villa mit der Darbietung von Teilen aus dem „Parsifal" im Vortrag des Gefeierten. — Einige Tage später besuchen Wagners Ravello, wo Wagner im Park des Palazzo Rufolo den Zaubergarten Klingsors entdeckt.

Um den 20. September. Gegen Ende der Italienreise verbringt der Meister ein paar Wochen in Siena. Der Dom, den er mehrere Male mit Schukowski und Liszt besucht (Liszt ist ihm zuliebe hingekommen), wird zum Vorbild des Graltempels. — Um die Zeit teilt er Ludwig II. seinen Entschluß mit:

...ich betitelte den „Parsifal" ein „Bühnenweihfestspiel". So muß ich ihm denn nun eine Bühne zu weihen suchen; und dies kann nur mein einsam dastehendes Bühnenfestspielhaus in Bayreuth sein. Dort darf der „Parsifal" in aller Zukunft einzig und allein aufgeführt werden; nie soll der „Parsifal" auf irgendeinem anderen Theater dem Publikum zum Amüsement dargeboten werden.

Anfang November trifft die Familie über Venedig in München ein. — Der König, um Kaiser Wilhelm zuvorzukommen, übernimmt das Patronat über die Festspiele des Jahres 1882. Er verspricht, sein Orchester unter der Leitung des Kapellmeisters Levi zur Verfügung zu stellen.

Am 12. November dirigiert Wagner hinter geschlossenen Türen im Münchner Hoftheater das Vorspiel zum „Parsifal" — allein für seinen fürstlichen Gönner in Gegenwart einiger, sich unter dessen Loge völlig ruhig verhaltender Familienmitglieder und naher Freunde. Der König läßt das Werk wiederholen. Und dann — zum Vergleich — bittet er ihn um das „Lohengrin"-Vorspiel... Sakrileg! Der Meister, bis ins Innerste erschüttert, übergibt seinen Dirigentenstab dem Kapellmeister Levi und entfernt sich wortlos. Das ist seine letzte Begegnung mit Ludwig II.

1. Dezember. Auch in den BAYREUTHER BLÄTTERN teilt Wagner nun öffentlich mit, daß „Parsifal" ausschließlich Bayreuth gehört. Die ersten Aufführungen sind seinen Gönnern vorbehalten, zu den weiteren aber werden im Interesse der Einnahmen die Pforten des Theaters dem großen Publikum geöffnet.

1881

7. Februar. Zwischen Bayreuth und München kommt das Übereinkommen über die Abwicklung der Festspiele des nächsten Jahres zustande. Wagner arbeitet an der Instrumentation des „Parsifal".

Am 29. April trifft er in Berlin ein, um an den „Ring"-Proben des Leipziger Neumann-Ensembles teilzunehmen.

Mai. Das Ensemble führt die Tetralogie viermal hintereinander auf. Dann begibt es sich mit seiner ausgezeichneten Produktion auf eine Reise um die Welt.

Im Sommer beginnen die Proben zum „Parsifal". Dessen Einstudierung übernehmen Humperdinck und Joseph Rubinstein. — Der Meister wird von sich immer häufiger wiederholenden neuralgischen Anfällen heimgesucht.

Herbst. Die materielle Basis der Festspiele zeigt ein beruhigendes Bild. Die Schulden sind getilgt, die Bilanz ist aktiv. Außer den Mitgliedern des Patronatvereins kommt der Verdienst einigen wahren Mäzenen zu, vor allem Bülow, der sich auch nach dem Vorgefallenen als treuer Mitkämpfer erweist. Aus seinen zugunsten des Bayreuther Fonds veranstalteten Konzerten fließen vierzigtausend Mark ein. — Eine nicht zu unterschätzende Unterstützung gewährt auch die Firma Schott, die für den „Parsifal" hunderttausend Mark bezahlt, obwohl das Werk nur von einem einzigen Theater gespielt werden darf.

November. Zum Zweck der Erholung und ungestörter Arbeit reist Wagner von neuem nach Italien. Diesmal läßt er sich samt seiner Familie in Palermo nieder.

1882

13. Januar. Die Instrumentation des „Parsifal" wird vollendet.

15. Januar. Renoir zeichnet das Porträt Wagners. Der Dargestellte zeigt sich nicht besonders zufrieden.

13. März. In einem Brief an Wolzogen schlägt Wagner neue, äußerst praktische Einführungen vor: Die Vorstellungen mit Eintrittsgebühr machen den Patronatverein überflüssig; mit dessen Auflösung wird sein Sprachrohr, die BAYREUTHER BLÄTTER, ein unabhängiges Organ; die Rolle der früher geplanten Stilbildungsschule soll „Parsifal" übernehmen, in der Weise, daß das Weihspiel jährlich in Szene gesetzt wird, und zwar in doppelter oder dreifacher Besetzung — dadurch sollen die Künstler zu friedlichem Wettkampf angespornt werden.

Am 1. Mai kehrt Wagner nach einer mehrwöchigen Rundreise in Sizilien durch Venedig nach Bayreuth zurück.

22. Mai. Anstelle der gewohnten Geburtstagsfeier allgemeine Aufregung. Wagner wird von einem schweren Herzkrampf befallen. Damals tritt bei ihm außer der seit einiger Zeit bestehenden Herzerweiterung nun auch Asthma auf.

16. Juni. Der Meister nimmt seine Arbeit wieder auf. Nun wendet er sich an seinen vermögenden Wormser Gönner Friedrich Schön mit dem neuen Vorschlag, einen Fonds zu gründen, der es auch den unbemittelten deutschen Bürgern ermöglicht, nach Bayreuth zu kommen. Das Festspielhaus kann sich aus den hohen Eintrittsgebühren bereits selbst erhalten — jetzt muß daher das Publikum unterstützt werden, um die Eintrittskarten lösen zu können.

2. Juli. Die Proben beginnen. Aus München kommt die Mitteilung, daß der König bei den Vorstellungen nicht anwesend zu sein wünscht.

Am 8. Juli an Ludwig II.:

Ein härterer Schlag konnte mich nicht treffen. Wer begeisterte mich zu diesem letzten Aufschwunge aller meiner seelischen Kräfte? Das jetzt zugesicherte beste Gelingen wird mir nun zum größten Mißlingen meines Lebens: was ist mir alles, wenn ich Ihn damit nicht erfreuen kann? Und — es ist das Letzte, was ich schaffe... Von mir ist nichts mehr zu erwarten.

26. Juli. Die Erstaufführung des „Parsifal" findet in andachtsvoll-feierlicher Stimmung statt.

Wenn auch nicht die Krönung, so bildet diese Schöpfung doch den würdigen Abschluß eines reichen Lebenswerkes. Ohne viel Neues zu bringen, ist sie eher eine Zusammenfassung der erreichten Resultate. Vielleicht ist gerade dieses

Streben nach Zusammenfassen und Summieren das Haupt-
merkmal des „Parsifal". Schon der Stoff selbst stammt aus
den allerverschiedensten indischen, keltischen, griechischen
und christlichen Quellen — sein Weltbild ist dennoch
deutsch und Wagnerisch. Die außergewöhnlich weitver-
zweigte Handlung wird vom Meister mit starkem dramatischem Gefühl in drei Grundsituationen verdichtet. Den

mangelnden Konflikt ersetzt er durch den Urkontrast zweier einander entgegengesetzter Welten — des Guten und des Bösen. Die reine Atmosphäre der Tugend, die Gralsburg, wird durch die langsamen, weihevollen Tempi, die weichen Harmonien und klare Diatonik des ersten und dritten Akts zu Gehör gebracht, das Reich der Sünde, Klingsors Garten, durch die irdische Melodik, die schlängelnde Chromatik des in üppigen Farben prangenden Orchesters. Das Werk ist die künstlerische Illustration zu den damaligen Ansichten Wagners über die Regeneration der entarteten Menschheit. Die Welt kann und muß durch Mitleid erlöst werden. Der „Parsifal" ist also die neue, diesmal letzte Formulierung des stets wiederkehrenden Gedankens der Erlösung. Der Problemenkreis des „Tannhäuser" wird in der Parsifal-Legende wieder lebendig, welche zugleich die Vorgeschichte des „Lohengrin" enthält und zum Teil von den Helden, richtiger gesagt den Gestalten des „Ring" verwirklicht wird. Da hier von einem Drama keine Rede ist, gibt es auch keine dramatischen Helden, nur Symbole, Werkzeuge höherer Mächte, Puppen. — Die Zentralgestalt ist Amfortas, der in die Irre gegangene Hüter heiliger Reliquien, mit seiner unheilbaren Wunde, die Verkörperung der auf den Irrweg geratenen Menschheit — ein wenig Tristan, aber auch Wotan in einer Person. Auf den beiden Seiten stehen als Verkörperung des guten und schlechten Prinzips Parsifal (ein in eine höhere geistige Region erhobener Siegfried) und Klingsor (ein die Liebe um der Macht willen aufopfernder Alberich). Der Sieg des unwissenden Guten über den allwissenden Bösen: die Wagnerische Verschmelzung von Prädestination und göttlicher Gnade. Ein noch eigentümlicheres Wagnersches Geschöpf ist Kundry. Diese dämonische Urfrau vereint Maria Magdalena und Herodias, Eva und die Schlange (Elisabeth und Venus) in sich. Ihre Seele lechzt nach Reinheit, während ihr Körper der Sünde verfallen ist. (Die Sünde ist übrigens hier, wie bei Wagner im allgemeinen, auf die Sinnlichkeit beschränkt.) Kundry ist also ebenfalls eine Vertreterin des Dualismus — Werkzeug in den Händen zweier Mächte. Sie treibt zwischen der Gralsburg und Klingsors Zaubergarten hin und her, solange sie ihre Erlösung — im Tode — nicht findet. Diesmal aber bleibt der Erlöser, Parsifal, am Leben und vernichtet nicht nur die alte Welt, sondern erschafft und regiert auch die neue. Dennoch erscheint uns sein Sieg nicht als ein Triumph der Tugend über das Böse, da seine große Tat einem Negativum entspringt. Dieser nach Schopenhauers Art passive Jüngling — der „reine Tor", den Kundrys Kuß zum „Weisen des Mitleids" weiht — schöpft seine Kraft aus der Verleugnung der sinnlichen Liebe. Auch wird nicht ganz klar, wofür — und für wen — er sühnen muß. Seiner Unwissenheit wegen? — Deshalb wird er im ersten Akt von Gurnemanz verstoßen. Seiner Keuschheit wegen? — Deshalb wird er von Kundry im zweiten Akt verflucht. Oder sollte Parsifal vielleicht für Tannhäuser, für Tristan sühnen? Der alte Meister seiner Jugendsünden wegen? Autobiographische Zusammenhänge sind — bei den Künstlern der Romantik — niemals gänzlich ausgeschlossen. Warum übrigens verarbeitete Wagner das Thema nicht dann, als er es im Jahr 1845 entdeckte, oder wenigstens nach dem „Lohengrin"? Warum griff er statt dessen zuerst zu den „Nibelungen", dann zum „Tristan", schließlich zu den „Meistersingern"

— und erst nach all dem, ganz zuletzt zum „Parsifal"? Es ist eine typisch späte Schöpfung, die allerreifste, vielleicht schon überreife Frucht von Wagners künstlerischem Schaffen. Wie in ihr der Mythos von der Mystik abgelöst wird, so tritt auch an die Stelle des Impulses die Bewußtheit. Von einem Abnehmen Wagners geistiger Kräfte kann nicht die Rede sein. Daß die etwa sechsundzwanzig Grundthemen, auf die das ganze Werk aufgebaut ist, weniger prägnant, weniger plastisch sind als die Leitmotive der Tetralogie, findet in der milderen Aussage, in der weihevollen Atmosphäre des „Parsifal" hinreichende Erklärung. Wo sie am Platz ist, ertönt eine beinahe sinnlich-melodiöse Stimme: Denken wir an den langsamen, walzerartigen Gesang der kleinen Mädchen Klingsors, dieser „Blumen des Bösen". — Die Sprache des Textes und der Musik ist gleichfalls einfacher geworden; man hört die Gregorianischen und protestantischen Choräle, Bach und hier und da Klänge aus Liszts späteren Werken heraus. Die Hauptstärke der Schöpfung liegt in den orchestralen Teilen. Die meisterhafte Verflechtung der Motive in dem Vorspiel, das die abstrakten Begriffe von Glaube-Hoffnung-Liebe ausdrückt, die ergreifende Naturdarstellung des „Karfreitagszaubers" gehören zu den schönsten Seiten Wagnerscher Kunst. Die abgeklärte Lyrik des letzteren, der herbstlich schwermütige Beiklang in den Tönen des erwachenden Frühlings ist, nach einem sturmbewegten Leben, der versöhnte Abschied des Komponisten von dieser ruhelosen Welt.

29. August. Bei der letzten Aufführung übernimmt Wagner Levis Dirigentenstab und dirigiert das Schlußbild selber — so verabschiedet er sich auch als Dirigent vom Publikum.

Am 14. September reist der Meister mit seiner Familie nach Venedig. Er bezieht den achtundzwanzig Zimmer enthaltenden Palazzo Vendramin, hier will er sich von seinen Anstrengungen erholen. Die in künstlerischer und materieller Beziehung überaus erfolgreichen Festspiele geben ihm seine schwindende Lebensfreude wieder zurück.

Am 18. Oktober an Ludwig II.:

Ich wünsche nach und nach alle meine Werke in unsrem Bühnenfestspielhaus in der Weise aufzuführen, daß diese Aufführungen als Muster der Korrektheit meiner nächsten N a c h w e l t wenigstens überliefert werden können. Hiermit bedinge ich mir noch etwa zehn rüstige L e b e n s j a h r e ...

Während er dies schreibt, ringt er nach Atem und wird immer öfter von asthmatischen Anfällen geplagt.

1. November. Er schreibt einen Bericht über die abgelaufenen Festspiele für die BAYREUTHER BLÄTTER.

Am 19. November kommt Liszt zu Besuch.

24. Dezember. Am Vorabend von Cosimas Geburtstag erfreut Wagner seine Frau mit seiner vor fünfzig Jahren komponierten, vor kurzem zum Vorschein gekommenen C-Dur-Symphonie, die er an der Spitze des Schülerorchesters des Benedetto-Marcello-Lyzeums in engem Familienkreis zum Vortrag bringt.

1883

Januar. Trotz aller Bequemlichkeiten findet Wagner keine Ruhe. Ermüdende Tage und schlaflos verbrachte Nächte zehren an seinem Körper.

13. Januar. Liszt, mit dem Wagner noch von neuen zu schreibenden symphonischen Werken phantasierte, reist ab.

Am 28. Januar wieder ein wenig zu Kräften gekommen, an Richter:

Die Vorstellungen finden diesmal nur im July statt...

Am 31. Januar an Stein, einen seiner Schüler, im Zusammenhang mit dem Wiederaufleben einer alten Erinnerung:

Sehen und Schweigen, dies wären endlich die Elemente einer würdigen Errettung aus dieser Welt. Nur wer aus solchem Schweigen seine Stimme erhebt, darf endlich auch gehört werden.

6. Februar. Karneval in Venedig. Wagner und seine Familie tauchen in der auf den Straßen wogenden Menschenmenge unter. Der Meister genießt das bunte Treiben. Dann erlöschen die Lichter. *Der Karneval ist zu Ende!* sagt er zum Portier des Palastes bei der Heimkehr.

11.—12. Februar. Wagner greift den Gedankenkreis seiner Studie „Religion und Kunst" wieder auf. „Über das Weibliche im Menschlichen" soll das Schlußkapitel handeln, an dem er nun zu arbeiten beginnt.

13. Februar. Liebe-Tragik, notiert er, das soll das Thema des folgenden Abschnitts sein. Der folgende Abschnitt aber bleibt ungeschrieben. Die Feder fällt ihm aus der Hand. Die hinzueilende Cosima stützt ihn mit Hilfe des Dieners zu dem Sofa. Seine Taschenuhr fällt zu Boden und hört zu schlagen auf. — Bis der Arzt erscheint — schlägt auch sein Herz nicht mehr.

Am 17. Februar trifft der Zug mit dem toten Meister in Bayreuth ein.

Am 18. Februar wird Wagner im Park der Villa Wahnfried unter den Klängen der Trauermusik des „Siegfried" bestattet. Damals ist Siegfried, der Sohn, Erbe aller Träume und eines achtbar angewachsenen Vermögens — dreizehn Jahre alt. Cosima, die im grenzenlosen Schmerz ihrem Gatten in den Tod folgen will, zählt fünfundvierzig Jahre.

*

Der Tod, der dieser ein halbes Jahrhundert umfassenden, immer höheren Zielen zustrebenden, dennoch stets umstrittenen schöpferischen Laufbahn ein Ende setzte, ereilte Wagner während der Arbeit — er schmiedete noch neue Pläne. Sein Leben blieb trotzdem nicht unvollendet, er hatte seine Mission erfüllt. Mit oder gegen ihn — das war lange die Streitfrage. Ohne ihn — war undenkbar. Er trennte aber nicht nur die Musikwelt in zwei Lager, er befruchtete sie auch, indem er selbst gegensätzlichen Strömungen Anregungen und Impulse verlieh. Das Widerspruchsvolle seiner Persönlichkeit wirkte fast bis in unsere Tage fort.

Drei Jahre später folgten ihm die beiden Hauptstützen seiner Kunst, Franz Liszt und Ludwig II., nach. Cosima, das Vorbild der Treue und Standhaftigkeit, die Priesterin der Tradition und des Kults, überlebte ihren Gatten um siebenundvierzig Jahre. Sie starb 1930, beinahe gleichzeitig mit ihrem Sohn Siegfried.

Wagners Anhänger — die seiner Sache nicht selten mehr schadeten als nützten — sind auch schon alle tot, und auch seine Gegner, deren Namen am ehesten durch ihre Irrtümer erhalten blieben. Diese wie jene wurden von den Einzelheiten geblendet, die ihnen die Übersicht über das Ganze nahmen. Für ihre Blindheit kann jedoch als Entschuldigung dienen, daß sie von einem Licht verursacht wurde, das ihnen aus zu großer Nähe in die Augen schien.

Nach einer alles kritiklos hinnehmenden Verherrlichungs-periode und einer entheroisierenden Zeit allgemeiner Kritik ist heute alles Nebensächliche schon abgefallen. Nur das Wesentliche blieb, das auch die moderne Bayreuther Bühne der Enkel am Leben erhält: Die M u s i k.

Inhalt

© László Eősze 1969
Printed in Hungary, 1983
Druckerei Franklin
ISBN 963 13 1590 8